Ernst Nolte · Das Vergehen der Vergangenheit

Ernst Nolte

Das Vergehen der Vergangenheit

Antwort an meine Kritiker im sogenannten Historikerstreit

Ullstein

Umschlaggestaltung: Theodor Bayer-Eynck
Gesamtherstellung: Ebner Ulm
Printed in Germany 1987
ISBN 3 550 07217 1

Inhalt

Einleitung

Als Eberhard Jäckel am 6. Juni 1987 in der *Frankfurter Rundschau* unter ausdrücklicher Bezugnahme auf meinen *FAZ*-Artikel vom 6. Juni 1986 über die »Vergangenheit, die nicht vergehen will« einen Beitrag veröffentlichte, der »nach einem Jahr Historikerstreit« Bilanz zu ziehen unternahm, da glaubte er, die folgende Feststellung treffen zu dürfen: »Als Nolte und Fest behaupteten, der nationalsozialistische Mord an den Juden sei nicht einzigartig gewesen, wurden ihnen Gegenargumente entgegengehalten, und es ist ihre Sache, daß sie darauf nicht antworteten.« Nun bedeutet Schweigen keineswegs notwendigerweise das Eingeständnis eines Unvermögens, aber Jäckel übersah, daß ich auf seinen polemischen *ZEIT*-Artikel und denjenigen von Jürgen Habermas in derselben Wochenzeitung geantwortet und ihm nachgewiesen hatte, daß seine Definition der »Einzigartigkeit« jener ideologischen Untat zur Hälfte unnötig wortreich und zur anderen Hälfte schlicht falsch war. Es ist seine Sache, daß er gleichwohl auf seine Definition stolz genug blieb, um sie nach mehr als einem halben Jahr wörtlich zu wiederholen. Es ist ebenfalls seine Sache, daß er im Hinblick auf »Nolte und Fest« eine Behauptung aufstellt, über deren Unrichtigkeit ihn bereits der Artikel von Joachim Fest in der *FAZ* vom 29. August 1986 hätte belehren sollen.

Aber wie dem auch sei: Jäckel hat insofern recht, als ich mich bisher nicht entfernt mit einigen anderen Historikern und Publizisten messen konnte, die in einer erstaunlichen Anzahl von Artikeln, Interviews, Statements, Vorträgen bei Universitätsveranstaltungen sowie Fernseh- und Hörfunkbeiträgen sich zum »Historikerstreit« geäußert haben. Bis zum Jahrestag habe ich mich überhaupt nirgendwo von mir aus zu Wort gemeldet.

Ich war jedoch nicht etwa untätig. In erster Linie brachte ich das Buch »Der europäische Bürgerkrieg 1917–1945. Nationalsozialismus und Bolschewismus« in die endgültige Fassung, das in einem ersten Entwurf die Grundlage jenes Artikels vom 6.6.1986 gewesen war. In zweiter Linie bemühte ich mich, auf jede der nicht eben wenigen Anfragen, die mir zugingen, eine Antwort zu geben, sofern es sich um ernsthafte Anfragen oder auch Kritiken handelte. Ich dachte dabei nicht an eine Veröffentlichung. Aufforderungen zu öffentlichen Stellungnahmen erreichten mich häufiger aus dem Ausland als aus der Bundesrepublik. Allerdings habe ich auf Einladung der SPD am 8. Oktober 1986 an einem »Forum« im Ollenhauer-Haus teilgenommen, aber aus unterschiedlichen Gründen erinnere ich mich dieser Veranstaltung nicht sehr gern (s. unten S. 68f.). Danach habe ich auf Wunsch der Zeitschrift *Nuovi Argomenti* eine Antwort auf den zweiten *ZEIT*-Artikel von Jürgen Habermas geschrieben, ich habe der israelischen Tageszeitung *Ha-Aretz* ein sehr langes Interview gegeben und mit der Wochenzeitschrift *Koteret Rashit* ein ebenfalls recht intensives Gespräch geführt. Während keine deutsche Zeitung oder Zeitschrift mich jemals gebeten hat, zu den oft äußerst heftigen Angriffen, die in ihren Spalten gegen mich geführt worden waren, Stellung zu nehmen, forderte mich *Ha-Aretz* trotz des Interviews auf, zu der durchaus maßvollen Polemik eines der Redakteure eine Erwiderung zu schreiben. In der Bundesrepublik kam es auf Initiative des Norddeutschen Rundfunks zu einem Fernsehgespräch zwischen Hans Mommsen und mir. So sammelten sich im Laufe der Monate doch nicht ganz wenige Parerga an, und ein Artikel über »Wissenschaftliches Ethos und Historisierung« in der Wochenendbeilage der *FAZ* vom 18. Juli 1987 enthielt am Schluß einen Hinweis auf das baldige Erscheinen des Buches.

Wenn ich trotzdem erst vor wenigen Wochen den Entschluß faßte, all dies zusammen mit anderen Dokumenten, meist Briefen, zu publizieren, eine Art Generalauseinandersetzung mit meinen Kritikern an die Spitze zu stellen und in einem »Anhang« jene Artikel noch einmal abzudrucken, die den Ausgangspunkt der Kontroverse bildeten, so waren dafür drei besondere Umstände maßgebend:

1. Es zeigte sich im Verlauf der Debatte, die mit unverminderter Stärke weiterging und vor allem auf das Ausland übergriff, mit immer größerer Deutlichkeit, daß Andreas Hillgruber beredte Fürsprecher fand und nur noch wenige Angriffe auf sich zog, während Michael Stürmer zwar nach wie vor als »gefährlich« erschien, aber doch so eindeutig mit den Politi-

kern der Regierungskoalition wie dem Bundeskanzler Kohl, dem Ministerpräsidenten Strauß und dem Fraktionsvorsitzenden der CDU/CSU Dregger zusammengestellt wurde, daß man ihm nicht gut apologetische Tendenzen hinsichtlich des Nationalsozialismus oder gar antisemitische Neigungen vorwerfen konnte. Wo immer die Termini bzw. Namen »Archipel GULag«, Weizmann und Tucholsky auftauchten, war ich gemeint. Insbesondere die Kritik von israelischer bzw. jüdischer Seite richtete sich fast ausschließlich gegen mich. Zugleich gewann die Meinung immer mehr die Oberhand, mein Artikel vom 6.6.86 habe die ganze Debatte ausgelöst. Andererseits traten gerade in den letzten Monaten eine Reihe von Historikern und Philosophen an meine Seite, fast durchweg Ausländer, die dem Kern meiner Auffassung nachdrücklich zustimmten und zugleich verleumderische Anwürfe zurückwiesen. All das brachte mich zu der Überzeugung, daß ich mich einem »Schlußwort« nicht entziehen dürfe, obwohl es sich selbstverständlich nicht um ein Schlußwort zu *dem* »Historikerstreit« handeln kann.

2. Indessen trat ein Umstand ganz besonderer Art hinzu, der einerseits zufällig und andererseits überaus symptomatisch war. Ich hatte zu Anfang des Jahres 1986 auf den dringenden Wunsch der Deutschen Forschungsgemeinschaft die Verantwortung für die von ihr finanzierte Veröffentlichung der Briefe und Tagebücher Theodor Herzls übernommen. Schon im September erschien in der Berliner *taz* ein Artikel mit der Überschrift »Den Bock zum Gärtner gemacht«, der mich, aber auch die DFG, auf insidiöse Weise attackierte. Zu Anfang des Jahres 1987 erklärten die israelischen und deutschen Herausgeber, sie könnten mit mir wegen der in Israel entstandenen Erregung nicht mehr zusammenarbeiten und sie müßten daher von der DFG, verlangen, daß sie einen anderen Verantwortlichen bestimme. Daß die DFG nach langem Zögern dieser Forderung nachgab, hat in der deutschen Öffentlichkeit infolge einer Äußerung von Professor Michael Wolffsohn im Zweiten Deutschen Fernsehen und zweier Artikel in der *FAZ* beträchtliches Aufsehen erregt. Ich bin der Überzeugung, daß einer der drei Briefe, die ich an den Präsidenten der DFG geschrieben habe, von öffentlichem Interesse ist und eine wünschenswerte Ergänzung zu den Glossen von Konrad Adam darstellt. In diesen Zusammenhang gehören in einem weiteren Sinne aber

auch die Briefe, mit denen ich auf Anfragen oder Kritiken israelischer Partner geantwortet habe. Insbesondere der Briefwechsel mit Professor Otto Dov Kulka vom Institut für jüdische Geschichte der Hebräischen Universität Jerusalem ist sehr umfangreich. Herr Kulka hat mir vorgeschlagen, ihn auszugsweise auf hebräisch und deutsch zu publizieren. Da die Entscheidung aber nun sehr rasch gefällt werden mußte, blieb angesichts der langen Postwege nach Jerusalem keine Zeit, über die zu treffende Auswahl zu korrespondieren. Daher werden nur meine Briefe vorgelegt. Ich habe daraus alles entfernt, was persönlichen Charakter trug oder Nebenumstände betraf. Sie sind Abhandlungen zur Sache, und solche Abhandlungen werden bekanntlich nur in den seltensten Fällen zusammen mit den Anlässen publiziert, denen sie ihr Dasein verdanken.

3. Der dritte Umstand war sehr viel weniger zufällig und in meinen Augen noch weitaus symptomatischer und wichtiger. Glücklicherweise findet sich gerade dazu meines Wissens bei Andreas Hillgruber, Klaus Hildebrand und Michael Stürmer keinerlei Analogie. Es handelt sich um die Publikation des oben erwähnten Buches. Daß ich einige Wochen lang ernsthafte Zweifel hegen mußte, ob das Buch überhaupt das Licht der Öffentlichkeit erblicken würde, scheint mir in sich ein geistesgeschichtlicher Tatbestand von großer Relevanz zu sein. Gewiß haben nur allzu viele Autoren Schwierigkeiten bei der Veröffentlichung eines Buches. Aber über dieses Buch war frühzeitig ein Vertrag geschlossen worden, und ich zähle nicht eben zu den »jungen Autoren«. Es stach ins Auge, daß dieses Buch dem Historikerstreit zugrunde lag und daß sein Erscheinen in jedem Fall eine neue Situation schaffen würde: Entweder würde die Kritik von Jürgen Habermas und zahlreichen anderen ihre Bestätigung finden, oder sie würde sich als kurzsichtig und schmalbrüstig erweisen. Daß das Buch unbeachtet bleiben würde, war so gut wie ausgeschlossen. Wenn trotzdem der Vertrag nicht eingehalten wurde und wenn zwei weitere bedeutende Verlage die Veröffentlichung ablehnten, so mußte es dafür Gründe ganz besonderer Art geben, Gründe der Besorgnis oder Gründe ideologischer Abneigung. Ich lege einige der Briefe, die ich diesen Verlegern geschrieben habe, hiermit der Öffentlichkeit vor, weil es sich nach meinem Urteil

dabei nicht um Privatangelegenheiten handelte. Auch hier sind alle persönlichen Wendungen und sogar die Namen herausgenommen worden. Ich mache keinem dieser Verleger einen Vorwurf: Sie hatten das Wohl ihrer Verlage im Auge. Aber wenn alle deutschen Verlage so gehandelt hätten wie sie, dürfte die Bundesrepublik Deutschland nicht mehr zu den Staaten des Liberalen Systems gezählt werden. Daß meine Sorgen nicht einfach grundlos waren, wurde durch das Resultat der ungewöhnlichen Aktion bewiesen, zu der ich mich am Ende entschließen mußte: Ich schrieb einen langen Brief gleichzeitig an acht Verlage (s. unten S. 157ff.). Wieder erwies sich, daß die prononciert liberalen Verlage sich keine große Spannweite erlaubten und daß unter den »konservativen« Verlagen erhebliche Sorgen verbreitet waren. Aber zur Ehre der deutschen Verlagslandschaft und zur Dämpfung nur allzu legitimer Sorgen darf gesagt werden, daß drei Verlage große Spontaneität und Tatkraft an den Tag legten und daß mir die Wahl schließlich nicht ganz leicht fiel.

So ist das vorliegende Buch vermutlich die umfangreichste Publikation, die sich von seiten eines der Beteiligten auf den sogenannten Historikerstreit bezieht. Das ist insofern paradox, als ich ohne die zufällige Initiative der »Römerberggespräche« an den Diskussionen um die geplanten Museen oder auch um die »deutsche Identität« keinen Anteil gehabt hätte. Man darf jedoch insofern von einer Notwendigkeit sprechen, als der von vielen Seiten erhobene Vorwurf, ich versuchte, »die Geschichte umzuschreiben«, einen richtigen Kern hat. Aber ich habe diesen Versuch nicht erst in kurzen Studien oder Artikeln gemacht. Ich habe es vielmehr seit 25 Jahren in einer Folge von Werken unternommen, im Ausgang von der Erfahrung des Kommunismus und des Nationalsozialismus die Geschichte der letzten zwei Jahrhunderte so zu begreifen, wie sie vor 1945 nicht begriffen werden konnte, und zwar so, daß die entgegengesetzten ideologischen Deutungen sowohl ernst genommen wie distanzierend relativiert wurden. Alles, was in diesem Streit so große Erregung hervorgerufen hat, war schon in diesen Büchern ausgesprochen, auch die These, daß der Archipel GULag ursprünglicher ist als Auschwitz, und auch die Meinung, daß das simple »Täter-Opfer-Schema« die Komplexität der Geschichte allzusehr reduziert. Ein »Historikerstreit«

hätte um diese Bücher ausbrechen sollen. Leider hat es in der Hauptsache nur politische oder moralistische Angriffe gegen einige Artikel gegeben, deren Wurzelgrund den meisten Kritikern offenbar unbekannt war.

So ist meine »Antwort« in gewisser Weise früher als alle Kritik, die bisher geübt wurde. Das vorliegende Buch enthält unmittelbare Antwort*en* auf zahlreiche Einwände einzelner Kritiker. Dennoch dürften sie sich, obwohl einige Wiederholungen unvermeidbar waren, zu einer einzigen Antwort von sekundärer Art zusammenschließen. Deren Kern ist die zunächst folgende Abhandlung, die sowohl Darstellung als auch Auseinandersetzung ist. Berücksichtigt sind Kritiken oder auch zustimmende Stellungnahmen bis Mitte Juli 1987. Alle anderen Teilstücke stammen aus früheren Monaten, auch sie sind bisher mit einer Ausnahme in Deutschland nicht veröffentlicht. Auf zwei interessante Publikationen, die in letzter Stunde vor der Drucklegung zu meiner Kenntnis kamen, gehe ich im Vorspann zu dem *FAZ*-Artikel vom 18. 7. 1987 auf S. 161 noch kurz ein.

Der Haupttitel »Das Vergehen der Vergangenheit« ist, streng genommen, ebenfalls auf das Gesamtwerk zu beziehen, aber das Thema wird auch im folgenden in seinem Zusammenhang mit Begriffen wie »Verstehen«, »Objektivität« und »Historisierung« so häufig, wenn auch flüchtig berührt, daß der Titel als Hindeutung legitim erscheint. Mindestens dürfte auch in diesem beschränkten Rahmen deutlich werden, wie unzureichend die Kurzformel ist »Jede Vergangenheit vergeht«, mit der Rudolf Augstein meine Auffassung wiedergeben will (s. unten S. 161). Zwar vergeht jede Vergangenheit, aber auf jeweils eigene Weise. Zwar ist eine Vergangenheit, die nicht vergeht, in der Gegenwart nur auf der Basis von Indoktrination als Legende möglich, aber eine gleichmäßig vergehende Vergangenheit wäre die Entsprechung zu einer reinen Wirtschaftsgesellschaft. Zwar läßt erst das Vergehen der Vergangenheit Geschichtswissenschaft ins Dasein treten, aber eine Wissenschaft, für die jede Vergangenheit das gleiche bedeutete, würde im engsten Sinne eine bloße Fachhistorie sein. Das rechte Vergehen einer tiefbewegenden Vergangenheit vollzieht sich nicht als Vergessen oder Verdrängen, sondern gerade als umfassendere und epochale Erinnerung.

Der sogenannte Historikerstreit: moralische Kampagne – politischer Feldzug – wissenschaftliche Debatte

I. Notwendiges und Zufälliges in der Entstehung einer Auseinandersetzung

Der sogenannte Historikerstreit verdankt seine Entstehung dem Zusammentreffen verschiedener Umstände und Ereignisse, die zu einem guten Teil zufällig waren. Der beste Beweis dafür ist mein Artikel »Zwischen Geschichtslegende und Revisionismus?«, der die These von der Priorität der sowjetischen und überhaupt linksrevolutionären Vernichtungsmaßnahmen mit der größten Klarheit in Worte faßte und der doch keinerlei Aufregung hervorrief, als er 1980 in der *Frankfurter Allgemeinen Zeitung* unter dem Titel »Die negative Lebendigkeit des Dritten Reiches« veröffentlicht wurde.[1] Aber zwischen 1980 und 1986 hatte sich in der Bundesrepublik Deutschland ein Regierungswechsel vollzogen, in der ganzen westlichen Welt war ein »Rechtsruck« zu beobachten, die »linke Intelligenz« war ihrer Sache nicht mehr so sicher wie früher, und sie konnte die Befürchtung hegen, daß Michael Stürmer als Leitartikler der *FAZ* und »Berater des Bundeskanzlers« ihr durch seine mannigfaltigen und brillanten Aktivitäten den Rang ablaufen werde. Ein Wort wie »Wendehistoriker« bot sich zur Polemik geradezu an. Als nun gar der Plan der Bundesregierung bekannt wurde, Museen für deutsche Geschichte bzw. für die Geschichte der Bundesrepublik in Berlin und Bonn zu errichten, schien der Tatbestand einer bösartigen Verschwörung »neokonservativer« und »neonationalistischer« Kräfte unübersehbar zu sein, welche die Absicht hätten, den Deutschen wieder ein »heiles« Geschichtsbild aufzudrängen und alle bedrückenden Erfahrungen der nationalsozialistischen Diktatur zugunsten des Wiedergewinns einer ungebrochenen nationalen Identität dem Abgrund des Vergessens zu überantworten. Es war also mit Sicherheit ein »Historikerstreit« zu erwarten, d.h. ein Streit einiger Historiker und vieler Publizisten gegen die »Regierungshistoriker«, die mit der Bundesregierung zur Förderung von deren Plänen unter einer Decke steckten. Wenn es noch eines Anlasses bedurfte, um diesen Streit in Gang zu setzen, dann gab ihn Michael Stürmer mit einem Leitartikel in der *FAZ* vom 25. April 1986, in dem der Satz zu finden war, in geschichtslosem Land gewinne die Zukunft, »wer die Erinnerung füllt, die Begriffe prägt und die Vergangenheit deutet«.[2] Man mußte sich wehren, wenn die Zukunft gegen einen so unerhörten Anspruch der »Reaktion« für den »Fortschritt« gerettet werden sollte. Der Streit gegen Stürmer und gegen die Berater der Bundesregierung war also notwendig.

Nicht notwendig war dagegen, daß ebenfalls gegen Ende April im Siedler Verlag ein Büchlein von Andreas Hillgruber erschien, das den Titel trug »Zweierlei Untergang. Die Zerschlagung des Deutschen Reiches und das Ende des europäischen Judentums«. Es enthielt den Text zweier Vorträge, die unabhängig voneinander aus verschiedenen Anlässen gehalten worden waren. Der zweite und kürzere über den »geschichtlichen Ort der Judenvernichtung« war der Schlußvortrag des wissenschaftlichen Kongresses über den »Mord an den europäischen Juden im Zweiten Weltkrieg« gewesen; niemand der zahlreichen nichtjüdischen und jüdischen Teilnehmer hatte den geringsten Anstoß daran genommen. Der erste war ein Akademie-Vortrag, der mit großem Ernst die schwierige Frage zu beantworten suchte, wie sich der Historiker zu der Situation des deutschen Ostheeres in der Schlußphase des Zweiten Weltkrieges einstellen solle. Dabei spitzte Hillgruber seine längst bekannten Grundauffassungen zu der These zu, der Historiker müsse sich mit diesem Versuch, ein schreckliches Schicksal von der Bevölkerung Ostdeutschlands abzuwenden, »identifizieren«. Dies war der einzige Punkt innerhalb der sehr abwägenden Ausführungen, der frag-würdig und strittig erscheinen konnte. Ohne ihn wäre der erste Aufsatz ebenso wie der zweite nichts anderes als ein Zeugnis solider und zusammenfassender Wissenschaftlichkeit gewesen. Aber Jürgen Habermas benützte das Büchlein, um dem notwendigen Angriff einige zusätzliche Glanzlichter aufzusetzen, indem er es bei einer Anhörung zur Frage des Historischen Museums einen

»Skandal« nannte und dann in der *ZEIT* einen maßlosen Angriff führte, der vor der Verwendung so herabsetzender Termini wie »Rhetorik von Kriegsheftchen« oder »unausgedünstete Klischees eines aus Jugendtagen mitgeführten Jargons« nicht zurückschrak.[3] Wenig später trieb ein Professor der Pädagogik mit einem »Neuer Staatsmythos Ostfront« betitelten Artikel in der *taz* die Polemik noch ein gutes Stück weiter, indem er Hillgruber den grotesken Vorwurf machte, dieser wolle das Programm Himmlers aus den letzten Kriegsmonaten zum neuen Staatsmythos der Bundesrepublik erheben und die Einmaligkeit der Endlösung nicht wahrhaben, da er aus einer antikommunistischen Einstellung heraus »die stalinistische Despotie und die Wut der von den Deutschen unsäglich drangsalierten Völker Osteuropas« damit gleichsetzen wolle.[4] Zu einem Gipfel gelangte die ehrabschneidende Kampagne in dem Spiegel-Essay Rudolf Augsteins vom 6. Oktober 1986, in dem Hillgruber als »konstitutioneller Nazi« bezeichnet wurde.[5] Bereits vorher und unmittelbar danach wiesen aber viele Stimmen darauf hin, daß schon die Kritik von Habermas sich mehr gegen die Titelwahl des Verlages als gegen Hillgruber selbst gerichtet habe, daß die Zitate nicht exakt seien und daß die meisten Vorwürfe ins Leere träfen. Daher wurden die Angriffe in der Folgezeit viel schwächer, wenn sie auch nicht vollständig aufhörten.

In erster Linie stand hinfort ein Aufsatz im Visier, dessen Entstehung noch viel zufälliger gewesen war als diejenige der Hillgruberschen Vorträge und der tatsächlich »Thesen« aufstellte, welche die wissenschaftliche Vorsicht Hillgrubers anscheinend vermissen ließen. Es handelte sich um meinen Artikel »Vergangenheit, die nicht vergehen will«, der am 6. Juni 1986 im Feuilleton der *Frankfurter Allgemeinen Zeitung* publiziert wurde.[6] Nur über ihn und über die Kritik, die er auf sich zog und die zum größeren Teil nichts anderes als eine Kampagne war, habe ich im folgenden zu berichten; nur dazu werde ich Stellung nehmen.

II. Der Artikel vom 6. Juni 1986 als Aufforderung zur Wissenschaft

Wenn man den Artikel mit einem Satz charakterisieren will, so war er eine Aufforderung zur Wissenschaft. Diese Aufforderung war als solche nicht zufällig. Sechs Jahre zuvor war ja der Aufsatz erschienen, der davor warnte, daß die »negative Lebendigkeit des Dritten Reiches« sich zu einer Legende verfestigen könnte, welche ihren Gegenstand außerhalb der Geschichte stellen und das Lebensprinzip der Wissenschaft, die Vornahme relevanter Revisionen, unmöglich machen würde.[7] Schon seit Monaten war der erste Entwurf des Buches fertiggestellt, das eine neue Perspektive für die Darstellung und die Beurteilung des Dritten Reiches zu entwickeln suchte. Zufällig war nur die Einladung, über ein Thema zu sprechen, dessen Formulierung mich in hohem Maße faszinierte. »Die Vergangenheit, die nicht vergehen will« – das ist eine Vergangenheit, welche dem natürlichsten aller Vorgänge widerstrebt, welche die Gegenwart zu beherrschen sucht, welche die Gedanken und Urteile der Lebenden ebenso in einen Bann schlägt, wie es einst die zum Mythos verklärten Werke des Stammesvaters oder Stammesgottes taten, welche mit einem Wort wissenschaftsfeindlich ist. Gewiß können im 20. Jahrhundert nicht mehr wie in grauer Vorzeit Heldengesänge und Triumphlieder die Gegenwart bestimmen, und Fachwissenschaft gibt es sogar dort, wo große Mächte ihren Sieg im Kriege festhalten und feiern; gewiß kommt keine Fachwissenschaft ohne die Voraussetzung übergreifender Zusammenhänge aus. Aber diese Zusammenhänge können fixiert und unbeweglich geworden sein. Aufforderung zur Wissenschaft heißt nicht Aufforderung zu neuen Forschungen innerhalb eines vorgegebenen Rahmens, sondern es heißt Aufforderung zum Wechsel der Perspektiven, ohne daß deshalb, wie sich versteht, alle vorhandenen Perspektiven für unbrauchbar erklärt werden.

Eben diese Aufforderung enthielt der zentrale Satz des Artikels, der gleichwohl nicht bloß aus Vorsicht als Frage formuliert war: »War nicht der Archipel GULag ursprünglicher als Auschwitz?« Damit wurde den Wissenschaftlern nahegelegt, über die Frage nachzudenken, ob nicht der Zusammenhang der »deutschen Geschichte« unzureichend sei, um den Charakter der Weltkriegsepoche zu begreifen, aber ebenfalls das Konzept der Totalitarismustheorie der fünfziger Jahre, welche die Feindschaft zwischen »den totalitären Mächten« mehr oder weniger als bloßen Schein aufgefaßt hatte. Statt dessen wurde mit meiner Frage vorgeschlagen, die Erklärung des universalen, aber zunächst faktisch auf Europa beschränkten Bürgerkrieges gegen die »herrschenden Schichten« ernst zu nehmen und als das ideologische Grundereignis der Epoche zu betrachten. Wie jeder Vorschlag eines Perspektivenwechsels mußte auch dieser anstößig sein und daher zu ernsten wissenschaftlichen Fragen und Zweifeln Anlaß bieten. Bedeutete diese »Aufforderung zur Wissenschaft« nicht, gerade das Konzept zu übernehmen, welches mit entgegengesetztem Wertakzent sowohl von den Bolschewiki wie von den Nationalsozialisten bzw. Faschisten vertreten worden war? Aber da es das Konzept *beider* Hauptantagonisten war, ist es für die Wissenschaft verhältnismäßig leicht, sich in Distanz zu beiden zu halten und die zwei Phänomene aneinander und durcheinander zu relativieren und zu historisieren, da weder die bolschewistische These akzeptiert wird, nach 1918 sei »der Kapitalismus« in Europa und gar in den Vereinigten Staaten zukunftslos und reif zum Zusammenbruch gewesen, noch die nationalsozialistische, der Bolschewismus sei ein Instrument des Judentums, um die Kultur Europas zu zerstören. Nur deshalb darf ja die Tatsache hervorgehoben werden, daß die Nationalsozialisten und insbesondere Hitler von den Vernichtungsmaßnahmen, dem »Klassenmord«, der Bolschewiki aufs stärkste betroffen und verstört gewesen seien, obwohl sie diese Betroffenheit sogleich mit anderen Affekten verbanden, die aus einer verschiedenartigen Erfahrung herrührten, etwa mit dem Gefühl rassischer Überlegenheit. Eben deshalb kann und muß die Frage gestellt werden, ob Hitler und die Nationalsozialisten eine »asiatische« Tat vielleicht deshalb vollbrachten, »weil sie sich und ihresgleichen als potentielle oder wirkliche Opfer« einer »asiatischen« – d.h. den Maßstäben der europäischen Kultur entgegengesetzten – Tat betrachteten.

Die Frage setzt freilich voraus, daß der Fragende die umfangreiche Literatur kennt – auch viele der zahllosen Zeitungsberichte –, worin die russische Revolution und die Massenvernichtungen beschrieben wurden, die von den Bolschewiki zu verantworten waren. Daher heißt es nicht in der Form einer Frage, sondern eines Aussagesatzes, alles, was die Nationalsozialisten später taten, »mit alleiniger Ausnahme des technischen Vorgangs der Vergasung«, sei in einer umfangreichen Literatur der frühen zwanziger Jahre bereits beschrieben gewesen, z. B. Ausrottung ganzer Gruppen nach bloß objektiven Kriterien und öffentliche Forderungen nach Vernichtung von Millionen schuldloser, aber als ›feindlich‹ erachteter Menschen. Es war also keineswegs so, wie Christian Meier später behauptete[8], daß jedermann sich an dieser Debatte ohne spezielle Kenntnisse hätte beteiligen können: die »Aufforderung zur Wissenschaft« setzte eine Menge von wissenschaftlicher Einzelarbeit voraus und konnte nur auf der Basis wissenschaftlicher Einzelarbeit widerlegt werden. Kein Kritiker hat das zu tun versucht, abgesehen von zwei Ausnahmen, auf die noch einzugehen sein wird. Aber es ist zuzugeben, daß die unmittelbare Konsequenz sehr hart war: nämlich das Verlangen, das historische Prinzip des Verstehens auch auf Adolf Hitler selbst anzuwenden. Wenn Hitler ein wesentlich von Ängsten bestimmter Mensch war – u. a. von der Angst vor dem »Rattenkäfig« –, dann ist er ohne Zweifel anders zu beurteilen, als wenn man in ihm bloß den hochmütigen Verächter von »Untermenschen« zu sehen hat. Aber bedeutet ein solches Verstehen »Apologie«, zumal wenn es die eigene Grenze mit starker Betonung kenntlich macht? In den Augen eines Nationalsozialisten wäre es ja auch eine unerhörte Apologie, wenn man Lenin und dem frühen Bolschewismus den aufrichtigen und zukunftsvollen Wunsch zuschreibt, den Krieg von der Erde zu verbannen und die Grenzen der Staaten niederzureißen. Doch es ist abermals eine in den Augen vieler Zeitgenossen sehr harte und dennoch dem Geist der Wissenschaft entspringende Forderung, daß auch Bücher, die von Nationalsozialisten geschrieben sind, zur Kenntnis genommen und auf die Richtigkeit von Tatsachenbehauptungen geprüft werden. Perspektivenwechsel ist keine Vergnügungsreise und kein Arbeitsessen, er ist vielmehr seinem Wesen nach »provokativ«.

Aber er führt, indem er Verbindungen und Zusammenhänge herstellt, die nicht gesehen oder aber verdrängt worden waren, keineswegs durch Vergleiche eine Gleichsetzung herbei, sondern er arbeitet die Unterschiede gerade heraus, wie es in dem Artikel andeutungsweise durch die Unterscheidung von »sozialer« und »biologischer« Vernichtung geschieht. Er mißachtet auch nicht einfach politische Tatbestände. Daher wird ausdrücklich gesagt, daß vierzig Jahre nach dem Ende des Krieges gewisse Bedenken nicht mehr legitim sind, die für lange Zeit ihre volle Berechtigung hatten. Am allerwenigsten trennt sich die »Aufforderung zur Wissenschaft« von einem moralischen Urteil; sie setzt es – freilich in der Gestalt eines »Grundurteils« allgemeiner Art – gerade voraus, indem sie die »kollektivistische Schuldzuschreibung« verwirft und eine immer größere Abstandnahme von dieser Wurzel aller »Feindbilder« verlangt.

III. Die moralische Kampagne

Es ist nicht verwunderlich, daß dieser Artikel auf viel Kritik und Ablehnung stieß, zumal er keinen Hinweis auf das Buch enthielt, auf dessen erste Fassung er sich stützte. Aber man hätte erwarten dürfen, daß er sorgfältig gelesen wurde, daß die Situationsbeschreibung im ersten Teil nicht als eine Folge von gleichmäßigen und daher widersprüchlichen Urteilen des Autors verstanden wurde und daß die wissenschaftliche Intention immerhin wahrgenommen, wenn auch nicht gebilligt wurde. Gewiß entwickelte sich schließlich eine Debatte, der man den wissenschaftlichen Ertrag nicht völlig absprechen kann, doch zunächst wurde der Artikel zum Objekt eines Feldzuges politischer Insinuationen und Vermutungen, vor allem aber einer wahren Kampagne moralischer Empörung, in der nicht eine äußere Koordination, wohl aber ein inneres Zentrum sichtbar wurde. Termini wie »hanebüchen«, »anstößig«, »irrwitzig« oder »schändlich« kommen in einer wissenschaftlichen Diskussion nicht vor und sind sogar in einer politischen Auseinandersetzung selten; sie gehen aus einer moralischen oder pseudomoralischen Entrüstung hervor und wollen den Gegner aus dem Kreis der moralisch bzw. »gesund« empfindenden Menschen, der Gut- oder Normalgesinnten ausstoßen.

Die Einstimmung nahm ein schätzenswerter Historiker und Politologe, Heinrich August Winkler, vor, und zwar in einem von der *FAZ* am 26. Juni veröffentlichten Leserbrief. Winkler glaubte, von »absurden Behauptungen« sprechen zu dürfen und meine Argumentation auf das »Räsonnement deutscher Stammtische« zurückführen zu können, während sie »mit Geschichtswissenschaft nichts zu tun« habe. Selbst der Schatten eines Belegs fehle für diese »gewaltsame Konstruktion«. Dabei halte der Verfasser den Lesern der *FAZ* »wohlweislich« vor, was er in einem anderen Beitrag aus jüngster Zeit bemerkt habe, nämlich: Hitler »könnte« ein Recht gehabt haben, die deutschen Juden als Kriegsgefangene zu internieren, weil Chaim Weizmann, der Präsident der Jewish Agency, Anfang September 1939 in einem Brief an den britischen Premierminister Neville Chamberlain erklärt habe, die Juden stünden in dem eben ausgebrochenen Kriege auf der Seite Englands und der Demokratien.

Damit hob Winkler die Auseinandersetzung auf eine neue und eigentümliche Ebene, indem er mit der Attitüde eines Staatsanwalts oder Großinquisitors auf eine in Deutschland noch unbekannte, bloß auf englisch erschienene Studie verwies.[9] Aus dem *FAZ*-Artikel hätten selbst bösartige Augen keine Tendenz zum Antisemitismus ableiten können, denn schließlich waren im Archipel GULag auch sehr viele Juden gestorben, und Auschwitz hatte kaum weniger nichtjüdische als jüdische Opfer gefordert. Aber Winkler brachte gleich das in der Bundesrepublik wirkungsvollste aller Verdammungswörter ins Spiel, und zwar mit einer Frage, welcher er dann die Schärfe zu nehmen schien, indem er sie verneinte: »Ist Nolte etwa ein posthumer Anhänger Hitlers oder ein Antisemit?«

Inzwischen liegt der Aufsatz »Zwischen Geschichtslegende und Revisionismus?« in der deutschen Originalfassung vor, und jedermann kann sich leicht davon überzeugen, was ich geschrieben habe.[10] Die Stelle findet sich im Zusammenhang einer Auseinandersetzung mit David Irving, und ich sage weiter nichts, als daß die These Irvings von der jüdischen Kriegserklärung an Deutschland nicht, wie eine andere seiner Behauptungen, schon aus logischen Gründen zurückzuweisen sei; sie müsse vielmehr erörtert werden, obwohl sich daraus die folgenreiche These ableiten lasse, Hitler habe die deutschen Juden internieren dürfen. Das Zitat und die Folgerung werden ausdrücklich als hypothetisch gekennzeichnet und in den Zusammenhang einer Selbstkritik gestellt, da ich diese Stelle 1963 nicht gekannt und verwendet hätte. Was gesagt werden durfte, wäre also allenfalls folgendes gewesen: »Nolte führt im Rahmen einer hypothetischen und selbstkritischen Erwägung die These David Irvings an, der Brief Chaim Weizmanns an Chamberlain von Anfang September 1939 sei als eine Art Kriegserklärung zu betrachten, die Hitler das Recht gegeben hätte, die deutschen Juden als feindliche Ausländer zu internieren.« Genau diese Auffassung machten sich die israelischen Richter im Eichmann-Prozeß zu eigen, um gerade dadurch die Unableitbarkeit und Irrationalität der »Endlösung« herauszustellen; eine ganz ähnliche Erwägung stellt Hannah Arendt in »Eichmann in Jerusalem« an.[11] Inwiefern eine solche Überlegung »antisemitisch« sein soll, ist unerfindlich. Vor allem aber durfte unter keinen Umständen verschwiegen werden, daß sie bei mir nichts anderes als ein Zitat aus David Irving darstellt.

Aber nach dem Vorgang Winklers wurde dieser Satz nun unzählige Male als Beweis für eine ganz besonders verwerfliche Einstellung, ja für eine Rechtfertigung des »Holocaust« angeführt. Offensichtlich hatte nicht ein einziger all dieser Kritiker sich die Mühe gemacht, die Stelle im englischen Original nachzuprüfen; mindestens habe ich bis heute nirgendwo einen Hinweis auf Irving gefunden, obwohl ich die Bezugnahme in meinem *ZEIT*-Artikel vom 31. Oktober 1986 nachdrücklich unterstrichen hatte. Es dürfte nicht viele ebenso eklatante Beispiele dafür geben, wie gebildete Menschen durch kurzsichtige moralische Leidenschaften zu schweren Verstößen gegen die einfachen Regeln eines wissenschaftlichen Verfahrens gebracht werden können.

Winkler begnügte sich damit, das geschickt in Umlauf gebrachte Wort »Antisemitismus« gleichsam in Klammern zu setzen, aber er verbreitete sich dann mit um so größerer Apodiktizität über meine Motive. Mich treibe ein »nationalapologetisches Bedürfnis«, und deshalb sei ich bestrebt, den Nationalsozialismus zu »historisieren« und damit zu relativieren, so daß er seiner Einzigartigkeit weithin verlustig gehe. Tendenzen dieser Art hätte ich bereits 1974 in »Deutschland und der Kalte Krieg« an den Tag gelegt, und dadurch werde nichts Geringeres vollzogen als »der geistige Bruch mit dem Westen«, da man das beispiellose Verbrechen der Judenvernichtung an den Normen des Westens messen müsse und eben nicht durch Vergleiche mit Stalin oder Pol Pot relativieren dürfe.

Ein anderer Leserbrief vom gleichen Tage, der sich im übrigen lediglich durch Impertinenz auszeichnete, setzte insofern ein Vorzeichen für spätere Kritiker, d.h. Verleumder, als er die eigene (falsche) Interpretation in Anführungszeichen einschloß und damit den Eindruck hervorrief, es handle sich um ein Zitat aus meinem Text. »Notgedrungen« habe Hitler nach Nolte auf die bolschewistische Bedrohung mit der Judenvernichtung reagiert, und damit sei dessen Text »in die Nähe des Skandals« gerückt. Ein schlimmerer Verstoß gegen die Regeln wissenschaftlicher Redlichkeit ist kaum noch vorstellbar.

Daß die Diskussion mit diesen Attacken bereits beendet gewesen wäre, war freilich unwahrscheinlich, denn im Wissenschaftskolleg zu Berlin war mein Artikel dank der Bemühungen des »Fellows« Winkler zum Hauptgesprächsstoff geworden, und am 1. August erschien im *Davar* zu Tel Aviv ein Artikel von Shlomo Shafir: »Der Archipel GULag – ursprünglicher als Auschwitz?« Dennoch bedeutete es die Eröffnung einer neuen Dimension, als die *ZEIT* und mit ihr Jürgen Habermas auf den Plan traten. Habermas' langer Artikel »Eine Art Schadensabwicklung. Die apologetischen Tendenzen in der deutschen Zeitgeschichtsschreibung«[12], wurde am 11. Juli 1986 auf der Titelseite ausdrücklich als »Kampfansage« an »die Konservativen« angekündigt, die sich nach einem »geschlossenen Geschichtsbild« wie »zu Kaisers Zeiten« sehnten und die nun den Nationalsozialismus »[zu] historisieren, also [zu] relativieren« suchten, indem sie den Holocaust zu einer Angstreaktion auf bolschewistisch-asiatische Taten oder antideutsche Taten des »Weltjudentums« machten. Dem Verfasser Karl-Heinz Janßen standen also offenbar der *FAZ*-Artikel und der Winklersche Leserbrief besonders vor Augen, den er nun nochmals potenzierte, indem er das Wort »Weltjudentum« in Anführungszeichen setzte, so als handle es sich um ein Zitat aus meinem Text. Habermas stellte denn auch den Satz über die Literatur der frühen zwanziger Jahre und die Frage hinsichtlich der »asiatischen« Tat als Motto über seinen Artikel und gab damit zu erkennen, wo trotz der herabsetzenden Wendung über die »Rhetorik von Kriegsheftchen« der Schwerpunkt seines Angriffs zu suchen war. Immerhin war Jürgen Habermas der einzige unter allen Kritikern, der die »Trilogie zur Geschichte der modernen Ideologien« erwähnte und den Gedankengang des Artikels »Zwischen Geschichtslegende und Revisionismus?« nachzeichnete, so daß der aufmerksame Leser sich fragen mochte, ob ein Werk der Geschichtsschreibung nicht mehr als eine bloße Erwähnung erforderlich mache, das nach Habermas eine Linie »des Aufstands gegen die kulturelle und gesellschaftliche Modernisierung« von Babeuf über den »GULag« bis zu Pol Pot konstruiert und trotzdem um Verständnis für die »antimodernistischen Impulse« wirbt. Aber wenn Habermas' Artikel auch einigen wissenschaftlichen Ertrag brachte, auf den noch einzugehen sein wird, und wenn er in der Auseinandersetzung mit Michael Stürmer die politischen Hintergründe seiner Argumentation mit großer Klarheit erkennen läßt, so bedeutete er doch vor allem eine Verschärfung der moralischen Kampagne.

Wenn schon im Motto ein Aussagesatz, der nur richtig oder falsch sein kann, wie eine moralisch verwerfliche Wertung angeprangert wird, so macht Habermas einem Forscher wie Klaus Hildebrand, dessen umfangreiches und wichtiges Werk er anscheinend gar nicht kennt, einen Vorwurf daraus, in einer Fachzeitschrift meinen Artikel »Zwischen Geschichtslegende und Revisionismus?« positiv besprochen zu haben. Ganz wie Winkler führt er die »Kriegserklärung« Chaim Weizmanns an, als wenn ich sie entdeckt hätte, und in einer kennzeichnenden Gedankenassoziation geht er über Winkler noch ein Stück hinaus, indem er vom »jüdischen Weltkongreß« redet, als ob ich den Terminus verwendet hätte. Eine neue Qualität des diffamierenden Angriffs erreicht Habermas aber dadurch, daß er einen privaten Vorfall erwähnt, der sich zwischen Saul Friedländer und mir abgespielt hatte und den Friedländer bereits an die Öffentlichkeit gebracht hatte, aber immerhin noch ohne Namensnennung.[13] So ist es nicht verwunderlich, daß Habermas auf meiner Seite »scheinheilige« Vorwände, »abstruse« Beispiele und »unappetitliche Kostproben« wahrnimmt. Wieso allerdings eine richtige Feststellung »scheinheilig«, die These über ein Verhältnis von Ursprung und Ableitung zwischen zwei Ereignissen »abstrus« und die Charakterisierung einer Szene aus dem Film »Shoah« nicht zutreffend oder unzutreffend, sondern »unappetitlich« sein soll, erklärt Habermas nicht. Aber er glaubt, behaupten zu dürfen, »daß Nolte einen Fassbinder bei weitem in den Schatten stellt«, und die Frage liegt nahe, ob er damit zu vergleichbaren Demonstrationen und Mißfallenskundgebungen aufrufen wollte, wie sie gegen die Aufführung des Fassbinderschen Stückes stattfanden. Einen Vorgeschmack gaben die Leserbriefe, welche die *ZEIT* am 1. August abdruckte. Darin war von der »bemühten Geschichtsklitterei einer Riege von Geschichtsschreiberlingen« und von »Leuten wie Nolte« die Rede, und ein Student namens Nolte brachte seine Beschämung ob der Namensgleichheit zum Ausdruck.

Aber für eine Reihe von Wochen wetteiferten nun vor allem die *FAZ* und die *ZEIT*, aber auch andere Zeitungen wie die *Frankfurter Rundschau* darin, vorwiegend Historikern das Wort zu geben, und so kam der Eindruck auf, daß tatsächlich ein »Historikerstreit« um Grundfragen der Wissenschaft vorliege. In der *FAZ* verteidigte Klaus Hildebrand vor allem Andreas Hillgruber nachdrücklich und machte Habermas den Vorwurf, auf verfälschende Weise zitiert zu haben; zahlreiche Leserbriefe wurden publiziert, darunter einige besonders gehaltvolle wie diejenigen von Karl Dietrich Bracher und Richard Löwenthal; und Christian Meier versuchte, der Auseinandersetzung im November einen versöhnlichen Abschluß zu geben.[14] Vor allem aber erschien der große Artikel von Joachim Fest »Die geschuldete Erinnerung«, der offensichtlich vor allem einem moralischen Impuls entsprang, indem er sich gegen eine »Selektion« der Opfer aussprach, der eben damit aber auch die »Einzigartigkeit« der »Endlösung« in Frage stellte und damit die »qualitative Differenz« zwischen den Massenverbrechen des Jahrhunderts zu leugnen schien.[15]

In der *ZEIT* wurden während des gleichen Zeitraums Artikel von Eberhard Jäckel, Hagen Schulze, Martin Broszat, Thomas Nipperdey, Ernst Nolte und schließlich abermals Jürgen Habermas veröffentlicht. Vor allem Schulze und Nipperdey brachten mit kritischer Bezugnahme auf Habermas Methodenprobleme der Geschichtswissenschaft zur Sprache. Auch manches von dem, was Jäckel und Broszat sagten, muß zum wissenschaftlichen Ertrag der Debatte gerechnet werden.

Leider hielten sich die Beiträge von Jäckel und Broszat indessen von dem kampagnemäßigen Charakter nicht frei. Zwar stammte die Überschrift zu Jäckels Artikel »Die elende Praxis der Untersteller«[16] nicht von dem Autor, sondern von der Redaktion, aber Jäckel verwendete den häßlichen Ausdruck »Untersteller« im Text und behauptete, es sei eine Unterstellung von meiner Seite, daß irgend jemand nur auf den einen Massenmord und nicht auf den anderen hingeblickt habe. Das war jedoch nur für die Zeit der Vorherrschaft der Totalitarismustheorie zutreffend, und Jäckel gab nicht zu erkennen, daß er sich zu den Anhängern dieser Theorie zähle. Meine Argumentation hinsichtlich eines »kausalen Nexus« zwischen Archipel GULag und Auschwitz erklärt er schlicht für »abstrus«, und zwar deshalb, weil hier nach dem Muster des Satzes »post hoc, ergo propter hoc« vorgegangen werde. Grundsätzlich ist das Verhältnis nach Jäckel also kein anderes als dasjenige zwischen den »bulgarischen Greueln« von 1876 und Auschwitz. Eine besondere Bolschewismusangst hat Jäkkel nämlich bei Hitler nicht entdecken können – er, der Herausgeber von Hitlers »Frühen Aufzeichnungen 1905–1924« –, und dem Außenstehenden drängt sich die Frage auf, ob der Professor vielleicht die Bearbeitung der Jahre 1919 bis 1923 seinem Assistenten überlassen hat. Gleichwohl ist Jäckel mit »Hitlers Arsenal« gut vertraut: was »man« suggerieren wolle, sei die These von einem Präventivmord, die ebenso wie die These von dem Präventivkrieg immer wieder aus Hitlers Arsenal hervorgeholt werde.

Auch Martin Broszat glaubte, etwas ähnliches behaupten zu dürfen[17], nämlich, ich machte mir »die These von der ›Kriegserklärung der Judenheit an Deutschland‹ zu eigen«, eine These, die seit Jahren stereotypes Propagandagut rechtsradikaler Broschürenliteratur in der Bundesrepublik sei. Auch er erwähnt Irving mit keinem Wort und ruft dadurch den Verdacht hervor, daß er einfach aus Winklers Leserbrief abschreibt, und es fehlt ihm offenbar das Empfinden dafür, daß die »Historisierung« des Nationalsozialismus, die er selbst in einem bemerkenswerten Aufsatz von 1985 gefordert hatte[18], nicht möglich ist, solange das widerhistorische Verfahren vorherrscht, nicht nach der Richtigkeit oder Unrichtigkeit bestimmter Tatsachenbehauptungen zu fragen, sondern sie bloß mit dem Brandmal des »Rechtsradikalen« zu versehen und damit schon für widerlegt zu erklären. In den fünfziger Jahren pflegte man so mit der Literatur der DDR zu verfahren, und das war kein Beweis von wissenschaftlicher Selbstsicherheit. Es wäre an der Zeit, daß die »etablierte« Literatur auch »nach rechts hin« weniger ängstlich wäre und sich eben dadurch von politischen Präokkupationen löste. Immerhin nimmt Broszat Andreas Hillgruber und Michael Stürmer gegen ungerechtfertigte Angriffe in Schutz, und so bleibe ich denn als der einzige übrig, der den »Punkt objektiver Apologie« erreicht, auch wenn mir großzügig zugestanden wird, daß ich »kein vorsätzlicher Apologet« und lediglich »der große Eigenbrötler der Zeitgeschichte« sei.

Mein eigener Beitrag[19] suchte zu erklären, wie man einen anspruchsvollen Artikel lesen müsse, wenn man ihn auf angemessene Weise verstehen wolle, aber er wurde (wie mir erst später ganz klar wurde) zur Ursache einer weiteren Verschärfung der Kampagne, weil ich eine Tucholsky-Stelle als Beleg dafür zitierte, daß relevante und für das Verständnis der Zeitumstände unentbehrliche Aussagen zu Unrecht der »rechtsextremen« Literatur überlassen bleiben. Es war für mich frappierend und bedrückend zu sehen, mit welcher Selbstverständlichkeit von israelischer bzw. jüdischer Seite Tucholsky als »Jude« in Anspruch genommen wurde, obwohl er sich doch ausdrücklich vom Judentum getrennt hatte, so daß sein aus radikalem Pazifismus hervorgehender und vermutlich bloß imaginärer (sicherlich aber haßerzeugender) Wunsch, die Frauen und Kinder der deutschen Bildungsschicht möchten in dem angeblich von ihren Männern und Vätern vorbereiteten Kriege den Gastod erleiden, als eine Rechtfertigung von Auschwitz aufgefaßt wurde.[20] Völlig übersehen wurde dabei wieder einmal, daß ich die »kollektivistische Schuldzuschreibung« in diesem Artikel noch nachdrücklicher verwarf als in dem ersten.

Das Schlußwort, das Jürgen Habermas am 7. November von der *ZEIT* erhielt[21], hätte ein relativ versöhnliches Ende der Debatte bedeuten können. Er nannte meinen *ZEIT*-Artikel »besonnen« und stellte Überlegungen an, die Wesentliches zur Frage der historischen Identifikation beitrugen. Er räumte überdies eigene Fehler ein, z. B. die Rede von der »Vertreibung« der Kulaken, und beschwor den Geist »des okzidentalen Verständnisses von Freiheit, Verantwortlichkeit und Selbstbestimmung« nicht weniger nachdrücklich, als es ein Politiker der Regierungskoalition hätte tun können. Aber er versuchte doch wieder, meine und Joachim Fests Argumente unter den beliebten Begriff der »Gegenaufklärung« zu subsumieren, er erklärte meine Hauptfrage nach wie vor für eine »abstruse« Behauptung, und er wandte sich unverkennbar auch an das Ausland, indem er die Veröffentlichung des Artikels vom 6. Juni durch die *FAZ* einen »Einschnitt in der politischen Kultur und im Selbstverständnis der Bundesrepublik« nannte.

Aber alles, was Habermas sagte, war wissenschaftlich und wohlwollend im Vergleich zu der Attacke, die Rudolf Augstein unter der Überschrift »Die neue Auschwitz-Lüge« am 6. Oktober in einem seiner »Spiegel-Essays« führte.[22] Offenbar sollte der Leser den Eindruck gewinnen, daß nach der Verabschiedung des Gesetzes gegen die »Auschwitz-Lüge« derjenigen, welche die Tatsächlichkeit der »Endlösung« verneinen, nun ein zweites Gesetz gegen eine andere »Auschwitz-Lüge« fällig sei, welche falsche Interpretationen in sich schließe. Als solche falschen Interpretationen sieht Augstein die Auffassung an, daß Hitler sich berechtigt fühlen konnte, die Juden nach der Weizmann-Erklärung als Kriegsgefangene zu internieren, aber auch die Frage, ob die systematische Vernichtung der Juden »wirklich vorausbestimmt« gewesen sei, und nicht zuletzt die These, Auschwitz sei eine »asiatische« Tat gewesen. Diese und andere Thesen, Fragen und Gedankenexperimente – wirkliche und selbsterfundene – schreibt Augstein den Autoren Hillgruber, Fest und Nolte zu. Wenn er Hillgruber mit einer raffinierten und daher juristisch unangreifbaren Wendung einen »konstitutionellen Nazi« nennt, so hat er die beiden anderen ebenfalls im Auge; wenn er in kaum verhüllter Andeutung ein Lehrverbot für Hillgruber verlangt, dann fordert er ein Lehr- oder Publikationsverbot implizit auch für Fest und Nolte. Dabei hält er die Frage für legitim, »ob Stalin den Hitler hochgeschaukelt hat und ob Hitler den Stalin«. Die Herstellung eines »kausalen Nexus« ist für ihn also nicht einfach »absurd« wie für Habermas. Daß bei Nolte von Lenin die Rede sein könnte, so daß die Vorstellung des wechselseitigen »Hochschaukelns« wegfällt, kommt ihm offenbar nicht in den Sinn.

Zwar ist für ihn auch Stalin von einem »Wahn« ergriffen, aber dabei handelt es sich im Gegensatz zu Hitler um einen »realistischen Wahn«.

Nun gilt im Rechtswesen die Regel, daß irreale Vorstellungen eher einen »mildernden Umstand« bewirken als realistische. Wer einen Menschen umbringt, weil er dessen Geld zu haben wünscht, wird härter bestraft als derjenige, der einen anderen für Dschingis Khan hält und deshalb tötet. Bei Staatsmännern muß das Urteil nach Augstein umgekehrt sein: Der Verbrecher mit den rationalsten Überlegungen ist der beste. Freilich war Rudolf Augstein nicht immer dieser Ansicht. Als er 1985 einen Gedenkartikel zum 40. Jahrestag des Kriegsendes schrieb, stellte er nicht nur Stalin und Hitler auf eine Stufe (mit der eher entschuldigend klingenden Wendung, daß »Hitler wahnhafter war«), sondern auch Stalin, Truman und Churchill, die allesamt wegen ihrer Kriegsverbrechen den Tod durch den Strang verdient hätten.[23] Und auch über »Asien« und »asiatische« Taten dachte Augstein nicht immer ebenso wie 1986. Als Ende des Jahres 1950 die ersten Grotewohl-Vorschläge auf den Tisch kamen, da sprach er sich gegen Adenauers ablehnende Haltung mit der Begründung aus, Grotewohl sei doch bloß ein Sprachrohr der Russen und es werde Zeit, »daß wir mit Asiaten verhandeln lernen«.[24]

Aber wie sich Augstein 1950 nur scheinbar mit Grotewohl befaßte, so hat er 1986 nicht in erster Linie Hillgruber, Fest und Nolte im Auge. In Wirklichkeit zielt er, wie damals gegen Adenauer, so heute vornehmlich gegen Richard von Weizsäcker, dessen Vater keinen Hehl daraus gemacht habe, »daß er das ganze Sowjet-Pack herzlich verachtete« und der von der Judenvernichtung gewußt haben müsse. Und einen solchen Mann, so Augstein, habe der heutige Bundespräsident »aus tiefer innerer Überzeugung« verteidigt!

Aber ist Rudolf Augstein wirklich ein Freund der Juden, wie er sich den Anschein gibt? Am Ende seines Artikels nimmt er ein Bibelzitat in der Rede Richard von Weizsäckers über die vierzig Jahre des Aufenthalts der alten Israeliten in der Wüste zum Anlaß, um die Behauptung aufzustellen, es habe sich um eine Strafe gehandelt, die der »Stammesgott«, der »potenzbegierige Jahwe« über sein Volk verhängt habe, weil es sich geweigert habe, Land zu erobern, das ihm nicht gehöre, und die Amalekiter und Kanaaniter, die Hetiter, Jebusiter und Amoriter »zu verschlingen«. Nun kann im Zeitalter der Säkularisierung niemand einen »Stammesgott« anders verstehen denn als die Verbildlichung des eigentlichen und dauerhaften Wesens dieses Stammes oder dieses Volkes. Die Bezugnahme auf die Gegenwart drängt sich auf. Wenn es innerhalb des »Historikerstreits« eine wirklich antisemitische Äußerung gegeben hat, dann war sie in diesem *Spiegel*-Essay von Rudolf Augstein zu finden.

Augsteins Essay war bei weitem nicht das Ende der Kampagne, aber doch wohl ihr Höhepunkt, und keine Äußerung hätte es in stärkerem Maße verdient, daß eine Kampagne gegen sie entfesselt worden wäre. Rudolf Augstein gehört wie ich dem Jahrgang 1923 an. Der Ausgangspunkt war für uns beide, wie für die ganze Generation, die Erfahrung von 1945, die Erfahrung des Verschlungenseins von Zusammenbruch und Befreiung sowie der Wille zum »Nie wieder!«. Augstein führte einen jahrzehntelangen Kampf gegen die »Teilung Deutschlands« und wurde ein Millionär und gefürchteter Publizist. Ich versuchte, in völliger Zurückgezogenheit einen Denkweg zu gehen, für den die Teilung Deutschlands eine unvermeidbare Phase innerhalb eines säkularen Ringens war. Für Augenblicke bewegte dieser Denkweg eine schmale intellektuelle Schicht in der ganzen westlichen Welt, und ich wurde aus dem Lehrer für alte Sprachen zum Professor für Neuere Geschichte. Heute ist ein letzter Rest des einstigen intellektuellen Vorrangs Deutschlands darin zu sehen, daß ein paar Sätze des einfachen Professors einen langdauernden Sturm hervorrufen, während die scheinbar ähnlichen und in Wahrheit viel gravierenderen Äußerungen des mächtigen *Spiegel*-Herausgebers offenbar im Bereich der Narrenfreiheit angesiedelt werden.

Aber wenn die Kampagne mit Augsteins Beitrag ihren Gipfelpunkt erreicht hatte, so ebbte sie in den folgenden Monaten doch kaum ab und griff vor allem auf das Ausland über, wobei mein *FAZ*-Artikel zunächst nur als ein Symptom unter vielen anderen gefährlichen Symptomen galt, sofern man von Israel absieht, wo »Weizmann« und »GULag« von Anfang an im Vordergrund standen.[25] Das *New York Times Magazine* brachte einen langen Artikel über »Europas Vergeßlichkeit hinsichtlich des Holocaust« mit dem plakativen Titel »Die

Auslöschung der Vergangenheit« (»Erasing the Past«), der sich auf Österreich, Frankreich und die Bundesrepublik bezog, indem er ganz unterschiedliche Phänomene wie die Waldheim-Affäre und den Barbie-Prozeß mit der deutschen Kontroverse zusammenstellte.[26] Einige Zeit später ließ *Newsweek* angesichts des völligen Mangels an gegenwärtigen »Nazis« wieder die Hitler-Armee auf dem Titelblatt marschieren und faßte unter dem Titel »Ghosts of the Nazis« zusätzlich noch die japanischen Revisionisten und Noam Chomskys Vorwort zu dem Buch von Robert Faurisson zusammen[27], so daß der Leser den Eindruck gewinnen konnte, an der etablierten Geschichtsauffassung der siegreichen Mächte werde in der ganzen Welt gerüttelt, und zwar nicht nur von deutschen Historikern, sondern auch von antizionistischen Juden. Ausgerechnet die *Neue Zürcher Zeitung* ließ sich aber nicht auf dieses planetarische Terrain locken und sprach in einem Beitrag ihres Redakteurs Alfred Cattani von dem »Brandmal«, das auch künftigen Generationen von Deutschen aufgedrückt bleiben werde, und behauptete zugleich, daß die Freiheit des Fragenden in Deutschland seit Hitler eingeschränkt sei, mit anderen Worten: daß es für Deutsche keine Freiheit der Wissenschaft geben dürfe, sobald sensitive Punkte berührt werden.[28] Eindrucksvoller hätte kaum demonstriert werden können, wie mächtig »antiwestliche« Auffassungen auch mitten im Westen sind.

Aber es war ebenfalls die Tendenz unverkennbar, eine noch weitere Einengung vorzunehmen. In der *Weltwoche* wandte sich Ignaz Miller vor allem gegen den Mann, »der die Mär von der jüdischen Weltverschwörung wieder salonfähig machen möchte«, während er Habermas' Angriff gegen »die neokonservativen Historiker« als übertrieben zurückwies.[29] Die wirkliche Frage sei, ob Ernst Nolte oder Michael Stürmer gefährlicher sei. Allerdings richtete er zur gleichen Zeit – ähnlich wie Augstein – einen schroffen Angriff gegen Richard von Weizsäcker, der im allgemeinen von den Kritikern auf die Gegenseite gestellt und wegen seiner »mutigen Rede« zum 8. Mai 1985 mit hohem Lob bedacht wurde.

Für Gordon Craig dagegen blieb in seinem Artikel über den »Krieg der deutschen Historiker« in der *New York Review of Books*[30] nur noch ein einziger Bösewicht übrig. Dem Anschein nach handelte es sich um eine Sammelbesprechung von neueren Schriften Broszats, Nipperdeys, Hillgrubers und Stürmers, aber ihnen allen wurde viel professionelles Lob gespendet, während aller Tadel auf einen Autor gehäuft wurde, der eigentlich gar nicht hätte vorkommen sollen. Dabei griff der Verfasser sogar ausdrücklich auf die frühere Kritik zurück, die schon gegenüber »Deutschland und der Kalte Krieg« von Peter Gay (und Felix Gilbert) geübt worden war, und auch »Weizmann« wurde nicht ausgelassen. Aber obwohl Craig, anders als manche deutsche Autoren, keinerlei Schwierigkeiten mit der englischen Sprache haben konnte, ließ nicht die leiseste Andeutung erkennen, daß er den Text des Angegriffenen zur Kenntnis genommen hatte, bevor er dagegen zu Felde zog.[31]

Auch in Deutschland blieb man bei der vorgestellten statt der wirklichen Weizmann-Anführung und erregte sich weiterhin über den »kausalen Nexus« zwischen GULag und Auschwitz, den man anscheinend als vollständige Verursachung auffaßte. Ein angesehener Historiker nahm »intellektuelle Bocksprünge« wahr, wußte aber gleichzeitig vom »jüdischen Weltkongreß« zu erzählen, der in meinem Text nicht vorkam[32], für einen anderen waren meine Auffassungen »haarsträubender Unsinn«[33], ein dritter glaubte eine »skandalöse Konstruktion« zu erkennen.[34] Gelegentlich machten sich auch Kuriositäten bemerkbar: Einen Artikel des Politologen Kurt Sontheimer im *Rheinischen Merkur*[35] mochte man beim ersten Lesen für eine heitere Selbstpersiflage oder für eine ironisierende Kritik am Zunftgeist auch der Politologen und Soziologen halten, aber beim zweiten Blick stellte sich dann doch heraus, daß der ehemalige Präsident des Evangelischen Kirchentages den Historikern die große Publizität neidete, die sich in seinen Augen als »Marsch der historischen Sinnstifter durch das politische Bewußtsein der Bundesrepublik« darstellte. Sehr viel ernsthafter drückte sich Heinrich August Winkler gegen die »Relativierer à la Nolte« aus, zu denen Stürmer und Hillgruber freilich nicht zu zählen seien.[36] Da ein einziger Mann die Anstrengungen so vieler Gutgesinnter aber schwerlich rechtfertigen konnte, traten einige Redakteure der *FAZ*, der amerikanische Präsident und nicht zuletzt »ein emigrierter Rechtsanwalt namens Oppenheimer«[37] in die feindliche Linie – man durfte vermuten, daß die Zuneigung Winklers nicht »den Juden« galt, sondern nur einer bestimmten Richtung unter den

Juden, und daß die Orientierung »an unseren eigenen, den westlichen Normen« eine prononcierte Feindschaft gegen mehrere westliche Regierungen nicht ausschloß.

Eine besonders aktive Rolle spielten natürlich die Zeitungen und Zeitschriften der extremen und der kommunistischen Linken. Ein Autor der *taz* glaubte behaupten zu dürfen, es sei nun bloß noch ein kleiner Schritt bis zu der gesetzlichen Regelung zu tun, wonach die Vernichtung der Juden nur als selbstverschuldete Kriegshandlung beschrieben werden dürfe.[38] In *Konkret* war von dem »Einsatzkommando zu allem entschlossener Historiker« die Rede, aber auch von dem »jüdischen Hilfswilligen Oppenheimer«, der die »große Operation« vorbereitet habe, mit der Ernst Nolte am 6. 6. Adolf Hitler als einen »asiatisch-jüdischen Fremdkörper« aus der deutschen Geschichte habe herausschneiden wollen.[39] In *links* hieß es, Nolte knüpfe bruchlos an die nationalsozialistische Ideologie an, schreibe aus der *Nationalzeitung* ab und versuche, das deutsche Volk zu exkulpieren.[40] Hans Mommsen ging noch einen Schritt weiter, als er in den *Blättern für deutsche und internationale Politik* schrieb, die Taten der Nationalsozialisten der bolschewistischen Weltbedrohung als Auslöser »in die Schuhe zu schieben«, erinnere »an eben die Denkhaltungen, die den Genozid implementierbar gemacht« hätten.[41] Aber weit interessanter ist doch die Tatsache, daß in diesen Publikationen, nicht zuletzt im *Argument*, aber auch in den Artikeln des DDR-Autors Kurt Pätzold in den *Blättern*, das Kampagnemäßige zugunsten politischer Argumentationen zurücktritt, so daß erst im nächsten Kapitel auf sie einzugehen ist. Es läßt sich ferner nicht übersehen, daß hier eine starke Neigung zur Verneinung einer »Unvergleichbarkeit« der antijüdischen Vernichtungsmaßnahmen zum Vorschein kommt – sicherlich auch aus der rationalistischen Grundhaltung heraus, welcher die religiös-rituelle Konnotation des »Holocaust«-Begriffs und die daraus möglicherweise zu ziehenden Konsequenzen verdächtig sind[42], aber vor allem aus der Überlegung heraus, daß diese Singularität sich mit dem universalistischen Ansatz des Marxismus nicht vereinbaren läßt: so würde ja das Argument entwertet, der alte Feind – der Imperialismus bzw. der Kapitalismus – werde die alleinige Schuld an einem etwaigen »Holocaust der Menschheit« tragen, der natürlich unvergleichlich schlimmer sein würde als die nationalsozialistische »Endlösung«. Kaum minder bemerkenswert ist die Tendenz, eine innere Nähe zwischen den »vermeintlichen Konkurrenten« – Habermas und den »neo-nationalistischen« Historikern – aufzuzeigen, die sich mit ganz negativer Wertung auf Habermas' Hervorhebung des »Verfassungspatriotismus« und der »Westbindung« bezieht. So gelangt Wolfgang Pohrt in *Konkret* am Ende zu der überraschenden These, selbst hartgesottene NPD-Anhänger müßte Noltes Wort von der »asiatischen Tat« zur Verzweiflung treiben, weil man sich mit vergangenen Verbrechen leichter abfinden könne als damit, daß sie ausgerechnet asiatischen Charakters und damit mit dem Stigma des Untermenschentums behaftet seien.[43]

Aber die Kampagne fand nicht nur in Schmähartikeln deutscher und ausländischer Zeitschriften oder Zeitungen ihren Ausdruck. Aus Zeitungsmeldungen ging hervor, daß an zahlreichen Universitäten oder auch »Volks-Unis« Veranstaltungen zum »Historikerstreit« stattfänden, die offenbar auch dort, wo nach akademischem Brauch ein gewisses Spektrum unter den Vortragenden gegeben war, die Urheber der Kontroverse nur als Objekte wahrnahmen und im weniger akademischen Bereich Schauprozessen glichen, welche mit – vorläufig bloß moralischen – Todesurteilen endeten, wie man aus Ankündigungen, Flugblättern und gelegentlich sogar aus Sendungen des »Senders Freies Berlin« entnehmen konnte. Eine Reihe von deutschen Historikern fand anscheinend nichts dabei, an einem Symposium über den »deutschen Sonderweg« in Jerusalem teilzunehmen, zu dem nach den Berichten der israelischen Presse nur »gute Deutsche« und eben nicht die »schlechten Deutschen« wie Fest, Hillgruber und Nolte eingeladen waren. Eine sehr bekannte Bundestagsabgeordnete gab in Israel nach einer Meldung der Zeitung *Maariv* zu erkennen, daß sie über die Auffassung gewisser Historiker sehr besorgt sei, der Mord an den Juden sei »das logische Ergebnis der Kriegserklärung Weizmanns«.[44] Auch die Vizepräsidentin des Deutschen Bundestages verbarg ihre Beunruhigung nicht. Mit besonderer Entschiedenheit äußerten sich einige Staatsmänner der Freien Hansestadt Bremen, aber auch der ehemalige Bundeskanzler und langjährige Vorsitzende der SPD, Willy Brandt, glaubte, in seiner Abschiedsrede vom 14. Juni 1987 zur »brüsken Zurückweisung« der bedenklichen Tendenzen »einiger Historiker« aufrufen zu sollen. Der Bundeskanzler und der Bundespräsident sahen sich anläßlich des Staatsbesuchs des israelischen Präsidenten veranlaßt, Distanz gegenüber »den Historikern« erkennen zu lassen, die angeblich die »Einzigartigkeit« des Holocaust leugneten.[45] Marcel Reich-Ranicki antwortete in der Neujahrsausgabe 1986/87 der *Süddeutschen Zeitung* auf die Frage, was ihn im vergangenen Jahr am meisten überrascht habe: »Die schädlichen und schändlichen Bemühungen Ernst Noltes und einiger anderer Historiker, die von den Nationalsozialisten begangenen Verbrechen zu relativieren und zu bagatellisieren und sie womöglich anderen, zumal den Sowjets, in die Schuhe zu schieben« – wenn der »Papst« der deutschen Literaturkritik sich daran erinnert hätte, wer 1943 und noch beim Nürnberger Prozeß das Verbrechen von Katyn wem »in die Schuhe schieben« wollte, würde er zum mindesten die deutsche Sprache nicht so mißhandelt haben. Bei weitem am grellsten äußerte sich jedoch der Friedensnobelpreisträger Elie Wiesel, der einen »Aufruhr« gegen die »Viererbande« verlangte.[46] Er mußte sich dann allerdings von einem guten Kenner in der *Frankfurter Allgemeinen Zeitung* sagen lassen, daß sein außerordentliches Engagement leider die Universalität vermissen lasse, da er sogar während des Libanon-Krieges seine bedingungslose Unterstützung Israels zu erkennen gegeben habe.[47]

An unmittelbaren und persönlichen Auswirkungen der Kampagne fehlte es für mich nicht, obwohl man es als Symptom einer glücklichen Veränderung der Situation betrachten darf, daß meine Vorlesungen nicht gestört wurden. Aber eine alte wissenschaftliche Freundschaft wurde mit dem Hinweis auf Weizmann (den gewöhnlichen Weizmann ohne Irving) aufgekündigt, geschätzte ausländische Kollegen äußerten sich in knappen Briefen, die Tadelsvoten gleichkamen und keine Antwort verlangten, in der Post fanden sich nicht selten Schmähbriefe und freilich auch einige Zuschriften rechtsextremen Inhalts, die mich indessen meist eher zu belehren suchten. Sehr zu denken gab mir die Tatsache, daß ein schweizerischer Rundfunkjournalist ein Telefoninterview mit mir machte und innerhalb einer Sendung über den »Historikerstreit« plazierte, die dann »auf höhere Weisung« vom Programm abgesetzt wurde, weil ich »darin zu gut wegkäme« (so die Erklärung des Verfassers). Weitaus am wichtigsten waren indessen das Verhalten der DFG und die Schwierigkeiten, auf welche die Publikation meines Buches stieß.[48]

Ich gehe abschließend auf drei Äußerungen ganz unterschiedlichen Charakters ein, die sich in sehr verschiedenartigen Organen finden und die in meinen Augen besonders wichtig oder charakteristisch sind.

Kein Leserbrief hat mich in stärkerem Maße betroffen gemacht als derjenige meines Berliner Kollegen und ehemaligen Freiburger Kommilitonen Ernst Tugendhat in der *ZEIT* vom 28. November 1986.[49] Tugendhat spricht von der »Infamie von Noltes Insinuationen«, tadelt Habermas, weil er meinen *ZEIT*-Artikel »besonnen« genannt habe, nennt mich einen Fanatiker und kündigt an, daß man nur noch über mich sprechen könne und nicht mehr mit mir. So harte Urteile scheinen Tugendhat deshalb gerechtfertigt zu sein, weil die logische Implikation meines Artikels in der These bestehe, Auschwitz wäre gerechtfertigt gewesen, wenn die Rede von dem jüdischen Bolschewismus angemessen, d. h. sachlich richtig gewesen wäre. Damit fordert Tugendhat sich selbst und mich zu einem Gedankenexperiment auf, das den Verzicht auf wichtige Kenntnisse und wesentliche Überzeugungen voraussetzt. Ich werde aufgefordert zu vergessen, daß die jüdischen Menschewisten Julius Martow und Pawel Axelrod wie zahlreiche andere jüdische Mitglieder dieser Partei zu den schärfsten Gegnern der Bolschewiki gehörten und daß es in Polen jüdische Familien gab, die davon zu berichten wußten, daß nicht weniger als zwölf ihrer Mitglieder von den Bolschewiki erschossen worden waren.[50] Ich werde aufgefordert, mich nicht mehr daran zu erinnern, daß es in Deutschland den »Reichsbund jüdischer Frontsoldaten«, den »Zentralverein deutscher Staatsbürger jüdischen Glaubens« und einen starken Verband der Zionistischen Weltorganisation gab. Tugendhat mutet mir zu, auf meine Überzeugung Verzicht zu tun, daß nie von einem »schuldigen Volk« und nie von einer »schuldigen Klasse« die Rede sein darf, weil dieser Rede die »kollektivistische Schuldzuschreibung« zugrunde liegt, gegen die mein Artikel vom 6. 6. gerichtet ist. Ein Volk muß für die Taten seiner Führung haften, und eine ganze Klasse mag innerhalb des Staates

Maßnahmen ertragen müssen, die auf das Verhalten einer Anzahl von Klassenmitgliedern zurückgehen. »Schuldig« kann allenfalls eine Partei sein, wenn sie auf unmißverständliche Weise den gewalttätigen Bruch des inneren oder des äußeren Friedens proklamiert. Und wenn Tugendhat schon im Gedankenexperiment das nationalsozialistische Denken rekonstituieren will, dann muß er auch dessen Prämissen annehmen: daß der »jüdische Bolschewismus« die nationale Intelligenz und das Bürgertum Rußlands bereits in den ersten Jahren seiner Herrschaft ausgerottet habe und daß alle deutschen Juden »im Grunde« Bolschewisten gewesen seien. Wenn alle diese unzutreffenden Voraussetzungen für einen Augenblick als zutreffend gelten, dann sage ich zu Tugendhats Behauptung folgendes: Selbst dann wäre Auschwitz *nicht* gerechtfertigt gewesen, denn niemals kann eine Lüge eine Lüge, ein Mord einen Mord und ein Massenmord einen Massenmord »rechtfertigen«. Wohl aber ist das geschichtliche Leben randvoll von Rache und Vergeltung, und ich muß zu meinem Bedauern feststellen, daß dasjenige, was Tugendhat für seinen »jüdischen Bolschewismus« in der Sache zu verlangen scheint, nämlich ein vergeltungsloses Ausrottungsrecht, in meinen Augen eine durch und durch unmoralische Auffassung ist.

Ich gestehe aber in aller Aufrichtigkeit, daß mir die innere Möglichkeit eines neuen »Antisemitismus« (der natürlich schon wegen der unumgänglichen Sympathie für die Palästinenser nur ein Antizionismus sein könnte) nie so deutlich gewesen ist wie nach der Lektüre des Artikels, den der Vorsitzende der Jüdischen Gemeinde Berlins, Heinz Galinski, im Januar 1987 ausgerechnet in den DDR-nahen *Blättern für deutsche und internationale Politik* veröffentlicht hat.[51] Unter dem Titel »Beweiszwang für die Opfer, Freispruch für die Täter« beklagt sich Galinski darüber, in der gegenwärtigen Diskussion tauche die These über die »jüdische Kriegserklärung an Hitler« wieder »aus dem Abgrund der billigsten und schmutzigsten neonazistischen Propaganda« empor, finde Eingang auf den Seiten der *FAZ*, und da werde Hitler in seinem Ausrottungswahn sogar die »Originalität« abgesprochen. Er fühlt sich dadurch an einen »anderen deutschen Gelehrtenstreit« erinnert, nämlich an den sogenannten Berliner Antisemitismusstreit. So gelte das Dritte Reich als Vorreiter und

Weichensteller einer künftigen NATO-Position und der Genozid werde zu einer Art Betriebsunfall in dem durchaus ehrenwerten Bemühen der Nazis um die »Rettung des Abendlandes«. Leider habe im Laufe der Jahre in der Bevölkerung in erschreckendem Maße »das Bewußtsein der Schuld«, vor allem »gegenüber den jüdischen Menschen in der ganzen Welt« nachgelassen, jener Schuld, zu der sich Richard von Weizsäkker »für alle Deutschen« bekannt habe. Ursache dafür seien nicht zuletzt der Kalte Krieg und der Antikommunismus. Von sechzig Millionen Deutschen hätten zwar zwanzig Millionen den Holocaust-Film gesehen, aber das seien »noch immer vierzig Millionen zu wenig«. Freilich seien auch die Juden nicht ganz ohne Schuld an diesen beklagenswerten Zuständen. »Wir sind nicht offensiv genug. Wir klären viel zu wenig auf. Wir betreiben viel zu wenig Öffentlichkeitsarbeit für unsere Sache und für die Sache Israels zum Beispiel.« So gelangt er zu der Versicherung: »Wir geben den Weg zu einer schrankenlosen Geschichtsdiskussion nicht frei«, und er ist offenbar der Überzeugung, daß es *keinen* Angriff auf die Freiheit der Wissenschaft darstellt, wenn er fragt, »ob das deutsche Volk sich eine solche Diskussion leisten kann oder will« und wenn er mit den ominösen Worten schließt: »Ich kann nur davor warnen, sie fortzusetzen.«

Encounter gehört im Kreise der europäischen Zeitschriften ohne Zweifel zu denjenigen, die den *Blättern für deutsche und internationale Politik* am meisten entgegengesetzt sind. Gleichwohl erteilt die Redaktion in der Juni-Nummer 1987 einem Autor das Wort, der einen kaum weniger scharfen Angriff führt, freilich innerhalb einer ganz anderen, sehr interessanten und sehr politischen Perspektive.[52] Josef Joffe, Kolumnist der *Süddeutschen Zeitung*, berichtet aus Deutschland über die »Schlacht der Historiker«, und er beginnt mit einer Bemerkung, die mich in hohem Grade überrascht hat. Vor fünfzehn Jahren hätte ich ein Harvard-Seminar mit der denkwürdigen Frage eröffnet, wo es vor Hitler bereits die Idee der Endlösung gegeben habe, und ich hätte die Antwort gegeben: in den Werken von Marx. Nun kann sich inzwischen jedermann in »Marxismus und Industrielle Revolution« davon überzeugen, welchen Sinn diese Bemerkung gehabt hat, wenn sie wirklich gefallen sein sollte, aber Joffe benutzt sie nur, um im Ton der

Empörung über die »Anfangssalve« (opening volley) zu berichten, mit der ich in der *FAZ* den Kampf eröffnet hätte, um zu der »bestürzenden Schlußfolgerung« zu gelangen, die alle bisherigen Kenntnisse über den Holocaust zu zerstören suche. In Wahrheit aber handle es sich, wie auch bei der Anführung der Weizmann-Äußerung, um den Versuch einer Neuschreibung der Geschichte, der den elementarsten Normen des Argumentierens zuwiderhandle und von grotesken Plädoyers und insinuierenden Fragen erfüllt sei, weil er zum Ziel habe, eine direkte Verbindung zwischen jüdischer »Aggression« und »Vergeltung« durch die Nazis zu konstruieren, die eben »folgerichtig« gewesen sei (in Anführungszeichen, so als ob es sich um ein Zitat aus meinem Text handelte!). Eben dadurch sei ich – bis dahin ein »Einmannbetrieb ohne Schüler, aber auch ohne Feinde in der Zunft« – plötzlich nicht mehr allein gewesen, denn Andreas Hillgruber, Klaus Hildebrand und Joachim Fest seien an meine Seite getreten. Eberhard Jäckel habe jedoch überzeugend gezeigt, daß ich dem uralten Denkfehler des »post hoc, ergo propter hoc« zum Opfer gefallen sei, und in »trüben Grübeleien« hätte ich vergeblich zu verdecken versucht, daß Auschwitz eine »teutonische Tat« gewesen sei (Joffe zufolge ist Hitler für mich anscheinend ein verkleideter Mongole). Aber nach so viel Torheit und Verzerrung stellt Joffe einige bemerkenswerte politische Überlegungen an, und es ist im ganzen nicht zu verkennen, daß die moralische Kampagne an vielen Stellen eng mit politischen Aussagen, Wertungen und Intentionen zusammenhing, die in ihrer Haupttendenz einem politischen Feldzug gleichkamen.

IV. Der politische Konflikt

Joffe läßt seine Kritik freilich nicht bei den »revisionistischen Historikern« beginnen. Der eigentliche und gefährliche Neonationalismus scheint ihm vielmehr im missionarischen Impetus der deutschen Friedensbewegung sowie eines Teils der Linken bzw. der Grünen beschlossen zu sein, die schon während des Vietnam- und des Libanonkrieges die einstigen Umerzieher mit der SS und den Nazis verglichen hatten, die Deutschland als ein »besetztes Land« bezeichneten und die mit »Sühneeifer« ihren Kampf gegen die Aufstellung amerikanischer Raketen führen. Aber es handelte sich dabei nur um den zweiten Formwandel des deutschen Nationalismus. Der erste war noch auffallender und auf den ersten Blick paradoxer gewesen: der Ersatznationalismus des Europäismus und Antikommunismus, der die Jahrzehnte nach dem Kriegsende bestimmt hatte und der nun inmitten einer veränderten Situation schwach und hinfällig geworden war. So war es zwangsläufig, daß die Rechte eine neue Antwort auf die neonationalistische Kampagne der Linken entwickeln mußte, welche die Bastionen der Nachkriegslegitimität so sehr unterminiert hatte. Die Rechte re-agierte also, und sie reagierte zunächst mit der Versöhnungsszene von Bitburg. Die aber mißlang auf spektakuläre Weise, da nach Joffe »ganz Amerika« einen Ruf der Entrüstung ausstieß. So nahm der Historikerstreit von den Gräbern in Bitburg seinen Ausgang. Wenn Amerika den Deutschen die Verbrechen des Weltkriegs immer noch nicht verzeihen wollte, dann konnten diese »vielleicht in dem blendenden Licht verbleichen, das auf die Verbrechen von anderen geworfen wurde«.[53] Der *FAZ*-Artikel vom 6. Juni wurde also vor allem deshalb geschrieben, um die jüngste Niederlage der Rechten auszugleichen. Indessen wäre es nach Joffe falsch, in dieser Bemühung einen normalen Nationalismus am Werk zu sehen. Die »nationalistische Karte« kann die Rechte gerade nicht ausspielen, denn sie will nicht wie die Linken und die Grünen von einer »Friedenszone Mitteleuropas« träumen, in der Deutschland, ob formell wiedervereinigt oder nicht, eine überragende Rolle spielen würde; sie muß vielmehr bestrebt sein, unter keinen Umständen in den Verdacht zu geraten, die westliche Allianz in Zweifel zu ziehen. Daher lautet die entscheidende Frage für sie: Wie kann man zur gleichen Zeit ein »guter Deutscher« und ein »guter Alliierter« sein? Die Lösung fanden Hillgruber und Nolte: wenn der erste Preis der Geschichte für Gewalttätigkeit und Massenmord an die bolschewistischen Schüler von Marx geht, dann ist die Linke diskreditiert und außerstande, ihre gefährlichen neonationalistischen Konzepte durchzusetzen. Aber Joffe betrachtet auch diese Tendenz mit großem Mißtrauen, denn es sei keineswegs sicher, daß Nolte und Hillgruber von Liebe für Amerika und den Westen erfüllt seien. Seine Empfehlung geht deshalb dahin, die Bundesrepublik Deutschland möge sich damit abfinden, ein Land ohne Geschichte zu sein, denn auf diese Weise werde sie – ganz wie Frauen, denen keine »Affären« nachgesagt werden können – am glücklichsten sein.

Joffe schreibt also den »rechten Historikern« keine genuine Initiative zu, und er steht der Linken eher noch kritischer gegenüber als ihnen. Daher führt er nicht eigentlich einen politischen Feldzug gegen sie, aber er reduziert ihre Motive und Intentionen ganz auf den politischen Aspekt. Eine Tendenz dieser Art war von Anfang an erkennbar, und sie war, wie bei Joffe selbst, häufig nicht leicht von der moralischen Kampagne gegen einzelne Personen zu trennen.

Sie fiel natürlich dann besonders auf, wenn nicht Journalisten, sondern Wissenschaftler sie sich zu eigen machten. Ein auffallendes Beispiel dafür war der Aufsatz des Harvard-Historikers Charles S. Maier in der *New Republic*.[54] Nach Maier bestand das Ziel der konservativen Historiker darin, den »nationalistischen Antikommunismus« wiederzuerwecken, und schon dieser Begriff hat für ihn einen negativen Akzent, ohne daß er sich wie Joffe über das Verhältnis zur westlichen Allianz viele Gedanken macht. Für ihn ist die Vernachlässigung der qualitativen Differenz zwischen dem »furor teutonicus« und dem stalinistischen Terror wichtiger. Aber in dieser Erweckung des Nationalismus sieht Maier einen zweiten Schritt derselben Leute, und er schildert den ganzen Vorgang mit Begriffen, die auch ein Kriegsberichterstatter verwenden könnte. Zunächst nämlich hätten die konservativen Historiker die Bedeutung, ja Singularität des nationalsozialistischen Antisemitismus besonders stark hervorgehoben, und eben dadurch sei es ihnen gelungen, »die Klischees der marxistischen Historiographie zurückzurollen«, aber nachdem »der Kampf gegen die marxistische Faschismustheorie gewonnen« worden sei, erscheine es den Protagonisten jetzt möglich und notwendig, »Westdeutschland mit so viel Nationalbewußtsein zu erfüllen, wie seine geteilte Existenz erlaubt«. Allerdings ist Maier wie Joffe davon überzeugt, daß insbesondere die von Michael Stürmer verkörperte Tendenz keine Gefährdung des westlichen Bündnisses darstelle, aber die Gefahr, offenbar in erster Linie von Hillgruber und Nolte verkörpert, bestehe darin, daß dieser Revisionismus »auf offensive Weise dem Vergessen zu frönen vermag« und diejenigen, denen nach ihrer Behauptung an der Geschichte liegt, mit dem Stammtischpublikum (»beer hall crowd«) zusammenbringt, welches die Geschichte gerade vergessen will.

Es würde Maier nicht leicht fallen, in denjenigen Presseorganen Belege für seine Auffassung zu finden, welche eine politische Sympathie für die »revisionistischen Historiker« zu erkennen gaben, vornehmlich in der *Welt*. Es ist richtig, daß man darin gelegentlich Leserbriefe lesen konnte, deren Sprache als Stammtischsprache bezeichnet werden könnte.[55] Aber im großen und ganzen wurden doch nur altbekannte Positionen bekräftigt: der historische Sinn der Nachkriegsdeutschen sei nach wie vor in schon manischer, verhängnisvoller Weise auf das Dritte Reich und die »Stunde Null« fixiert; indem die Linke das Nationalgefühl durch einen »Verfassungspatriotismus« zu ersetzen strebe, falle sie den alten »Umerziehungs-Klischees« zum Opfer, gefährde Berlin und zerstöre das Hoffnungspotential der Landsleute in der DDR.[56] Die Linke habe einen Geßlerhut aufgerichtet, den jeder Historiker zu grüßen habe, wenn er nicht der Proskription durch die »Habermassche Eiferei« zum Opfer fallen wolle: die Anerkennung der völligen Einzigartigkeit und Unvergleichbarkeit des Nationalsozialismus und das Eingeständnis, daß das Jahr 1945 für die Deutschen eine »Befreiung« gebracht habe, auch wenn sie in großer Zahl vertrieben, vergewaltigt und umgebracht worden seien.[57]

Wenn der bayerische Ministerpräsident Franz Josef Strauß in einem Interview mit der *Welt* am 19. 1. 1987 verlangte, daß die Deutschen sich nun endlich wieder eines »aufrechten Ganges« befleißigen sollten, so rief er bei seinen Gegnern zwar viel Zorn hervor, aber niemand von ihnen postulierte im Gegenzug einen »gebückten Gang«. Strauß äußerte sich auch zum »Historikerstreit«, jedoch im Grunde nur zu demjenigen Aspekt, der die »nationale Identität« betraf, welche weder zerstört noch in ihrer alten Form unreflektiert aufrechterhalten werden dürfe. Direkt auf meine Hauptthese angesprochen, äußerte sich Strauß sehr vorsichtig und zog es vor, im Sinne des überlieferten Totalitarismuskonzepts dem Nationalsozialismus wie dem Bolschewismus »dieselbe totalitäre menschenverachtende, ungeistige Wurzel« zuzuschreiben.

Eben diese Auffassung, die von Strauß und anderen Politikern der CDU/CSU ja keineswegs aus Anlaß des »Historikerstreits« zum ersten Mal vertreten wurde, war für Jürgen Habermas Anlaß genug, schon in seinem ersten *ZEIT*-Artikel vom 11. 7. den Historikern, die er kritisierte, das entsprechende Feindbild zuzuschreiben. Noltes Version schlage zwei Fliegen mit einer Klappe: die Nazi-Verbrechen würden als Antwort auf »(heute fortdauernde) bolschewistische Vernichtungsdrohungen« verständlich gemacht und Auschwitz erkläre sich aus der »asiatischen« Bedrohung durch einen Feind, »der immer noch vor unseren Toren steht«.[58] Als sein eigentliches politisches Motiv gibt Habermas also das Eintreten für eine Koexistenz zu erkennen, die sich mit »Feindbildern« nicht verträgt und die nach seiner Auffassung auch durch die Erinnerung an vergangene Feindbilder gefährdet wird. Freilich unterläßt er es, ganz unumgängliche Fragen zu stellen: Gab es in den zwanziger Jahren ein »Feindbild« bloß im Westen, und war es auf die Nationalsozialisten und Faschisten beschränkt? War die historische Wandlung seit dieser Zeit groß genug, daß alle Feindbilder gleichmäßig abgebaut wurden, oder darf man nur von sehr heterogenen, wenn auch nicht abzuleugnenden Tendenzen sprechen? Hat der »Verfassungspatriotismus«, für den er so nachdrücklich eintritt, tatsächlich keine anderen Feinde als die »Revisionisten« und »Reaktionäre«? Sein zweiter Artikel weist in die Richtung einer Bestätigung, wenn er von dem »verharmlosenden, insbesondere die konservativen Eliten entlastenden Revisionismus« spricht.[59] Die Frage ist, ob damit nur eine Geschichtsschreibung gemeint ist, welche die Rolle der preußischen Junker und des Herrn von Oldenburg-Januschau milder beurteilt. Es ist Habermas schwerlich zuzutrauen, daß er lediglich den Toten, den durch die Katastrophe von 1945 Bestraften und Vernichteten nachträglich einen Fußtritt versetzen will. Aber wenn im Kern die »konservativen Eliten« von heute gemeint sind, baut dann der Feindbildgegner nicht nach innen von neuem ein Feindbild auf, während er das äußere Feindbild bekämpft, aber gerade nicht mit dem einzig überzeugenden Argument widerlegt, es sei überflüssig geworden, weil es auf der Gegenseite keine Entsprechung mehr habe?

Karl-Heinz Janßen, der jene »Kampfansage« geschrieben hatte, ging wenig später in der *ZEIT* ein gutes Stück über

Habermas hinaus[60]: Er faßte nahezu ausschließlich die Gegenwart und innerhalb ihrer nicht irgendwelche Eliten, sondern »die Mehrheit« in den Blick, und als dasjenige, womit diese Mehrheit sich nicht abfinden wolle, führte er auf: »Teilung des Vaterlandes, Verlust der Ostprovinzen, ein verlorener Krieg.« Damit stellte er ganz verschiedenartige Tatbestände nebeneinander und faßte sie zu Unrecht in einer einzigen großen Verneinung zusammen: Mit dem verlorenen Krieg haben sich alle Deutschen abgefunden, den Verlust der Ostprovinzen (die man auch als »völkerrechtswidrige Annexion eines Viertels des nationalen Territoriums« bezeichnen kann) empfindet eine Minderheit von Deutschen als ständigen Schmerz, mit der »Teilung des Vaterlandes« darf sich kein Deutscher abfinden, sofern er ein »Verfassungspatriot« sein will. Janßen verlangt für die Gegenwart also eine politische Entscheidung, der nun freilich keine »revisionistischen Historiker« entgegenarbeiten können, weil sie bisher zu keinem Zeitpunkt »etabliert« war. Wenn Janßen sich selbst gegenüber aufrichtig ist, müßte er sich selbst einen »Verfassungsrevisionisten« nennen.

Aber man kann den Antirevisionismus der politischen Gegner, zu denen man auch die »revisionistischen Historiker« zählt, sogar mit politischen Vorwürfen bedenken. So ist es für Heinrich August Winkler offenbar ein Grund zur Entrüstung, daß »uns« in der *FAZ* »seit geraumer Zeit der Ruf nach der Wiedervereinigung Deutschlands« entgegenschallt.[61] Winklers Motiv ist zweifellos ein sehr verständliches und auch ehrenhaftes, sofern die Interpretation richtig ist, mit der es verknüpft wird: daß ein Aufbegehren gegen die durch die Geschichte geschaffenen Realitäten »schon einmal in die Katastrophe geführt hat«. Aber wann hätte die Linke jemals die Meinung vertreten, Realitäten seien als solche sakrosankt? Oder sollte Winkler die Teilung Deutschlands für eine »gute« Realität halten?

Daß *er* jedenfalls die Bundesrepublik *nicht* als eine »gute« Realität ansehen kann, läßt Joachim Perels in der *Frankfurter Rundschau* vom 27. 12. erkennen. Hier spricht er nämlich von dem »Geburtsfehler der frühen Bundesrepublik, eine rechtsstaatliche Demokratie mit Funktionseliten totalitärer Herrschaft aufzubauen«. Daher stehe die Bundesrepublik in einem schwer auflösbaren Zwiespalt: sie definiere sich durch die

Negation der NS-Herrschaft, aber sie nehme auch seit langer Zeit eine weitgehende Legitimation der NS-Herrschaft als prinzipiell legaler Ordnung vor. Daher könne sich eine demokratische Identität erst in der Auseinandersetzung mit der »Erblast« des Nationalsozialismus bilden. Man fragt sich allerdings, weshalb Perels den Begriff »totalitär« verwendet und worauf er in der praktischen Politik hinaus will? Sollen die Mitglieder jener »totalitären Funktionseliten« ihre Ruhegehälter einbüßen, oder sind die Nachfolger, die sie sich herangezogen haben, ebenfalls »totalitär« gesinnt, oder genügt es, ihre historische Rolle als Steigbügelhalter Hitlers anzuklagen? Historiker freilich würden wohl dazu neigen, hier ganz beträchtliche Differenzierungen vorzunehmen und in nicht wenigen Fällen – nicht bloß Einzelner, sondern ganzer Gruppen – von einer tragischen Situation zu sprechen. Aber Perels rechnet sich selbst offenbar nicht zu diesen Historikern.

Hans Mommsen hat in seiner praktischen Arbeit oftmals bewiesen, daß er zu differenzieren vermag. Aber in dem Aufsatz, den er für die *Blätter für deutsche und internationale Politik* geschrieben hat[62], gerät er doch ganz in die Nähe einer pauschalen Verurteilung, die ohne viel Umstände auf die Gegenwart ausgedehnt wird. Da ist von der »Schlachtordnung des konservativen Denkens in der Bundesrepublik« die Rede, und die Hauptintention dieses Denkens wird darin gesehen, »von der maßgeblichen Mitverantwortung der militärischen Führung und der bürokratischen Eliten abzulenken«. Für ganz besonders verantwortlich hält er den »hybriden Antibolschewismus der Weimarer Eliten«, und ein Fundament in der Realität vermag er anscheinend nicht zu erkennen, denn »Vergleiche mit dem Stalinismus« sind nach seiner Auffassung unzulässig, da die Bedingungen verschieden gewesen seien und »immerhin erklärliche feindselige Gefühle eine Rolle spielten«, während im Dritten Reich ein abstrakter »Antisemitismus ohne Juden« geherrscht habe. Die politischen Konsequenzen für die Gegenwart stimmen mit diesen Prämissen allerdings nicht so recht zusammen: man dürfe den heutigen Kommunismus nicht am Maßstab der zwanziger und dreißiger Jahre messen und pauschal verurteilen und man müsse die Verpflichtung anerkennen, »die gesellschaftlichen Grundlagen, die zur Ermöglichung des Holocaust beitragen, zu verändern«.

Mommsen scheint also nicht zu leugnen, daß »der Stalinismus« ein schlimmes und verurteilenswertes Phänomen war, aber anscheinend ist der Holocaust ganz unabhängig davon nur aus den (deutschen) gesellschaftlichen Grundlagen erwachsen, die auch heute noch vorhanden und also veränderungsbedürftig sind, wenn sich das anscheinend gar nicht singuläre Phänomen nicht wiederholen soll. Die Schlußwendung klingt dann allerdings ganz verfassungspatriotisch: die wichtigste Lehre aus der nationalsozialistischen Katastrophe sei diejenige, sich von allen Ansätzen »kollektiver« Feindbilder freizumachen.[63]

Wie ein gegenwärtiges Feindbild aussehen könnte, wird also bei Mommsen nicht deutlich, da er sich auf den Ausdruck des Bedauerns beschränken muß, daß 1945 die »Stunde Null« nicht zu einer Realität geworden ist und jene gründliche Säuberung nicht stattgefunden hat, mit der die Deutschen erstmals in ihrer Geschichte eine richtige Revolution gemacht haben würden.[64] Man findet dieses Feindbild indessen, wenn man etwa zu den Heften des *Argument* greift. Wolfgang Fritz Haug glaubt, aus den Artikeln von Nolte und Fest entnehmen zu können, daß »die Bourgeoisie« dabei sei, »sich in tötungsbereite Rage zu reden«.[65] Die Schuldzuweisung an die Sowjetunion, die von beiden vorgenommen werde, solle anscheinend neuen Aggressionen den Weg bahnen, denn die deutsche Bourgeoisie sei noch immer »von Wiedervereinigungs- und Weltmachtwünschen« erfüllt. Merkwürdigerweise zieht es Haug trotz dieses Festhaltens an einem sehr alten Feindbild vor, von der »deutschen« Kriegs- und Massenmordschuld zu reden, und wenn die Nationalsozialisten von den tausend Jahren ihrer prospektiven Herrschaft sprachen, so fordert er, daß die Erinnerung an das Dritte Reich tausend Jahre dauern müsse – offensichtlich nicht nur in dem Sinne, wie man sich im 20. Jahrhundert noch Ottos des Großen erinnert.

Aber es ist sicherlich eine Auszeichnung des marxistischen Denkens, daß sein Feindbild nicht in konkreten Personen und auch nicht in einzelnen Völkern aufgeht, sondern stets einen sehr weiten Zusammenhang im Auge hat. So wendet sich Georg Fülberth[66] in derselben Zeitschrift nicht nur mit Entschiedenheit gegen Habermas' Okzidentalismus, sondern er gelangt zu der gleichsam idealtypischen These, der Überfall Hitlers auf die UdSSR sei »auch ein Krieg des kapitalistischen

›Westens‹ gegen den bolschewistischen ›Osten‹ gewesen«, und wenn für ihn sogar das schlimmste imperialistische Kolonialregime mit Hitlers Völkermord nicht vergleichbar ist, so gehört dieser dennoch in den »imperialistischen Zusammenhang« (und nicht etwa bloß in den Zusammenhang des deutschen Antisemitismus).

Mit noch größerer Klarheit treten die Vorzüge und die Schwächen des marxistischen Denkens und seiner unumgänglichen gegenwartspolitischen Ausrichtung in den Artikeln ans Licht, die der DDR-Historiker Kurt Pätzold für die *Blätter* geschrieben hat. In dem vor allem gegen Andreas Hillgruber gerichteten Artikel »Wohin der ›neue Revisionismus‹ steuert«[67] spricht er sich zwar erstaunlicherweise gegen Feindbilder und aggressive soziale Theorien aus, aber es klingt sehr ominös, wenn er die »Wahrheitsfindung« über die nationalsozialistische Periode »friedensfördernd« nennt und das Umgekehrte auf jene »Verbreitung der Unwahrheit« zutreffen läßt, deren sich nach seiner These Leute wie Hillgruber und Nolte schuldig machen, die er wohl auch mit einem altbekannten, aber nicht mehr so recht gebräuchlichen Ausdruck »Kriegsbrandstifter« nennen könnte.[68] Der nächste Artikel »Wo der Weg nach Auschwitz begann«[69] macht insbesondere Nolte zum Gegenstand der Kritik. Auf den ersten Blick scheint sich Pätzold von den westdeutschen Linken nicht zu unterscheiden, denn auch für ihn beginnt »der Weg nach Auschwitz in der deutschen Geschichte«. Aber sehr rasch wird doch »der Faschismus« sein Thema, und dessen Definition »betrifft Interessen von Klassen und sozialen Gruppen, die – mögen ihre seinerzeit handelnden Exponenten längst tot sein – heute existieren und Macht ausüben«. Deren historisches Rechtfertigungsinteresse bildet den Hintergrund des Nolteschen Artikels. Aber üben diese Klassen etwa nur in Deutschland Macht aus, haben sie – die so erstaunlich unabhängig von ihren jeweiligen »Exponenten« sind – nur in Deutschland die gleichen Interessen? Nolte ist völlig im Unrecht, wenn er der Antwort der proletarischen Revolution in Rußland auf den gegen sie gerichteten Terror irgendeine wesentliche Bedeutung zuschreibt: denn dieser Terror war ja längst erfunden, müßte Pätzold sagen – aber, bei Licht betrachtet, von den westalliierten Mächten und deren tschechoslowakischen Hilfstruppen und gerade nicht von dem deutschen Militarismus, der doch ganz im Gegenteil an der Entstehung und an der Fortexistenz dieser Revolution einen sehr bedeutenden Anteil hatte. Und wenn der ganze Faschismus, keineswegs bloß seine »nationalsozialistische« Spielart, »Fleisch vom Fleische der bourgeoisen Konterrevolution« war, dann konnte er nicht primär antisemitisch sein, und dann konnte Auschwitz letzten Endes gerade nicht in einer isolierten deutschen Geschichte begonnen haben. Wenn das »imperialistisch determinierte Macht- und Expansionsinteresse« das entscheidende Antriebsmoment im faschistischen Antisemitismus bildete, dann könnte sich in der Tat heute so etwas wie Auschwitz wiederholen. Und wenn Pätzold unter Anführung einer jüdischen Autorin die Frage stellt: »Gehört Bergen-Belsen den Juden allein?« so müßte er konsequenterweise die weitere Frage anschließen: »Sind die Deutschen allein für Auschwitz verantwortlich?« Die Antwort würde ähnlich wie diejenige von Fülberth lauten: Alle, die »im Sumpf des Antisowjetismus« stecken, ob Deutsche, Engländer oder Amerikaner, tragen im Sinne eines Wesensverhältnisses die Schuld an Auschwitz.[70] Freilich muß sich Pätzold auf Eberhard Jäckel als den besten aller Kenner berufen, um eine »Bolschewistenangst« bei Hitler in Abrede stellen zu können; und er hält es für geraten, weder Stalin auch nur mit einem Wort zu erwähnen noch den Archipel GULag. Sein Universalismus erweist sich als partikular und sein Glaube als realitätsfern.

Aber dieser Glaube reicht in größeren oder geringeren Abschwächungen, mit geringfügigen oder weitgehenden Vorbehalten weit in die Linke der Bundesrepublik und anderer Länder hinein. Sein Kern besteht in der Annahme, daß der »Kapitalismus«, d.h. das großindustrielle Weltmarktwirtschaftssystem mit seinen zahllosen und relativ unabhängigen Entscheidungszentren, die Wurzel der Entfaltung, aber auch des Unglücks der Moderne sei. Eben dieses System und sein »Wolfsgesetz« schrankenloser Konkurrenz sei bestimmt, vom »Sozialismus« als dem harmonischen und kooperativen System der weltweiten Selbstverwaltung der Massen abgelöst zu werden, dem vor allem das streiterzeugende Element des Privateigentums fehlt. Die europäische Linke spaltete sich, als ein großer Staat den Anspruch erhob, trotz einiger eingestandener Unvollkommenheiten dieses System zu verkörpern und damit die größte, ja einzige Hoffnung der Menschheit darzustellen. Aber für nahezu alle Linken blieb die Vorstellung von dem immerhin auf einem Sechstel oder Drittel der Erde schon realisierten Sozialismus ein geheimer oder offener Attraktionspunkt, und in der Bundesrepublik Deutschland der zweiten Hälfte der achtziger Jahre kann der Sinn des gegen die »revisionistischen Historiker« (oder auch bloß aus Anlaß ihres Hervortretens) geführten politischen Feldzuges folgendermaßen formuliert werden: Die DDR muß gegen den Wiedervereinigungsanspruch der kapitalistischen Bundesrepublik in Schutz genommen werden, bis die positive Entwicklung der friedlichen Koexistenz die der Sowjetunion aufgezwungenen Lasten beseitigt und damit günstige Bedingungen für den Sieg des Sozialismus in ganz Deutschland und als Folge davon in der ganzen Welt geschaffen hat.

Aber diese Auffassung kann in der Gegenwart nicht viel mehr vorweisen als den Glauben selbst. Ihre Gegner sind nicht eigentlich »Rechte«, sondern Ungläubige und nicht so sehr »revisionistische« oder neonationalistische, sondern wissenschaftliche Historiker, die sich insbesondere nicht mit der These befreunden können, daß gerade 1920 oder 1930 jedermann moralisch verpflichtet gewesen sei, den Behauptungen der Kommunisten Glauben zu schenken, und daß 1985 oder 1990 die Geschichte so geschrieben werden müsse, wie sie sich aus dieser Annahme heraus darstellt. Daher mögen diese Historiker die tagespolitischen Kennzeichen, die man ihnen anheftet, mit Nachdruck zurückweisen, aber sie können nicht in Abrede stellen, daß für sie das »fundamentalpolitische« Motiv maßgebend ist, eine Gesellschaftsordnung zu verteidigen, in der Wissenschaft auch an sensitiven Punkten nicht unmöglich ist. Sie werden daher politische Aussagen bekannter Wissenschaftler jedenfalls nicht von vornherein zurückweisen, die in dem politischen Kampf gegen die angeblich revisionistische Geschichtsschreibung »sinistre Versuche« sehen, »den Selbstbehauptungswillen des freien Deutschland zu untergraben«, oder die These aufstellen, die Aktion von Habermas richte sich gegen die NATO und Deutschland als das stärkste Land des nichtsowjetischen Europa.[71]

V. Die wissenschaftliche Debatte

Dennoch wäre die Behauptung unhaltbar, der sogenannte Historikerstreit sei weiter nichts gewesen als eine diffamierende Kampagne gegen einige wenige Historiker und eine politische Aktion gegen das offizielle Selbstverständnis der Bundesrepublik Deutschland. Er war vielmehr *auch* eine wissenschaftliche Debatte, in der viele Fragen, die freilich längst Themen der Wissenschaft waren, durch die gleichzeitigen Stellungnahmen so vieler Partner neuartige Aspekte oder doch größere Klarheit gewannen, und es wurde eine Reihe von Problemen einer größeren Öffentlichkeit nahegebracht, die bis dahin nur ein abgelegenes Dasein geführt hatten.

So steckt ja in der außerordentlich politischen Anklage gegen die konservativen deutschen Eliten von gestern und von heute, sofern sie nicht bloß propagandistisch ist, die wissenschaftliche Frage, wie das eigentliche Subjekt des Geschehens zu bestimmen sei. Wenn »der deutsche Militarismus« oder »die deutsche Großbourgeoisie« das Handlungssubjekt war, das sowohl Hitler wie die nationalsozialistische Partei bloß als Instrumente benutzte, dann ergibt sich ein ganz anderes Bild der Epoche und der daraus abzuleitenden Konsequenzen, als wenn das ganze deutsche Volk und nicht zuletzt die Arbeiterschaft geschlossen hinter Hitler stand. Abermals völlig anders nehmen sich die Dinge aus, wenn Hitler im Verein mit einigen verbrecherischen Genossen ein unwilliges Volk und auch widerstrebende Eliten unter Ausnutzung ganz besonderer Umstände auf einen unseligen Weg lockte und zwang. Es war vor allem ein Verdienst Christian Meiers, daß er die Notwendigkeit der Frage durch zugespitzte Formulierungen anschaulich machte. Man könnte ihn den Protagonisten des »großen Wir« nennen. Ihm gehen wie selbstverständlich Formulierungen wie die folgenden über die Lippen: »das von uns zwischen 1933 und 1945 Angerichtete« oder »das Bewußtsein der Beispiellosigkeit der Verbrechen, die wir in jenen zwölf Jahren begangen haben«.[72] Ein solches »Wir« muß befremdend wirken, nachdem es insbesondere durch die Aktivitäten der sozialhistorischen Schule fast völlig außer Gebrauch gekommen war. Trotz der radikalen Umkehrung der Wertsetzung mußte es die Erinnerung an einen Mann wie Gerhard Ritter hervorrufen, für den »wir« 1940 siegreich in Paris eingezogen waren. Und hätte nicht auch Christian Meier sagen müssen, daß »wir« zwar beispiellose Verbrechen begangen haben, aber daß »wir« auch außerordentliche militärisch-industrielle Leistungen vollbrachten und unsere Fahnen vom Nordkap bis Tunis aufpflanzten? Ein anderer Aspekt des Problems wird sichtbar, wenn Heinrich August Winkler mit viel Pathos den »Steinernen Gast« der Vergangenheit, die nicht vergehen will, fragen läßt: »Warum ist das größte Verbrechen des 20. Jahrhunderts, . . . gerade von euch verübt worden, ihr Deutschen?«[73] Notwendigerweise taucht die Frage auf, ob Winkler sich selbst und seine Partei tatsächlich in dieses »Ihr« bzw. »Wir« einbezieht oder ob er in Wirklichkeit nur andere Deutsche und andere Parteien anklagen will.

Wenn aber nicht alle Deutschen gleichmäßig verwickelt waren und wenn nicht einmal von vornherein feststand, daß »die Deutschen« das wahre Subjekt waren, dann durfte nicht Anklage die Grundhaltung des Historikers sein, sondern das Unterscheiden, das In-Beziehung-Setzen, das Verstehen. Tatsächlich hat schon Jürgen Habermas in seinem ersten *ZEIT*-Artikel nicht ausschließlich eine »Kampfansage« ausgesprochen, sondern er hat auch die schöne Formulierung gefunden, unter bestimmten Voraussetzungen könne »distanzierendes Verstehen« an die Stelle »kurzatmig pädagogisierender Vereinnahmung« treten.[74] Und in seinem zweiten Artikel unterscheidet er zwar auf holzschnittartige Weise bessere und schlechtere Traditionen der deutschen Geschichte, aber er macht seinen Vorschlag, hinfort nur noch die besseren Traditionen die Grundlage der deutschen Existenz sein zu lassen, durch die tiefer dringende Beobachtung fragwürdig, daß die nationale Geschichte ein komplexes Milieu ist, das man auflöst, wenn man eine schlichte Selektion nach »Gut« und »Böse« treffen zu können meint: Die schwierige und unumgängliche Aufgabe ist das gerade Gegenteil, nämlich den langen und schmerzhaften Prozeß nachzuvollziehen, in dem Kinder lernen, »die zunächst konkurrierenden Bilder von den guten und den bösen Eltern zu komplexen Bildern derselben Person zusammenzusetzen«.[75] Und Habermas hätte in diesem Zusammenhang an Heine erinnern können, der ein künftiges großes Unheil gerade aus dem Besten hervorgehen sah, das die deutsche Geschichte bis dahin aufzuweisen hatte, nämlich aus dem Idealismus Kantscher und Fichtescher Prägung.[76]

Wenn aber das Böse möglicherweise nur eine Verkehrung des Guten war, die ihrerseits an den Wandel einer Situation gebunden war, dann konnte die Attitüde des Staatsanwalts nicht die richtige sein, dann mußte ein Versuch der Historisierung auch des nationalsozialistischen Phänomens gemacht werden, der zugleich eine Relativierung war, d.h. ein In-Beziehung-Setzen. So war Wolfgang Schuller in einem Leserbrief von Anfang Juli 1986 noch ganz isoliert, als er darauf hinwies, daß die Geschichtswissenschaft »relativieren« *müsse*[77], doch nach dem Verlauf eines Jahres konnte Jens Petersen[78] die gewiß übertreibende, aber auch charakteristische Behauptung aufstellen, alle Beteiligten seien sich praktisch darüber einig, daß eine Historisierung auch der Hitler-Diktatur notwendig sei und daß man die Vergangenheit in ihr Recht einsetzen müsse, vergehen zu dürfen. Auch Hagen Schulze hatte indessen bereits in diese Richtung gewiesen, als er die Bemerkung machte, das (schlechthin) Singuläre sei unhistorisch und könne daher für die Zukunft nichts lehren[79]; und Thomas Nipperdey hatte sich ebenfalls nachdrücklich für die »Historisierung des Nationalsozialismus« und gegen die Moralisierung der Vergangenheit mittels Unterstellungen und Frageverboten gewandt.[80]

So wurden die Begriffe »Historisierung«, »Relativierung«, »Verharmlosung« und »Normalisierung« im Verlauf der Debatte mehr und mehr voneinander gelöst; »Singularität« wurde nicht mehr mit »Einmaligkeit« gleichgesetzt, die ja allen historischen Phänomenen zukommt, und die »Vergleichbarkeit«, mithin der Zusammenhang, wurde als Voraussetzung der »Singularität« erkannt, welche sich durch eine Differenz besonderer Art von anderen Erscheinungen unterscheidet.[81]

Alle diese Unterscheidungen führten aber erneut zur Frage des »Subjekts« zurück. War es tatsächlich »Apologie«, wenn einzelne Historiker in »den Deutschen« nicht dieses Subjekt sehen wollten? War dieser Ansatz in einem Zeitalter, zu dessen Kennzeichnung auf allen Seiten Termini wie »weltweit«, »global« oder »planetarisch« benutzt wurden, nicht einfach zu eng und borniert? Theodore von Laue, Deutscher von Geburt und seit langem amerikanischer Bürger, war in besonderem Maße berechtigt, darauf hinzuweisen, daß Nationalgeschichte heute zu einem »engstirnigen Anachronismus« geworden ist und daß man Hitler falsch einschätzt, wenn man ihn in erster Linie in eine Beziehung zu Bismarck stellt. Er war ja gerade dasjenige, was Bismarck *nicht* war, nämlich »ein Nachahmer, besonders der angelsächsischen Imperialisten und Rassentheoretiker«, und diese waren wiederum keine bloßen Theoretiker, sondern Sprecher und Ideologen »der Ausdehnung des westlichen liberal-demokratischen Industriestaats als Vorbild . . . über die ganze Welt«, jenes Prozesses, der die eigentliche Weltrevolution der Moderne darstellt und überall schwerste Spannungen auslöste, gestern in Deutschland und Rußland und heute in den Staaten der Dritten Welt. Von Laue schreckt nicht vor einer überraschenden, ja verblüffenden Forderung zurück: Wenn man (was nicht zulässig sei) in diesem Zusammenhang von der Schuld Hitlers, Stalins, Mao Tse-tungs oder Pol Pots spreche, dann »sollte man auch die Urheber dieser Spannungen zur Verantwortung heranziehen, die stolzen Sieger und Rechtfertiger der westlichen Überlegenheit, die naiven Vertreter des westlichen Fortschritts«.[82]

Von dem entgegengesetzten Blickpunkt her können Vertreter des marxistischen Denkens zu vergleichbaren Ergebnissen kommen. So stellt Wolfgang Fritz Haug[83] die interessante These auf, die Beunruhigung Adolf Hitlers und des gesamten Bürgertums sei deshalb entstanden, weil es »die Revolution« gewesen sei, die »nicht vergehen wollte«. Haug versteht unter »Revolution« aber nicht wie von Laue die »westliche Weltrevolution«, sondern die Revolution der Arbeiterbewegung und vor allem die russische Revolution, und daher stellt sich Hitler nicht an der Seite Stalins und Maos als einer derjenigen dar, die der Revolution der »Verwestlichung« Widerstand leisteten, sondern gerade umgekehrt als ein gegenrevolutionärer Verbündeter des westlichen Imperialismus. Aber Haug räumt ein und unterstreicht sogar, daß mithin die Frage nach der Priorität des Kommunismus nicht zu umgehen ist und daß Ernst Nolte recht daran getan hat, sie aufzuwerfen. »Hier hilft kein verlegenes Schweigen, kein Ausweichmanöver. Die Nolte-Frage muß untersucht werden.«[84] Haug nimmt die Untersuchung in der Weise vor, daß er die Priorität der Revolution mit positivem Akzent bejaht und Nolte als den Sprecher der bereits wieder

»tötungsbereiten« westlichen Bourgeoisie demaskiert, die für ihn offenbar weit mehr als »das deutsche Volk« das aktive Subjekt jenes Widerstandes gegen die Revolution ist, dessen zwar singuläres, aber keineswegs isoliertes Produkt auch der Nationalsozialismus war.

Nicht so sehr vom Standpunkt der »Arbeiterbewegung« bzw. der Sowjetunion, sondern von demjenigen der »Dritten Welt« kommt Hans-Heinrich Nolte[85] zu dem Ergebnis, daß die westlichen demokratischen Gesellschaften als solche keinerlei Grund zum moralischen Hochmut haben, da sie sich auf vielfältige, sowohl direkte wie indirekte Weise in der »Dritten Welt« zahlreicher Genozide schuldig gemacht hätten. So resultiert ein »nos quoque«, in dem das »Wir«, das sich in erster Linie schuldig gemacht hat, nicht »wir Deutschen« sind, obwohl eine »apologetische« Tendenz weltenfern liegt.

Die Frage ist, wo man die qualitative Differenz beginnen läßt, welche die Geschichte des 20. Jahrhunderts bestimmt. Greift man nicht allzu weit zurück, wenn man sie mit der Industriellen Revolution identifiziert, welche sogar an ihrem Ursprungsort, in England, die traditionelle Gesellschaft nur unter schweren Brüchen und Qualen veränderte, die also die Ursache dafür war, daß »Modernisierung« in Deutschland und Rußland, in China und Afrika sich in noch schlimmeren Brüchen, Verwerfungen, aber auch überraschenden Synthesen vollzog? Vom Standpunkt der »Dritten Welt« liegt diese Konzeption nahe, und die marxistische Revolutionstheorie kann sie integrieren, wenngleich nicht ohne Mühe. Aber dadurch wird es keinesfalls überflüssig, die Frage nach der Beziehung zwischen Bolschewismus und Nationalsozialismus als spezifische und ohne Präferenz für eine der beiden Selbstinterpretationen aufzuwerfen.

Jede Beziehung zwischen realen Phänomenen schließt Kausalität oder Wechselwirkung ein, und sie kann oberflächlich oder konstruktiv sein. Eine unglückliche Liebe oder ein ohnmächtiger Haß sind einseitige, aber konstitutive Beziehungen; eine Liebelei ist ein wechselseitiges, aber oberflächliches Verhältnis. Auf die Frage, welche Art von Beziehung zwischen dem Nationalsozialismus und dem Bolschewismus und damit vermutlich auch zwischen den Taten beider Bewegungen bzw. Regimes bestanden habe, kann man die Antwort geben, die

Beziehung sei einseitig und oberflächlich gewesen. Anscheinend tendiert Hans Mommsen in diese Richtung, wenn er immer wieder von dem »hybriden Antikommunismus« der Weimarer Eliten spricht. Aber in einem Nebensatz muß er zugeben, daß dieser Antibolschewismus bis »tief in die SPD« hineinreichte[86], und die Gegenfrage liegt nahe, ob man das unklare Wort »hybrid« nicht besser durch »weitverbreitet« oder »wohlbegründet« ersetzen sollte, und dann würde es sich um eine konstitutive Beziehung handeln. Richard Löwenthal wiederum hat in einem wichtigen Leserbrief[87] bestritten, daß der Leninsche Terror wesentliche Konsequenzen auf der anderen Seite gehabt habe und daß die Hitlerschen Massentötungen damit in einen übergreifenden Zusammenhang gebracht werden könnten. Lenin habe sich nämlich in einer Kette von Bürgerkriegen befunden, und die Bolschewiki hätten sich gewiß mancher Greueltaten, aber keiner »einseitigen Massenvernichtung von Wehrlosen« schuldig gemacht, während viele antikommunistische Teilnehmer des Bürgerkrieges später in der Literatur der zwanziger Jahre stolz von den Greueltaten der eigenen Seite berichtet hätten. Anders sei es freilich um die Massenvernichtungen von Kulaken durch Stalin bestellt gewesen. Sie seien in ihrer systematischen Unmenschlichkeit historisch neu gewesen und dürften insofern mit den Taten Hitlers verglichen werden. Aber diese Vorgänge seien im Westen bis in die vierziger Jahre hinein unbekannt gewesen und daher bestehe keinerlei Kausalitätsbeziehung zwischen den beiden Ungeheuerlichkeiten.

Diese Interpretation Richard Löwenthals, welche die bolschewistische Partei als eine angegriffene und reagierende, nicht als eine aktive und gemäß ihrer eigensten Lehre auf Vernichtung ganzer sozialer Schichten ausgerichtete Kraft erscheinen läßt, wurde in zahlreichen Leserbriefen kritisiert, nicht zuletzt mit der Begründung, daß der Terror der großen Kollektivierung im Westen sehr wohl bekannt gewesen sei. Aber die Behauptung Löwenthals über die antibolschewistische Literatur der zwanziger Jahre wurde nicht korrigiert, obwohl es dazu gute Gründe gegeben hätte.

Wenn Löwenthal eine Kausalität (die natürlich unter keinen Umständen so viel wie »vollständige Verursachung« bedeuten kann) in Abrede stellte, so leugnete Hans-Heinrich Nolte[88] die Existenz einer ursächlichen Beziehung zwischen den Massenvernichtungen nicht, aber er stellte gerade die These auf, daß »Auschwitz« konstitutiv für das GULag-System gewesen sei. Damit war natürlich nicht das historische Auschwitz gemeint, sondern die Tatsache der zahlreichen Pogrome, die während der Jahre 1919 und 1920 von den ukrainischen Nationalisten Petljuras verübt wurden und denen an die 200000 Juden zum Opfer gefallen seien. Dies ist eine sehr bemerkenswerte Auffassung[89], aber Hans-Heinrich Nolte übersieht, daß das »Dekret über den Roten Terror« vom September 1918 stammte und daß es einen qualitativen Unterschied zwischen einem ideologischen Staatswillen und den Ausbrüchen eines spontanen oder auch gelenkten »Volkszorns« gibt.[90] Seine Umkehrung des Kausalitätsverhältnisses vermag daher nicht zu überzeugen.

Aber eine immerhin so ernst zu nehmende Argumentation war in Deutschland ungemein selten. Fast durchweg wurde meine These über das Verhältnis von Archipel GULag und Auschwitz als »abstrus« oder »hanebüchen« bezeichnet, als »Verirrung« abgetan oder bestenfalls auf die Feststellung einer »bloß psychologischen« Handlungsdisposition Hitlers reduziert.[91] Im Ausland aber fand sie sehr viel mehr Zustimmung, wenngleich mit der ausdrücklichen oder unausdrücklichen Maßgabe, die auch für mich selbstverständlich war und ist, daß abermals etwas »Neues« hinzutreten mußte, wenn der Antibolschewismus sich primär als Antisemitismus darstellen wollte.

Norbert Leser, österreichischer Sozialdemokrat, hob mit großem Nachdruck den äußeren und inneren Zusammenhang zwischen Kommunismus und Nationalsozialismus hervor, der bereits für den ehemaligen Staatskanzler Renner so selbstverständlich gewesen sei, daß er den internationalen Faschismus einen »unvermeidbaren Reflex des Kommunismus« genannt habe. Die Beschwörung der »bolschewistischen Gefahr« sei daher kein bloßes Propagandamittel gewesen, sondern ein Realfaktor. Daß andererseits der gefürchtete Feind zum Vorbild werden konnte, habe auch Hermann Broch klar erkannt, der gesagt habe, die Faschismen aller Observanz hätten ihren Totalitarismus von Lenin bezogen. Der ursächliche Zusammenhang, den Ernst Nolte hergestellt habe, sei also in der Tat gegeben, und die aktuelle Folgerung heiße, daß nur derjenige, der antitotalitär sei, das historische Recht und die moralische Legitimation besitze, die Verbrechen Hitlers zu verurteilen.[92]

Augusto Del Noce, der führende katholische Denker Italiens, trat in zwei Artikeln ebenfalls nahezu ohne Vorbehalt auf meine Seite und zog eine Linie vom jakobinischen Terror bis zu demjenigen von Mao Tse-tung und Pol Pot. Nur die Revolution sei von Anfang an grundsätzlich terroristisch und von Vernichtungswillen erfüllt; die Gegenrevolution aber habe sich erst in diese Reihe einordnen können, als sie mit Hitler auf paradoxe Weise selbst revolutionär geworden sei und einen totalen Sieg über das »absolute Böse« erstrebt habe. So bedeute heute der negative Mythos des Nazismus als des absoluten Bösen gerade einen posthumen Sieg Hitlers.[93]

George Watson, liberaler englischer Politiker und Fellow von St. John's College in Cambridge, hat Josef Joffe in *Encounter* geantwortet und dabei den Vernichtungsgedanken auf den Marxismus zurückgeführt.[94] Auch wenn man diese These für übertrieben oder nicht genügend differenziert hielt und Fragezeichen hinter der weiteren Behauptung anbrachte, die Sowjets hätten Gaskammern früher benutzt als die Nazis, konnte man sich der inneren Kraft des Arguments nicht verschließen, daß die Gleichheitslehre und nicht etwa das »reaktionäre« Beharren auf Unterschieden notwendigerweise die Beseitigung der Ungleichen verlange.

Ohne direkte Bezugnahme auf den Historikerstreit machte ein Artikel des französischen Sowjetexperten Alain Besançon mit dem Titel »Présent soviétique et passé russe« sehr deutlich, wie andersartig die Perspektive ist, wenn man auf der Basis gründlicher Kenntnis der sowjetischen Geschichte an den Nationalsozialismus herantritt.[95] Was in Deutschland sehr rasch und törichterweise als »Aufrechnung« abgetan wird[96], nämlich die vielen Millionen Opfer des Bürgerkrieges und des Terrors, mittels deren die bolschewistische Partei ihre gewalttätig ergriffene Macht behauptete, ist für Besançon kein Gegenstand des Verschweigens und Verharmlosens, und am Ende formuliert er einen Satz, der in Deutschland zweifellos die größte Aufregung hervorrufen würde, wenn man ihn für das Resultat der »Entlastungsversuche« eines Deutschen erklären könnte: »C'est une chose absolument nouvelle [die Situation der dreißiger Jahre unter Stalin] dont l'hitlérisme a été une sorte d'écho contre-coup, mais l'hitlérisme lui-même est plus imaginable que le système soviétique.«

Wer allen diesen Tatbeständen und allen diesen Interpretationen auf angemessene Weise gerecht werden wollte, der müßte sich in der Tat die Forderung Helmut Fleischers zu eigen machen, eine »weltbürgerliche Sicht« des »Weltbürgerkrieges unseres Jahrhunderts« zu entwickeln.[97]

Als jenes gesuchte »Subjekt« würde sich dann nicht »das deutsche Volk« erweisen, aber auch nicht »die bürgerliche Klasse des Westens« oder »Adolf Hitler« und ebensowenig »die Revolution« oder »die Sowjetunion«, sondern das Zusammenspiel und die Wechselwirkung alles dessen und in erster Linie derjenigen Menschen und Parteien, welche die objektiven Spannungen in übergreifenden Glaubenssätzen artikulierten und eine Erlösung der Welt anstrebten. Das Resultat dieses »Historikerstreits« läuft wissenschaftlich auf das Desiderat hinaus, die Geschichte des 20. Jahrhunderts seit dem Ausbruch des Ersten Weltkrieges als die Geschichte eines Weltbürgerkrieges zu schreiben, der sich bis 1945 nur als europäischer Bürgerkrieg entfalten konnte und in Nationalsozialismus und Bolschewismus seine Hauptantagonisten hatte. Die Methode ergibt sich aus der Formulierung des Desiderats von selbst: Sie kann keine andere als die der Historisierung sein, welche vor allem durch die Relativierung dieser beiden Phänomene zu realisieren war.

Das Desiderat war aber faktisch die Voraussetzung des »Historikerstreits«. Sofern er eine wissenschaftliche Debatte war, dürfte sein Hauptresultat die Bestätigung des Konzepts bedeutet haben, das dem Artikel vom 6. Juni zugrunde lag und in dem Buch zur Ausführung gelangt, das den Titel *Der europäische Bürgerkrieg 1917-1945. Nationalsozialismus und Bolschewismus* trägt.

Kein urteilsfähiger Mensch wird diesem Konzept vorwerfen können, es intendiere eine »Verharmlosung« der schrecklichen Geschehnisse dieses Jahrhunderts oder auch bloß eine »Einebnung« dieser Geschehnisse. Kein vorurteilsloser Kritiker wird bestreiten können, daß es auf einen Zustand hinzudenken sucht, der nicht mehr von »Krieg und Bürgerkrieg« bestimmt ist, so wenig er die spannungslose Harmonie einer Weltfamilie bedeuten kann. Es läßt sogar trotz aller Unterscheidungen, die vorgenommen werden, für jedermann die Möglichkeit offen, sich mit »der Revolution« zu identifizieren und dasselbe zu sagen, was Bernard Shaw vor vielen Jahrzehnten sagte: in Rußland seien die richtigen Leute erschossen worden[98] – und in Deutschland die falschen –, wie man Shaw zweifellos fortsetzen müßte. Aber es verwehrt einem jeden, dann den Begriff der »Humanität« im Munde zu führen, der keine »richtigen« und keine »falschen« Opfer kennt. Es stellt jedem frei, daran Anstoß zu nehmen, daß Hitler verstehbarer gemacht und der Nationalsozialismus relativiert werde, aber es leugnet das Recht dieser Kritiker, sich auf die »Aufklärung« zu berufen, für die alles Endliche grundsätzlich begreiflich ist und die jeden »Absolutismus« verwirft. Es stimmt denjenigen ausdrücklich zu, die einen Unterschied zwischen »sozialer« und »biologischer« Vernichtung machen, aber es kritisiert die Ableitung dieser Unterscheidung von der Moral, die den Mord und erst recht den Massenmord als solche verbietet und nicht bloß unter der Bedingung einer besonderen Art der Ausführung.

Auch für mich hatten die Kampagne und Teile der Debatte dieser zwölf Monate etwas Erschreckendes: Den Pogrom vom 9. November 1938 als »Reichskristallnacht« zu bezeichnen, ist unzweifelhaft eine »Verharmlosung«, aber den Vergleich zwischen GULag und Auschwitz eine Verharmlosung zu nennen, scheint mir in der Tat ein wahrer Offenbarungseid einer bestimmten Gruppe von Intellektuellen zu sein.[99]

Diese Intellektuellen sind nicht mit der weit größeren Gruppe der linken Intellektuellen zu identifizieren. Aber nur allzu viele dieser linken Intellektuellen fühlen sich auf beinahe unwiderstehliche Weise zu ihnen hingezogen, und auch der »Historikerstreit« stellte diese Tatsache unter Beweis. Den Gegensatz bilden aber nicht eigentlich »rechte« Intellektuelle, sondern realistische, utopiekritische Intellektuelle bzw. Historiker und Denker. Ich leugne nicht, daß ich mich zu dieser Gruppe zähle und daß ich mir der Verwandtschaft bewußt bin, die auch der Nationalsozialismus in seinen Anfängen mit diesem Antiutopismus aufwies, den man Antikommunismus nennen mag. Deshalb ist mein Buch nicht zuletzt eine ernsthafte und eingehende Selbstprüfung des Antikommunismus. Führte er am Ende mit Notwendigkeit zur »Machtergreifung« von 1933, zum Angriff auf die Sowjetunion und nach Auschwitz? Meine Antwort ist: Nein. Aber es wäre gut, wenn auch jene zum großen Teil »verfassungspatriotischen« Linken, welche die Kampagne gegen die angeblich »neonationalistischen« Historiker entfesselt haben, sich mit gleichem Ernst die Frage vorlegten, ob sie nicht in Gefahr sind, mit den massenhaftesten Vernichtungen zu sympathisieren, sofern diese dem »Fortschritt« und dem »Sozialismus« dienen wollen. Wenn sie sich von einer solchen, meist uneingestandenen, Sympathie freimachen, werden sie ihr Eintreten für »Koexistenz« nicht aufgeben, sondern an Bedingungen knüpfen, und eine dieser Bedingungen dürfte sein, daß sie den Nationalsozialismus nicht mehr von der wichtigsten seiner Voraussetzungen isolieren und als die beste Zukunft der Gegenwart die Auseinandersetzung – nicht aber einen ideologischen Kalten Krieg und Bürgerkrieg – zwischen einem postfaschistischen »Kapitalismus« und einem postutopistischen »Kommunismus« erkennen.

Anmerkungen

1 Am 24. 7. 1980, vgl. unten Anm. 7, 9, 10.

2 *»Historikerstreit«. Die Dokumentation der Kontroverse um die Einzigartigkeit der nationalsozialistischen Judenvernichtung*, München-Zürich 1987, S. 36.

3 *DIE ZEIT* vom 11. 7. 1986; *»Historikerstreit«* a.a.O. S. 62-76.

4 *Die Tageszeitung* vom 12. 7. 1986; *»Historikerstreit«* S. 196-203.

5 *Der Spiegel* vom 6. 10. 1986; *»Historikerstreit«* S. 196-203.

6 *»Historikerstreit«* S. 39-47.

7 S. Anm. 1.

8 In der *FAZ* vom 20. 11. 1986 (»Kein Schlußwort«); *»Historikerstreit«* S. 264-274.

9 »Between Myth and Revisionism? The Third Reich in the Perspective of the 1980s«. In *Aspects of the Third Reich* ed. by H. W. Koch. London 1985, S. 17-38.

10 *»Historikerstreit«*, S. 13-35.

11 *Allgemeine Wochenzeitung der Juden in Deutschland* vom 28. Juli 1961. Hannah Arendt, *Eichmann in Jerusalem*, München-Zürich 1985, S. 158. (Hannah Arendt erklärt die Rede von der »Kriegserklärung« zwar für »Unsinn«, fügt aber mit starker Betonung hinzu, es sei gerade das Unglück der Juden gewesen, daß sie von den Nazis nicht als kriegführende Nation anerkannt wurden, denn dann hätte man sie in Kriegsgefangenenlager und in Internierungslager für Zivilisten gesteckt, wo die Chancen zum Überleben vergleichsweise groß gewesen seien.)

12 S. Anm. 3.

13 *DIE ZEIT* vom 16. 5. 1986.

14 S. Anm. 8.

15 *FAZ* vom 29. 8. 1986, *»Historikerstreit«* S. 100-112.

16 *DIE ZEIT* vom 12. 9. 1986; *»Historikerstreit«* S. 115-122; zu einer anderen Behauptung des Artikels s. oben S. 7.

17 *DIE ZEIT* vom 3. 10. 1986; *»Historikerstreit«* S. 189-195.

18 »Plädoyer für eine Historisierung des Nationalsozialismus«. In *Merkur* 5/1985.

19 *DIE ZEIT* vom 31. 10. 1986; *»Historikerstreit«* S. 223-231.

20 So hieß es in einem Leserbrief von Gershom Schocken, dem Chefredakteur von *Ha-Aretz* (*DIE ZEIT* vom 28. 11. 1986): »Nolte sieht das anders: Durch Kurt Tucholskys Glosse verurteilten die Juden (»Alljuda«) die deutsche Oberschicht zum Gastod. Damit wird insinuiert, daß die spätere Vergasung der Millionen Juden durch die Deutschen als eine verständliche Gegenmaßnahme, wenn nicht gar als eine strenge, aber gerechte Strafe angesehen werden kann.« Zum späteren Briefwechsel mit Schocken und zu den Stellungnahmen in *Ha-Aretz* vgl. unten S. 142ff.

21 *»Historikerstreit«* S. 243-255.

22 Ebenda S. 196-203. Einen Vorgeschmack hatten die Leser des *Spiegel*

durch die Besprechung von Hillgrubers Buch von Wolfgang Malanowski bekommen, die nicht zufällig den Titel trug »Vergangenheit, die nicht vergehen will«, weil ich ebensosehr das Angriffsobjekt war (1. September 1986). Da heißt es unter anderem, Nolte treibe die aberwitzige Analogie bis zur perfiden Apologie; seine Absicht sei unverkennbar: das Unvergleichbare solle vergleichbar scheinen, damit die Vergangenheit (sich) verziehe.

23 *Der Spiegel* vom 7. Januar 1985.

24 Ebenda 13. 12. 1950.

25 Zu den Reaktionen in Israel s. unten S. 90ff.

26 *The New York Times Magazine* vom 16. November 1986 (Judith Miller).

27 *Newsweek* vom 20. 4. 1987 (Scott Sullivan).

28 *NZZ* vom 26. 9. 1986.

29 *Die Weltwoche* vom 16. 10. 1986.

30 *The New York Review of Books* vom 15. 1. 1986.

31 In den Bereich der puren Polemik gehört der lange Artikel von Angelo Bolaffi in *L'Espresso* vom 21. 12. 1986 (»Hitler l'Asiatico«).

32 Jürgen Kocka in der *Frankfurter Rundschau* vom 23. 9. 1986. In einer Anmerkung zum Abdruck des Artikels in *»Historikerstreit«* (S. 132-142) sucht Kocka den Fehler durch überflüssige Genauigkeit und erneute Polemik gegen mich wiedergutzumachen, nachdem er ihn zunächst in einer ausführlichen Version hatte stehenlassen, die in der *Neuen Gesellschaft/Frankfurter Hefte* abgedruckt wurde (Oktober 1986, S. 893).

33 Immanuel Geiss in *Evangelische Kommentare*, Februar 1987.

34 Hermann Glaser in *Neue Gesellschaft/Frankfurter Hefte* 11/1986.

35 *Rheinischer Merkur* vom 21. 11. 1986; *»Historikerstreit«* S. 275-280.

36 *Frankfurter Rundschau* vom 14. 11. 1986; *»Historikerstreit«* S. 256-263.

37 Winkler bezieht sich auf den als Übersetzung in der *FAZ* vom 14. 5. 1986 erschienenen Artikel von Franz Oppenheimer »Vorsicht vor falschen Schlüssen aus der deutschen Vergangenheit. Die Verführungen einer kollektiven Schuldbesessenheit«.

38 Lothar Baier in *taz* vom 11. 8. 1986.

39 Otto Köhler in *Konkret* vom Oktober 1986.

40 *links* vom Februar 1987 (D. Claussen) und Dezember 1986 (L. Lodovico). Es ist ein sehr bemerkenswerter Tatbestand, daß die *Deutsche Nationalzeitung* nahezu das einzige überregionale Presseorgan in der Bundesrepublik war, das den »Historikerstreit« völlig ignorierte. Wenn mein Assistent nicht etwas übersehen hat, brachte sie lediglich einmal ein Foto von Jürgen Habermas mit der Unterschrift »Der Mann, der Deutschland für einzigartig schuldig hält« und kurzem Kommentar (Ausgabe vom 26. 2. 1987). Am 6. Februar 1987 publizierte sie einen Bericht über meine Vorträge in Bremen am 22./23. Januar, die in der Lokalpresse, aber auch von Radio Bremen, dem Sender Freies Berlin und Radio Moskau sehr negativ besprochen worden waren. Meine Antwort auf eine Frage aus dem Publikum hinsichtlich der *Nationalzeitung* (dort habe man anscheinend einen richtigeren Instinkt als anderswo) wird auf ebenso sinnentstellende Weise zitiert wie in der Lokalpresse. Vgl. unten S. 138.

41 *Blätter für deutsche und internationale Politik*, Oktober 1986, S. 1206. (»Neues Geschichtsbewußtsein und Relativierung des Nationalsozialismus«. *»Historikerstreit«* S. 174-188.)

42 Für die Möglichkeit, der vorgängigen »Einzigartigkeitsthese«, die fast stets impliziert ist, aus genuin religiösem Empfinden eine ganz andere Auslegung zu geben, vgl. die Behauptung des Oberrabbiners der orthodoxen Juden Englands, Sir Immanuel Jakobovits, der Holocaust sei ein göttliches Strafgericht für die Politik der Assimilation und der Emanzipation gewesen (*The Times* vom 13. 5. 1987).

43 *Konkret* Nr. 1/87.

44 Nach »Pressespiegel Deutschland« der Botschaft in Tel Aviv vom 26. 2. 87.

45 Vgl. zusätzlich zu den Berichten in der Presse der Bundesrepublik den »Pressespiegel« vom 3. 4. 87 über eine direkte Frage des *Ha-Aretz*-Korrespondenten Daniel Dagan an den Bundespräsidenten. Danach äußerte sich Richard von Weizsäcker auf sehr zurückhaltende und wissenschaftsfreundliche Weise.

46 *FAZ* vom 10. 12. 1986, s. auch den Leserbrief von Dr. Hubertus Neuschäffer am 31. 12. 1986.

47 Kenneth M. Lewan am 17. 1. 1987.

48 Vgl. oben S. 9ff. und unten S. 149ff.

49 Der Leserbrief wurde von der *ZEIT* stark gekürzt veröffentlicht. Die vollständige Fassung publizierte Tugendhat in der Nr. 1/1 der neuen Zeitschrift *Niemandsland* (1987) unter dem Titel »Wie weit sind die Positionen von Nolte und Habermas voneinander entfernt?« (S. 21-23). Der von der *ZEIT* abgedruckte Punkt 1) ist indessen der wichtigste; in den weiteren Punkten 2-6 sucht Tugendhat zu zeigen, daß die Positionen der Kontrahenten nicht sehr weit voneinander entfernt sind, weil die Fixierung auf das vergangene Genozid von vergleichbaren (sic!) Problemen der Gegenwart ablenke, z. B. von dem Fremdenhaß, der sich heute in der Einstellung zu den Asylbewerbern äußere und dessen »natürliche [sic!] äußerste Konsequenz« der Massenmord sei. Wie soll man sich eigentlich über die Angst-Obsessionen der Nationalsozialisten wundern, wenn ein hochgebildeter Philosoph derartige Gleichsetzungen und Extrapolationen vornimmt und nicht einmal die sonst so beliebte Frage nach der »Verallgemeinerungsfähigkeit« stellt?

50 Vgl. dazu den sehr informativen Artikel über den antizionistischen und als Arzt in Lodz praktizierenden Überlebenden des Aufstandes im Warschauer Ghetto Dr. Marek Edelman in *The New York Review of Books* vom 20. November 1986. Der Regisseur des Filmes »Shoah« verwendete ein schon aufgenommenes Interview mit Edelman nicht, weil es nicht ins Bild paßte (»The Survivor's Voice«).

51 S. 20-24.

52 »The Battle of the Historians. A Report from Germany«, S. 72-77.

53 Ebda. S. 76.

54 Ausgabe vom 1. 12. 1986, S. 36-41.

55 So etwa in der *Welt am Sonntag* vom 7. 12. 1986: »Macht Schluß mit dem Anpinkeln der Deutschen«.

56 *Die Welt* vom 23. 8. 1986 (Günter Zehm: »Patriot und Verfassung«).
57 Ebda. 11. 8. 1986 (»Pankraz, die Quellen und der neue Geßlerhut«).
58 S. oben Anm. 3; *»Historikerstreit«* S. 71.
59 S. oben Anm. 21; ebda S. 252.
60 Am 21. 11. 1986 (»Als ein Volk ohne Schatten?«).
61 *FR* v. 14. 11. 1986; *»Historikerstreit«* S. 256-263.
62 S. oben Anm. 41.
63 Ebda S. 1200, 1208, 1210, 1211 f., 1213. Wie sehr Mommsen allerdings zu einem »individuellen« Feindbild neigt, zeigt sich nur allzu deutlich in seinem Beitrag zum *Wiener Heft* 1/1987. Hier bringt er es fertig, folgendes zu schreiben: »Nolte hat diese fragwürdige Interpretation (GULag-Auschwitz) ansatzweise schon vor Jahren vertreten ... Interessant ist allerdings, daß diese Ideen von Nolte plötzlich die Unterstützung relativ seriöser Historiker bekommen haben. Auch mein Kollege Joachim C. Fest von der *Frankfurter Allgemeinen Zeitung* hat sich dann plötzlich aufgeplustert, Herrn Nolte zu verteidigen.« In den *Roten Blättern* 12/1986 nennt er mich immerhin einen »nonkonformistischen Intellektuellen«, der in zwei Jahren »etwas anderes« vertreten werde, weil er »nicht der Mann [sei], der mit einer Strömung schwimmt«.
64 So besonders nachdrücklich in seinem *Merkur*-Artikel vom September-Oktober 1986, S. 864-874.
65 *Das Argument* Nr. 161 (Januar-Februar 1987), S. 9-23 (»Vergangenheit, die Zukunft werden soll. Über den Historiker-Streit«).
66 Ebda S. 24-32 (»›Mitte‹ und ›Westen‹. Über die Grenze einer Kritik, die auf Imperialismus-Theorie verzichtet«).
67 Nr. 12/86, S. 1452-1463.
68 S. 1453.
69 Ebda Nr. 2/87, S. 160-172.
70 S. 161 f., 164, 166, 171, 162.
71 Ernst Topitsch in *Rheinischer Merkur* vom 16. 1. 1987 (»Perfekter Völkermord«); Renzo de Felice in *Il Giornale* vom 26. 2. 1987.
72 *FAZ* vom 28. 6. 1986 (»Verurteilen und Verstehen«). *»Historikerstreit«*, S. 48-61.
73 S. Anm. 36; *»Historikerstreit«* S. 256.
74 S. Anm. 3.
75 S. Anm. 21.
76 Heinrich Heine: »Zur Geschichte der Religion und Philosophie in Deutschland«, Drittes Buch.
77 *FAZ* vom 9. 7. 1986.
78 Jens Petersen: »Die Deutschen nach Hitler. Der schwierige Umgang mit der eigenen Vergangenheit«, unveröff. Manuskript, S. 19 (demnächst in »Storia Contemporanea«).
79 *DIE ZEIT* vom 26. 9. 1986 (»Fragen, die wir stellen müssen«); *»Historikerstreit«* S. 143-150.
80 *Die Zeit* vom 17. 10. 1986 (»Unter der Herrschaft des Verdachts«); *»Historikerstreit«* S. 215-219. Von wissenschaftlichem Geist erfüllt waren auch die Beiträge von Alfred M. de Zayas (»Was ist denn einzigartig in der Geschichte der Völker?« in *Die Welt* vom 13. 12. 1986) und Horst

Möller (»Plädoyer für die Versachlichung der Kontroverse über die Zeitgeschichte« in *Beiträge zur Konfliktforschung* 4/1986, S. 146-151.) Eine für die Angegriffenen wohlwollende und im besten Sinne »parteinehmende« Darstellung stammt von Hans-Christof Kraus »Wissenschaft gegen Vergangenheitsbewältigung« in *Criticón* Nr. 99, Januar-Februar 1987, S. 15-18. Der einzige mir bekannt gewordene zwar sehr kritische, aber nicht eigentlich feindselige Versuch, die Thesen meiner letzten Artikel in den Zusammenhang meines Gesamtwerkes hineinzustellen, findet sich in der Berliner Studentenzeitschrift *Hysteria mundi* vom Februar 1987, S. 11-17 (Oliver Volckart: »Pessimist oder Konservativer?«).

81 Vgl. auch die Leserbriefe von Hans-Martin Gauger und Hans Martin Klinkenberg in der *FAZ* vom 6. 9. und 31. 12. 1986.

82 »Habermas und die Historiker. Ein Beitrag aus Amerika« in *Beiträge zur Konfliktforschung* 1/1987, S. 137-139.

83 s. Anm. 65.

84 Ebda S. 3.

85 *Forum Wissenschaft* 1/1987 (»Die Qualen ihr erdachtet nach Barbaren Art«).

86 Hans Mommsen a.a.O. (Anm. 41), S. 1209.

87 *FAZ* vom 29. 11. 1986.

88 s. Anm. 85.

89 An verstreuten Stellen werden in der Debatte noch manche bemerkenswerten Auffassungen vertreten, die ich hier bloß in aller Kürze erwähnen kann. Saul Friedländer sprach in *Le débat* vom Januar-März 1987 von der Schere, die sich zwischen den Erinnerungen des jüdischen und des deutschen Volkes notwendigerweise immer weiter öffne. Während der Holocaust für die Juden immer mehr zum Hauptbezugspunkt der nationalen Identität werde, trete er in Deutschland mehr und mehr zurück. (Friedländer macht den Deutschen daraus keinen Vorwurf wie so viele Deutsche, die jenes Absterben der historischen Erinnerungen in den modernen Wohlfahrtsstaaten, das bereits Tocqueville wahrnahm, für die bösartige Nachwirkung nationalsozialistischen Geistes erklären.) An ziemlich versteckter Stelle (Anm. 63 *Rote Blätter*) macht Hans Mommsen die Bemerkung, in der Welt ereigneten sich dauernd Verbrechen »eines [mit dem Holocaust] vergleichbaren Typus« und es erhebe sich kein Protest.
Christian Meier gelangt in seinem Artikel vom 28. 6. 1986 (Anm. 72) zu der erstaunlichen These, unter den Deutschen hätten auch deutsche Juden und noch zahlreiche Nichtdeutsche dazu das Regime am Laufen gehalten und seien daher direkt oder indirekt an dessen Verbrechen beteiligt gewesen. (*»Historikerstreit«* S. 57f.)
Wolf Dieter Narr setzt in seinem Beitrag in *Niemandsland* (»Der Stellenwert der Auseinandersetzung mit dem Nationalsozialismus in der gesellschaftlichen Diskussion heute«) nicht nur ein großes Fragezeichen hinter die These vom »Antimodernismus« des Nationalsozialismus und hinter den aufklärerischen Optimismus des Habermasschen »Projekts der Moderne«, sondern er gesteht sich ausdrücklich ein, »daß wir selbst

hätten ›dabei‹ sein können« (s. 26-44,42). Damit zieht er dem kurzsichtigen und selbstbezogenen Moralismus den Boden unter den Füßen weg.

90 Vgl. dazu Ernst Nolte, *Der europäische Bürgerkrieg 1917-1945*, Berlin 1987, insbesondere Kap. II, 1.

91 So stellt Wolfgang J. Mommsen in der *FR* vom 1. 12. 1986 »eine nur rein psychologisch in Hitlers Vorstellungen« existierende Kausalität und eine »in der historischen Wirklichkeit« bestehende Kausalität schroff einander gegenüber. Er übersieht, daß man nur rein individuelle und völlig wahnhafte Vorstellungen aus der »historischen Wirklichkeit« herausnehmen darf. (»Weder Leugnen noch Vergessen befreit von der Vergangenheit«.)

92 *Salzburger Nachrichten* vom 21./22. 2. 1987 (»Um die Revision des Geschichtsbildes«).

93 »Perchè non c'è diversità nella violenza di Stalin e di Hitler« (*Il Tempo* vom 4. 4. 1987); »La logica dello sterminio« (*Il Sabbato*, April 1987).

94 Erscheint demnächst.

95 *Historia* – Revue mensuelle, Mai 1987.

96 Eine unzulässige »Aufrechnung« liegt nur dann vor, wenn Folgeerscheinungen (wie die Vertreibung der Deutschen aus den Ostgebieten oder die Zerstörung Dresdens) unter Hervorhebung der Zahl der Opfer auf die gleiche Stufe gestellt werden wie die Primärereignisse. Aber selbst dann kommt ein »Verbot der Aufrechnung« noch oft genug einem »Verbot der Gerechtigkeit« gleich, wie eine Leserbriefschreiberin in der *FAZ* mit Recht bemerkt hat (Nora Walcher am 14. 1. 1987).

97 In *Nürnberger Zeitung* vom 15. 11. 1986 (»Gegenwart des Vergangenen«).

98 E. Malcolm Carroll: *Soviet Communism and Western Opinion 1919-1921*, Chapel Hill 1965, S. 15.

99 In einem polnischen Artikel über den Historikerstreit (Wlodzimierz Borodziei und Tadeusz Cegielski: »›Weiße Flecken‹ in der Geschichte des Dritten Reichs? Der Professorenstreit über die Nazi-Verbrechen« in *Res publica* Jg. 1 (1987), Nr. 3-4), der im ganzen als maßvoll und besonnen gelten darf, wird getadelt, daß in meiner Replik (*DIE ZEIT* vom 31. 10. 1986) »nicht eine Spur von Selbstkritik« zu finden sei. Wenn ich mir heute die Frage vorlege, was ich anders und sorgfältiger formuliert haben würde, wenn ich den bevorstehenden Sturm geahnt hätte, so finde ich in der Tat nur zwei Stellen: Ich hätte in dem unter Anm. 9 genannten Aufsatz gleich »Zivilinternierte« und nicht »Kriegsgefangene« geschrieben, und ich hätte in dem Artikel vom 6. Juni (Anm. 6) nicht die Formulierung gewählt, daß Hitler und die Nationalsozialisten »nur deshalb« eine »asiatische« Tat begangen hätten, weil sie sich als potentielle oder wirkliche Opfer einer »asiatischen« Tat betrachteten, sondern ich würde geschrieben haben »zu einem wesentlichen Teile deshalb«. Gemeint war indessen auch damals die unerläßlichste »conditio sine qua non«, die zugleich den stärksten Anstoß, nicht aber eine vollständige Verursachung bedeutete.

Aus der Sowjetunion ist mir nur ein einziger einschlägiger Artikel bekannt, der am 22. April 1987 in der *Literaturnaja Gazeta* erschienen ist (Anatolij Frenkin: »Obyknovennyj revanšizm: Kak vybrat'sja iz teni Gitlera«). Von »Glasnost« und höherem Niveau ist nicht viel zu spüren.

SPD-Forum »Erziehung – Aufklärung – Restauration« am 8. Oktober 1986

Anfang September 1986 wurde ich von Peter Glotz eingeladen, mich einer Diskussion über meinen FAZ-*Artikel im Rahmen eines »Forums« im Bonner Ollenhauer-Haus zu stellen. Das Publikum werde sich aus Bundestagsabgeordneten, Wissenschaftlern und Journalisten der verschiedenen Parteien zusammensetzen und als mein Gesprächspartner sei Björn Engholm vorgesehen. Ich sagte zu und erhielt bald darauf die Nachricht, ich möge doch damit einverstanden sein, daß Professor Arnold Künzli an die Stelle von Engholm trete. Auch damit war ich einverstanden. Als ich am 8. Oktober in Bonn eintraf, stellte sich heraus, daß Herr Künzli nicht gekommen war; das Publikum bestand so gut wie ausschließlich aus sozialdemokratischen Intellektuellen, unter ihnen Ludwig von Friedeburg, Peter von Oertzen, Susanne Miller, Tilman Fichter und Helga Grebing. Den Einleitungsvortrag hielt Oskar Negt. Die Diskussion, die mehr als vier Stunden dauerte, bezog sich so gut wie ausschließlich auf meine Thesen. Sie wurde vermutlich dadurch verschärft, daß gerade der* Spiegel-*Essay von Rudolf Augstein über die »Neue Auschwitz-Lüge« erschienen war, von dem ich noch keine Kenntnis hatte. Mein Gesprächspartner war Peter Glotz, die Leitung hatte Anke Brunn.*

Nach dem Ende der Veranstaltung ergaben sich beträchtliche Schwierigkeiten hinsichtlich der geplanten Veröffentlichung. Die erste Absicht, die ganze Diskussion in der Zeitschrift Ästhetik und Kommunikation *zu publizieren, wurde aufgegeben, und dann hörte ich mehrere Monate nichts mehr, obwohl ich mich schließlich sogar an Willy Brandt persönlich wandte und ihn bat, seine Mitarbeiter doch mindestens zur Einhaltung der Regeln der Höflichkeit zu veranlassen. Aber auch von ihm erhielt ich keine Antwort. Am Ende nahm sich dankenswerterweise Peter von Oertzen der Sache an und teilte mir mit, daß weiterhin an eine Publikation gedacht werde, daß es mir aber freistehe, meine eigenen Beiträge getrennt zu publizieren. Das geschieht im folgenden, und ich versuche, den Zusammenhang durch kurze Paraphrasen der Einwürfe oder Beiträge der Diskussionspartner herzustellen. Leider kann sogar das nur auf unzureichende Weise geschehen, da ich trotz nachdrücklicher Bitten nie ein vollständiges Skriptum erhielt.*

Prof. Nolte: Meine Damen und Herren, ich möchte einleitend sagen, daß die Vorbereitung dieser Veranstaltung, was mich betrifft, sehr punktuell vonstatten gegangen ist. Ich hatte das Empfinden, daß ich gebeten wurde, in einem Gespräch mit einem Gesprächspartner und auch mit einem interessierten Publikum manches zu erklären, was erklärensbedürftig ist und mit jenem Artikel in der *Frankfurter Allgemeinen Zeitung* vom 6. Juni zusammenhängt. Man hat mir damals das Gesamtthema genannt, das Sie hier vor sich sehen, und ich habe sofort gesagt, dieses Thema scheine mir fragwürdig und bedenklich zu sein. Als Herr Glotz mir aber versicherte, es könne nicht mehr verändert werden, habe ich mich einverstanden erklärt. »Aufklärung« zur Parteisache zu machen, scheint mir eine fragwürdige Angelegenheit. Aufklärung und Wissenschaft hängen notwendig und eng zusammen. Wer dem anderen, mag er ihn konservativ nennen oder wie immer, den Willen zur Aufklärung abspricht, spricht ihm den Willen zur Wissenschaft ab. Und ich glaube, da sollte man außerordentlich zurückhaltend sein; ganz abgesehen davon, daß der Begriff Aufklärung in sich mehrdeutig ist und daß man eine ganze Menge darüber sagen müßte . . .

Nachdem die Diskussion sich längere Zeit auf den Inhalt des FAZ-*Artikels bezogen hatte, stellte Peter Glotz die Frage, ob ich nicht die Mißbrauchsmöglichkeiten fürchtete, die sich aus dem Artikel ergäben.*

Prof. Nolte: Ich kann darauf nur so antworten, wie Sie es schon angedeutet haben. Ich bin kein Politiker. Wenn ich Politiker wäre, hätte ich mein Leben anders angelegt. Und ich muß es in Kauf nehmen, daß irgend jemand das mißversteht. Allerdings würde ich hinzufügen, man kann sich die Frage der deutschen Schuld, die entscheidend zusammenhängt mit der Frage des Bekanntheitsgrades und des Nichtbekanntheitsgrades, sicherlich zu leicht machen, indem man sagt, es gibt sie gar nicht. Man macht sich die Antwort aber ebensosehr zu leicht, wenn man den Zusammenhang, in dem sie gesehen werden muß, einfach ausblendet. Dies scheint mir nicht nur wissenschaftlich, sondern auch moralisch und politisch nicht zulässig zu sein. Im übrigen muß man ja hinzufügen, daß diese Debatte eigentlich den Beweis für eine erstaunliche Tatsache erbringt, nämlich wie weit wir trotz aller angeblichen Restauration von der Situation der frühen fünfziger Jahre entfernt sind, als all das völlig selbstverständlich war. Herr Bracher hat ja in einem Leserbrief darauf hingewiesen. Das hat jedermann damals als selbstverständlich angesehen, daß die zwei Massenmorde wie Komplemente nebeneinanderstehen. Ich glaube allerdings, daß die damalige Totalitarismus-Theorie eben die Frage der Priorität umgangen hat, und ich würde dazu noch einiges hinzuzufügen haben, wozu hier kein Raum ist. Aber daß Massenmord neben Massenmord gestellt wird, daß gesagt wird, man darf nicht ausschließlich den einen ins Auge fassen und den anderen völlig außer Acht lassen, das war in den fünfziger Jahren selbstverständlich. Sie sind so sehr vergangen, daß uns das damals Selbstverständliche merkwürdig, ja möglicherweise wie etwas Sündhaftes berührt. Und ich glaube nun allerdings, daß wir uns an einiges, was damals selbstverständlich war und was allzusehr vergessen ist, wieder erinnern sollten. Aber auch das ist, möchte ich glauben, eher eine wissenschaftliche als eine politische Aufgabe.

Danach wurde einige Zeit über »Bitburg« gesprochen, und Peter Glotz fragte dann, wie ich mich zu der Frage der »Identitätssuche durch Geschichte« stellte.

Prof. Nolte: Ich habe mich dazu auch selbst geäußert, wenngleich an versteckter Stelle. Wenn man davon ausgeht, daß jede Frage nach Identität sozusagen eine Hurra-Viktoria-Stimmung wieder herbeiführen muß, dann hat man selbstverständlich recht, Bedenken zu haben. Als ich über deutsche Identität nach Hitler nachgedacht habe, war meine Hauptthese die, daß die deutsche Identität gerade verlorengegangen wäre, wenn Hitler gesiegt hätte, was ja nicht logisch unmöglich gewesen wäre. Und ich habe schon den Faschismus, den italienischen Faschismus, anhand einiger Beispiele als eine identitätsgefährdende Identitätsbehauptung zu bestimmen versucht und den Nationalsozialismus, den ich bekanntlich als

Radikalfaschismus definiere, als eine identitätsvernichtende Identitätsbehauptung. Allerdings der Intention nach war er betontermaßen eine Identitätsbehauptung. Von daher muß die Frage nach der deutschen Identität neu gestellt werden. Sie muß jedenfalls diese Tatsachen voll berücksichtigen. Wenn sie das nicht tut und nur auf Wilhelm I. oder den Alten Fritz hinschaut, dann kommt sie sicher nicht zu einem vernünftigen Ende, und ich würde sagen, daß der Gegensatz von Befreiung und Niederlage oder Katastrophe sich bis zu einem gewissen Grade in dieser Frage aufhebt. Denn die Niederlage war in gewisser Weise eine Befreiung zur Zurückgewinnung der Identität, die durch die Nationalsozialisten aufs stärkste gefährdet worden war. So würde ich die Fragen stellen, und so würde ich hier weiterzugehen versuchen. An der allgemein bekannten Identitätsdiskussion habe ich mich nicht beteiligt. Es war keine besondere Bösartigkeit. Ich hatte anderes zu tun. Aber ich würde es begrüßen, wenn Sie mir gestatten, nur diesen meinen eigenen Ansatz kurz darzulegen und damit die Frage beantwortet sein zu lassen ...

Am Nachmittag wurde die Debatte mit der Frage von Anke Brunn eröffnet, weshalb mein Artikel gerade in der FAZ *erschienen sei und weshalb man später dort nur die beiden Apologien von Hildebrand und Fest habe lesen können, während die gesamte andere Debatte sich in anderen Medien abgespielt habe. Ob daran nicht klar werde, »wie bestimmte konservative sowohl Medien als auch Politiker so etwas instrumentalisieren«?*

Prof. Nolte: Zunächst einmal: Diese Konstruktion von Zusammenhängen scheint mir etwas gewagt: die böse *FAZ*. Ich bin ein sehr alter *FAZ*-Autor, und bisher hat die *FAZ* noch nie irgendeinen Beitrag von mir zurückgewiesen. Man braucht also keine bösartige Verschwörung dahinter zu vermuten. Daß die Debatte in der *ZEIT* geführt worden ist, ist richtig. Aber ich würde sagen, es bedurfte doch erst eines gewissen Hinweises, bis die *ZEIT* dasjenige tat, was sie – wie ich hoffe – von sich aus schließlich doch auch getan haben würde, nämlich demjenigen, der nun wirklich sehr intensiv und einige Male hintereinander in ihren Spalten angegriffen war, um eine Antwort zu bitten. Nun, wie das immer in solchen Dingen ist, man hat das, was zuletzt gesagt worden ist, noch am deutlichsten in Erinnerung. Ich gehe also ein bißchen rückwärts. Herr Fichter, das ist ein guter Hinweis, wenn Sie sagen, die Bevölkerung hat mitgemacht, und wenn Sie sogar Arbeiterbewegung und Kommunisten einbeziehen. In der Tat, kein Kommunist hat jemals in der »Judenvernichtung« das eigentlich Zentrale und Wesentliche gesehen, sondern nur ein Nebenphänomen. Daraus kann man einen Vorwurf ableiten. Auf der anderen Seite glaube ich, daß man doch auch über etwas nachdenken sollte, worüber die Linke traditionsgemäß viel nachgedacht hat, nämlich über Arbeitsteilung, und daß man von daher zu diesen Fragen der Betätigung, der Mitwirkung etwas sagen sollte. Nun, ich bin, wie ich das auch erwarten konnte, sehr direkt angesprochen worden: Was für Ziele verfolgen Sie? Ich weiß es zu schätzen, daß in diesem Kreise mir niemand das Ziel unterstellt, nun möglichst noch Hitler auf ein Podest zu setzen oder ähnliches. Man ist in dem Punkte ja einiges gewöhnt. Vielleicht kann ich folgendes sagen: Man hat damals meinem ersten Buch, dem es an Wirkung keineswegs gefehlt hat, oftmals das Verdienst zugeschrieben, es habe die Totalitarismus-Theorie überwunden. Das war schon damals nicht meine Intention. Und vielleicht könnte ich mich so ausdrücken: Ich glaube, daß heute, nachdem sich die Faschismus-Theorie, die ich damals 1963 noch allein vertrat, in charakteristischer Zuspitzung fast zur Alleinherrschaft entwickelt hat, die Totalitarismus-Theorie wieder restituiert werden muß, aber nicht einfach so, wie sie war, sondern in der Weise, daß sie durch die Faschismus-Theorie gewissermaßen neu gefaßt wird, daß sie diese Theorie mit in sich aufgenommen hat ...

Wenn hier auch die Generation von 1968 aufgetreten ist, so will ich zugeben, daß mein Denken nicht unbeeinflußt gewesen ist von der Begegnung mit dieser Generation, der ich ja nicht angehöre, sondern der ich schon als akademischer Lehrer gegenüberstand. Ich will Ihnen etwas erzählen, was ich eigentlich nicht beabsichtigte zu erzählen. Es ist gar kein Geheimnis. Aber es erklärt vermutlich, weshalb mir dasjenige, was Sie so positiv herausstellen, der Kampf gegen die schuldigen Väter, anders erschienen ist. Ich habe damals eine Rede gehalten im Auditorium maximum der Marburger Universität, und zwar im Zusammenhang mit der Gründung des Bundes Freiheit der

Wissenschaft. Ich konnte sie kaum zu Ende bringen. Die entfesselten Emotionen tobten sich aus, und ich bin immer noch geneigt, sehr prononcierte Reaktionen eher dem Irrationalismus zuzuschreiben als dem Rationalismus und der Aufklärung, die an einer Universität herrschen sollten. Aber nicht das will ich jetzt betonen, sondern was mich wirklich beeindruckt hat damals, war der Umstand, daß nach der Rede ein junger Mann geradezu auf mich zusprang, mich gewissermaßen anspuckte – der Geifer troff ihm – und sagte: »Ihr habt uns 1933 ins KZ gesteckt.« Er war 18 oder 19 Jahre alt im Jahre 1968. Ich muß sagen, das war eine Aufklärung für mich. Und ich will nicht leugnen, daß mein alter Verdacht und meine alte Abneigung gegen kollektivistische Schuldzuschreibungen durch dieses persönliche Erlebnis sehr verstärkt worden ist. Wenn Frau Miller ein Sprichwort wie »da müßte man erst reiche Juden erschlagen« als schlimmes Symptom eines bösartigen Antisemitismus betrachtet, so hat meines Erachtens jener Lokalbürgermeister ganz schlicht nur sagen wollen: »Das ist ja unmöglich, was ihr hier von mir verlangt.« Aber wir wollen nicht rechten, ich war nicht dabei, ich habe darüber keine bestimmte Auffassung. Ich meine nur, daß diese Auslegung, die nach meiner Ansicht sehr nahe liegt, nicht in Erwägung gezogen worden ist, sondern man hat von vornherein die eine und schlechtere Auslegung als die einzig mögliche angesehen.

(Zwischenrufe)

Bitte reden Sie mir nicht dazwischen. Das halte ich für ausgesprochen unfair. Wenn Sie schon nach Motiven von mir fragen, dann beruhen sie zu einem guten Teil darin, daß ich Fairneß hergestellt sehen möchte und nicht die permanente Unfairneß. Wenn aber Frau Miller auf den christlichen Antisemitismus im 16./17. Jahrhundert hinweist und ganz offensichtlich einen kausalen Nexus zu demjenigen, was unter dem Nationalsozialismus geschah, herstellen will, dann kann ich nur fragen, wie man denn den kausalen Nexus in Zweifel ziehen will, von dem ich hier gesprochen habe. Das ist mir völlig rätselhaft. Ich möchte abschließend einen Vorschlag machen, da ich nicht auf alles Einzelne eingehen kann, was hier gesagt worden ist, einen Vorschlag, wie man die Dinge im Gesamtzusammenhang sehen könnte. Und ich möchte eine Sprachregelung benutzen, die manchem von Ihnen vertraut ist und die jedenfalls gebräuchlich war in der damaligen Zeit. Ich gehe von Anfang an so vor, daß ich von der »europäischen Bourgeoisie« spreche und nicht von der »deutschen Bourgeoisie«. In den Jahren nach dem Kriege wurde von den Kommunisten unzweifelhaft die europäische Bourgeoisie mit dem Untergang und der Vernichtung bedroht. Wer die Literatur kennt, wird allenfalls einwenden können: Das haben die nur so geredet, das meinten sie nicht so. Daß sie es in Wirklichkeit so meinten, bewiesen sie in Rußland. Unzweifelhaft haben große Teile der europäischen Bourgeoisie – nicht alle – sich bedroht gefühlt, geradezu ihr Lebensrecht verneint gefühlt. Als Klasse, die gewiß keine allzu umfangreiche Klasse war, aber die doch von sich sagen konnte, daß sie nicht so schmal war, wie manche Kommunisten das behaupteten, und die ja noch in einem diffizilen Verhältnis zu dem sogenannten Kleinbürgertum stand, das im übrigen von den Kommunisten bald ebenfalls mit Vernichtung bedroht wurde. Dies ist, wie mir scheint, eine grundlegende Tatsache.

Wie hat die Bourgeoisie, im weiteren Sinne, darauf reagiert? Ich würde sagen, sie hat es nicht durchweg schrecklich ernst genommen, sondern sie hat weitergelebt, wie sie bis dahin gelebt hat und hat sich so durchgewurstelt, wie sie sich immer durchgewurstelt hat. Aber einige haben das ernst genommen. Einige Angehörige der Bourgeoisie oder des Kleinbürgertums haben das sehr ernst genommen. Und sie haben eine militante Gegenbewegung in Gang gebracht. Diese militante Gegenbewegung, die es in ganz Europa gab, nannte man auch damals schon Faschismus. Daß eine solche Gegenbewegung aufkam, ist meines Erachtens schlechterdings zwingend; es ist nicht vorstellbar, daß sie nicht gekommen wäre. Daß sie allerdings zum Siege kam, das ist eine ganz andere Sache. Und man könnte nun, um es abkürzend zu sagen, die These aufstellen: Diese europäische Bourgeoisie, mit der Vernichtung bedroht und gewissermaßen vor Angst halb wahnsinnig geworden, nicht in allen ihren Gliedern, aber doch in einigen, hat sich in diesem ihrem Irresein, wenn ich mich einmal so ausdrücken darf, gegen einen Teil ihrer selbst gewandt. Sie hat die Vernichtung, die ihr angedroht war, gegen einen Teil ihrer selbst gerichtet. Und das ist das Judentum, das ja ein außerordentlich bürgerlicher Bestandteil des Bürgertums gewesen ist, die städtische Gruppe, wenn man das einmal so formulieren will, unter der europäischen bürgerlichen Bevölkerung. Das können Sie, ich akzeptiere es, einen Wahn nennen, daß das Bürgertum nicht seine wirklichen Feinde vernichtet, die es mit der Vernichtung bedrohten, sondern einen Teil seiner selbst. Alles was Sie gesagt haben, Herr von Oertzen, kann akzeptiert werden: Wahn, qualitative Differenz, metábasis eis állo génos – habe ich jemals irgend etwas anderes gesagt? Aber ich füge nun allerdings etwas hinzu. Ich fürchte, es gibt manche Leute – und mit denen stimme ich nicht überein; ich bin überzeugt, daß hier unter uns kein solcher ist –, die im Grunde jeglichen Zusammenhang zwischen Auschwitz und dem Archipel GULag deshalb in Abrede stellen, weil sie meinen, diese Vernichtung der Bourgeoisie hätte damals vollzogen werden *sollen*. Man kann dieser Auffassung sein. Es war eine politische Meinung schon der frühen Arbeiterbewegung, aber im ursprünglichen Marxismus war das dann ganz anders gedacht, nämlich die Bourgeoisie als letztendlich nur ganz winzige Gruppe, die man wegschieben kann, ohne überhaupt physische Gewalt anzuwenden usw. usw. Aber in Rußland sah das nun erheblich anders aus. Ich glaube, daß die europäische Bourgeoisie sich nicht ohne Recht gewehrt hat, und zwar sowohl auf die eine Weise wie auf die andere, insofern nämlich, als aus dem Gesichtspunkt, von dem aus wir allein urteilen können, sich das Konzept der Bourgeoisie durchgesetzt hat. Entschuldigen Sie einen Scherz, nehmen Sie ihn mir bitte nicht übel, auch Herr Glotz nicht. Ich bin heute ein Gast in dem Hauptquartier der Sozialdemokratischen Partei. Ich habe eben dort drüben gesessen, und ich habe mir so scherzhaft die Frage vorgelegt: Was da draußen vor sich geht, An- und Abfahrt von Limousinen, unterscheidet sich das eigentlich so erheblich von dem Hauptquartier eines großen kapitalistischen Betriebes? *(Zwischenruf)* Der Etat ist geringer, zugegeben, aber die Autos sind nicht schlechter. Mit anderen Worten: Diese einfache Lösung, die noch manchem im Hinterkopf herumgeht, nämlich: Eigentlich hätte es ja damals ganz anders kommen sollen, und das wäre besser gewesen, mag ja wünschenswert sein. Ich schließe es nicht aus. Aber es war nicht der Weg, den Europa, Westeuropa, tatsächlich eingeschlagen hat. Und ich füge ein Zweites hinzu: Herr von Oertzen, ich stimme Ihnen zu: Wahn. Aber ich füge hinzu: Wenn Sie sagen »reine Wahnidee«, so ist dies doch nicht richtig. Und ich möchte eigentlich jedermann bitten – wenn er schon von dem anderen wünscht, daß er sich sozusagen an die Brust schlägt –, daß er gelegentlich auch sich selbst an die Brust schlägt, und ich würde dann, wenn hier vom christlichen Antisemitismus usw. die Rede ist, an den Antisemitismus vieler Frühsozialisten erinnern und daran, daß ja diese Aussonderung der Juden nicht zu vergleichen ist mit einer vorstellbaren Aussonderung der Raucher: Adolf Hitler hat sämtliche Raucher vernichtet, weil er ein Nichtraucher war – so war es ja nicht! Sondern die Juden haben gerade in der Gedankenwelt des Frühsozialismus eine besondere Rolle gespielt, nämlich als exemplarische Repräsentanten des Mammonismus. Und dieser Mammonismus war angegriffen, und als Repräsentanten, ja als Verursacher dieses Mammonismus galten die Juden. Mein Plädoyer geht also dahin: Wenn Schuldzuweisung, dann bitte Gesamtüberblick, Zusammenhang, nicht nur Aussonderung, und fange doch jeder, jede Gruppe, jede Partei – nicht nur jedes Volk – an, dann auch an die eigene Brust zu klopfen und sich zu fragen: Wie stark war mein Anteil oder der Anteil der Traditionen, auf die ich mich berufe?...

Nach dieser langen Stellungnahme folgte eine große Zahl von Beiträgen aus dem Publikum, die zum guten Teil sehr scharf und polemisch waren. Der letzte Beitrag, auf den ich zusammenfassend antwortete, stammte von Peter von Oertzen. Er lief auf die These hinaus, daß bei der »Judenvernichtung« auch die deutsche Nation ermordet worden sei, die allenfalls in einer veränderten Form wieder auferstehen werde.

Prof. Nolte: Herr von Oertzen, das waren eindrucksvolle Worte. Ich fürchte allerdings, daß sie doch ein bißchen zu sehr eine Umkehrung sind, eine Umkehrung des alten Glaubens, wir seien anders als alle anderen. Und ich glaube insofern, daß diese Umkehrung, für die es manche gute Gründe gibt, uns nicht davon befreien sollte, in einem größeren und eben nicht bloß deutschen Zusammenhang zu denken. Das halte ich für erforderlich, und ich glaube, mein ganzes Bemühen ist dahin gegangen. Deshalb habe ich die Frage so früh angesetzt mit dem Marxismus-Buch, auf das Herr Negt zu sprechen gekommen ist. Auch Herr Negt spricht gleich von politischen Motiven bzw. von politischer Unschuld, die es nicht gebe. Wenn ich ein politisches Motiv habe, so ist es dies, mich nicht abzufinden mit dem politischen Alleinwahrheits- und Alleinlegitimitätsanspruch, der allerdings auch im Marxismus schon erhoben worden ist, und ich verstehe ganz gut, weshalb Leute, die sich nach wie vor Marxisten nennen, mit diesem Buch gar nicht einverstanden sein können, noch weniger als mit dem Faschismus-Buch, mit dem sie ja eher sympathisiert hatten. Ich will nur das Notwendigste sagen. Bitte entschuldigen Sie mich, wenn ich keine Antwort gebe auf die Frage, was denn nun der angemessene Ausdruck ist: Judenvernichtung klingt mir zu sehr nach Schädlingsvernichtung. Ich halte es für keinen guten Ausdruck, aber ich kann Ihnen keinen besseren Ausdruck anbieten.

Was ich in der Hauptsache sagen wollte, ist dies: Wir befinden uns hier im Hauptquartier einer Partei, die es schon seit über hundert Jahren gibt. Und wenn ich mich frage, wie diese Partei 1918/19 zu definieren war, dann kann ich nur sagen, einen anderen Ausdruck als antikommunistisch bzw. antibolschewistisch kann man nicht finden. Das war nicht derselbe Antikommunismus und nicht derselbe Antibolschewismus, den später Hitler entwickelte, sondern davon war er wesentlich verschieden. Aber es war Antikommunismus, und zwar in prononcierter Form und – wie ich glaube – in einer historisch zukunftsvollen Gestalt. Wenn Sie sich einen Augenblick vor Augen halten, wie damals Kommunisten argumentiert haben, dann war sehr wesentlich die Ablehnung jeglicher Koalition mit dem Bürgertum. Daß die SPD eben das getan hat, auch wenn sie nicht in der Regierung war, ist das Charakteristische und – wie mir scheint – das durch die ganze westeuropäische Geschichte als richtig Erwiesene. Wenn ich von der bis zum Irrsinn der Angst gebrachten Bourgeoisie gesprochen habe, Herr Negt, so war das ein beinahe wörtliches Zitat aus der kommunistischen Literatur. Und ich habe das deshalb angeführt, um zu sagen: Wenn das auf jemanden innerhalb der Bourgeoisie zutraf, dann war insbesondere Hitler der Mann, auf den es zutraf. Und von diesen kommunistischen Äußerungen her kann man das am besten erläutern. Man braucht dazu kein besonderes Studium der Sozialpsychologie. Es scheint mir nun höchst charakteristisch, daß im Jahre 1986 junge Sozialdemokraten global gegen Antikommunismus und das heißt gegen ihre eigene Vergangenheit polemisieren, also gegen die Tradition, auf der sie eigentlich stehen müßten. Das ist wiederum nur ein Beweis, wie intensiv sich die bürgerliche Möglichkeit in einem weiten Sinne, zu dem die Sozialdemokratie gehört, diejenige Möglichkeit, die die Kommunisten mit aller Energie, mit allem Fanatismus verneint haben, durchgesetzt hat. Man kann es sich heute erlauben. Aber, Herr Negt, ich wünsche Ihnen zwar Besseres, aber ich fürchte, daß Sie mit dem, was Sie uns hier vorgetragen haben, gegenüber Leuten, die wirklich entschiedene Marxisten sind und jene grundlegende Gewißheit über die Geschichte haben, die für sie von jeher charakteristisch war in allen Umschwüngen, daß Sie denen nicht viel entgegenzusetzen haben. Entschuldigen Sie diese Deutlichkeit.

(Zwischenrufe) ...

Bemerkungen zu dem zweiten *ZEIT*-Artikel von Jürgen Habermas

Im November 1986 bat mich die Zeitschrift Nuovi Argomenti *in Rom um die Erlaubnis, den* FAZ-*Artikel und die Stellungnahme in der* ZEIT *vom 31. 10. übersetzen und ebenso wie die Artikel von Habermas publizieren zu dürfen. Auf Wunsch der Redaktion schrieb ich zusätzlich eine Antwort auf den zweiten* ZEIT-*Artikel von Habermas. Sie wurde in der Nr. 21 (Januar-März 1987) auf S. 128–129 veröffentlicht – die insgesamt fünf Beiträge von Habermas und mir finden sich auf den Seiten 107 bis 129.*

Jürgen Habermas' Artikel ist bloß am Rande eine Antwort auf den meinen, denn er hat den Charakter eines Schlußworts. So kann ich meinerseits keine Antwort geben, sondern muß mich auf einige Bemerkungen beschränken.

Ich hatte Herrn Habermas vorgeworfen, die Fragestellung, den Gedankengang und die Ergebnisse meines Artikels vom

6. Juni nicht richtig wiedergegeben zu haben. Darauf geht er nicht ein, aber er nennt nun den *ZEIT*-Artikel »besonnen«, während der *FAZ*-Artikel für ihn »militant« gewesen war. Ich habe indessen nichts von dem zurückgenommen, was ich gesagt habe, und mithin dürfte die neue Charakterisierung den Vorwurf bestätigen, den ich erhoben habe. Ebensowenig geht Habermas auf die Bemerkung ein, er und seine Freunde kehrten den Teutonozentrismus vieler Nationalsozialisten bloß um und bestätigten ihn insofern. Ich erkenne jedoch gern an, daß Habermas als einziger von allen Kritikern ein Bewußtsein davon an den Tag gelegt hat, daß mein Artikel nicht einer politischen Situation, etwa derjenigen der »Wende«, entsprungen ist, sondern daß er in engem Zusammenhang mit einem Lebenswerk gesehen werden müßte, nämlich der Trilogie zur Geschichte der modernen Ideologien.

Gleichwohl findet Habermas nach wie vor die zentrale These »abstrus«, der Archipel GULag sei ursprünglicher als Auschwitz, obwohl ich eine Erläuterung dazu gegeben habe. Aber als Philosoph müßte Habermas gerade für diesen Satz Verständnis haben, denn er ist nicht weit von der analytischen Wahrheit entfernt, daß die Revolution ursprünglicher sei als die Gegenrevolution. Es bedeutet nur einen kleinen Schritt in den kontingenten Bereich der Geschichte hinein, wenn man zu der These fortgeht, auch die Taten der Revolution seien ursprünglicher als diejenigen der Gegenrevolution. Aber es ist Habermas und jedermann unbenommen, die Taten der Revolution, etwa die »Terreur« von 1793/94, für gut und die Taten der Gegenrevolution, den »weißen Schrecken«, für schlecht zu halten. Das Ursprungsverhältnis bedeutet keine Identität und auch nicht notwendigerweise Gleichheit unter moralischen Gesichtspunkten. Es mag ferner für die Erklärung nur ein Faktor unter anderen Faktoren sein: Nichts Konkretes steht nur in *einem* Ursprungsverhältnis. Schließlich ist es zweifelhaft, ob man den Oktoberumsturz in Rußland ohne weiteres als »Revolution« und die Machtergreifung von 1933 als die entsprechende »Gegenrevolution« kennzeichnen kann. Aber so wünschenswert Konkretisierungen und Verfeinerungen sind, so werden dadurch doch Grundverhältnisse nicht aus der Welt gebracht.

Herr Habermas nimmt weiterhin noch immer an meinem

angeblichen »Revisionismus« Anstoß. Aber schon die Überschrift des Aufsatzes: »Zwischen Legende und Revisionismus?« läßt erkennen, daß ich den eigentlichen und dogmatischen Revisionismus für einen falschen und unmöglichen Weg halte. Ich fordere »Gleichbehandlung«, und das bedeutet in einem juristischen Bilde weiter nichts als den Wunsch, daß mit den »Standgerichten« ein Ende gemacht wird und daß reguläre Gerichtsverfahren eröffnet werden, in denen auch Entlastungszeugen gehört werden und Verteidiger zu Wort kommen. Trotz solcher Gleichbehandlung werden die Urteile in den verschiedenen Verfahren immer noch sehr ungleich sein. In den frühen Jahren der Weimarer Republik töteten sowohl Freikorpsleute wie Kommunisten »Verräter« und »Spitzel« auf Verdacht. Derartiges darf kein Dauerzustand sein, aber die Normalität muß deshalb keineswegs Einebnung und Indifferenz zur Folge haben.

Ich stehe dem Verlangen nach einem »Clean sweep«, nach »reinem Tisch«, nach Ausschaltung ganzer Klassen und Schichten oder gar Völker sehr kritisch gegenüber, nicht nur aus humanitärem Empfinden, sondern auch aus Einsicht in den Gang der europäischen Geschichte, die bloß »unvollendete Revolutionen« kennt. Dieses Verlangen ist in seinem Kern die Forderung der Egalitätsideologen oder Gerechtigkeitsfanatiker, der Gottesstreiter in säkularisierter Zeit, nach der moralischen Welt der Einfachheit und Durchsichtigkeit, der Ruf nach der Austilgung der Gottlosen. Den Großen unter diesen Ideologen stehe ich mit Bewunderung und mit Schrecken gegenüber: mit Bewunderung im Blick auf ihre Motive und ihren Mut, mit Schrecken in Kenntnis ihrer intendierten oder wirklichen Taten. Aber ich weiß auch, daß es Zeiten gibt, in denen sie das Salz der Erde sind. Und es ist nach meiner Auffassung nicht minder evident, daß sie unter bestimmten Umständen Gegen-Gestalten hervorbringen müssen. Hitler als deutschen Politiker und nicht als Anti-Lenin aufzufassen, scheint mir ein Beweis von beklagenswerter Kurzsichtigkeit und Enge zu sein. Hitler gegenüber empfinde ich nur noch Schrecken, aber ich weigere mich trotzdem, in jenes intellektuelle Jammern oder Toben einzustimmen, das einen großen Teil der deutschen »Auseinandersetzung« mit dem Nationalsozialismus ausmacht. Es ist ein unabdingbares Postulat der Wissenschaft, daß auch Hitler im Rahmen des Möglichen begreifbar gemacht wird. Die »kollektivistische Schuldzuschreibung« jedenfalls ist keine ausschließliche Eigentümlichkeit des Nationalsozialismus, und deshalb scheue ich mich nicht, von einer Schuld der Schuldthese zu sprechen. Es gibt sie heute in der Form des Antisemitismus (des echten, nicht des erfundenen oder konstruierten Antisemitismus) längst nicht mehr, wohl aber in jenem kaum verhüllten Wunsch, die deutschen »Eliten« möchten 1945 beseitigt worden sein, der auch in Habermas' Aufsatz anklingt und bei einigen seiner Freunde in grobschlächtiger Form erkennbar ist. Es wäre gut, wenn Jürgen Habermas sich entschlösse, über die Maxime »et tua res agitur« in ernster Reflexion nachzudenken, statt sich mit dem Ausstrecken des Zeigefingers zu begnügen.

Fernsehgespräch zwischen Hans Mommsen und Ernst Nolte vom 7. Februar 1987

Eine Teilnahme an mehreren »Podiumsgesprächen« zum »Historikerstreit«, die von verschiedenen Fernseh- und Hörfunkabteilungen geplant und meist auch durchgeführt wurden, habe ich abgelehnt. Dagegen glaubte ich, mich einer Einladung zu einem Zweiergespräch mit Hans Mommsen von seiten des Norddeutschen Rundfunks nicht entziehen zu sollen. Die Aufnahme fand am 22. Januar 1987 in Hamburg statt und wurde am 7. Februar im Dritten Fernsehprogramm des NDR sowie wenig später auch im Dritten Programm des Hessischen Rundfunks ausgestrahlt.

Als die Frage der vorliegenden Publikation im Juni 1987 akut wurde, teilte mir der NDR mit, von seiner Seite gebe es keine Einwände, sofern Professor Hans Mommsen zustimme. Leider lehnte Herr Mommsen meine entsprechende Bitte ab. Deshalb können im folgenden nur meine Redebeiträge wörtlich wiedergegeben werden, die Ausführungen des Diskussionsleiters Bernd C. Hesslein und Hans Mommsens werden lediglich so knapp wie möglich paraphrasiert. Die Moderation der Sendung hatte Hans Brecht.

Anmoderation Hans Brecht:

»Ein Begriff, der kürzlich in die Debatte geworfen wurde, ist die ›Singularität‹ der Naziverbrechen, ihre ›Einzigartigkeit‹ . . . Wir haben zwei namhafte Historiker eingeladen, die unterschiedlichen Standpunkte bei der Betrachtung und Einordnung der jüngeren deutschen Geschichte deutlich zu machen . . .«

Hesslein fragt einleitend nach der Bedeutung der Nürnberger Prozesse für das Verständnis des Nationalsozialismus.

Nolte: Ich denke, es bedurfte dieser Alliierten-Prozesse nicht, um die Deutschen zum Nachdenken über dasjenige zu bringen, was sie gerade erlebt hatten. Das ganze Jahr 1946 ist voll von kleinen Publikationen, die sich mit dem Dritten Reich auseinandersetzen, auch die Politiker haben sich schon sehr eindeutig geäußert, und ich würde sagen, die erste Linie dessen, wie man das Dritte Reich sehen will, hat sich damals schon klar herausgebildet. Immer wenn wir ein Bild des Dritten Reiches herstellen wollen, müssen wir auch ein Bild von mehr als bloß dem Dritten Reich hervorbringen, wir müssen es einordnen in ein weiteres und größeres Bild. Und gerade 46, würde ich sagen, da war doch noch sehr betont der Ansatz der, daß bestimmte Gruppen innerhalb des deutschen Volkes für schuldig erklärt wurden. Kurt Schumacher etwa, aber auch Konrad Adenauer haben damals diese Schulderklärung mit großem Nachdruck vorgenommen. Gleichzeitig aber wurde ja in den angelsächsischen Ländern, in den westlichen Ländern überhaupt, auch eine Auseinandersetzung eingeleitet, und ich würde sagen, dort kam doch schon die antideutsche Linie sehr zum Ausdruck, wo nicht sehr differenziert wurde zwischen Führungsgruppen und dem ganzen deutschen Volke, etwa solche Titel wie »Von Luther bis Hitler« sind dafür charakteristisch; gleichzeitig aber auch die antifaschistische Linie, denn die Alliierten hatten ja gegen die faschistischen Mächte gekämpft, wie sie selbst sagten. Und ein entscheidender Umschwung, dann bald nach 49, derjenige, daß das antitotalitäre Bild vom Dritten Reich sich durchsetzte, was dann sowohl das antideutsche wie das antifaschistische Bild der vierziger Jahre fast vollständig verdrängte. Und es dauerte dann sehr lange, bis in die zweite Hälfte der sechziger Jahre, bis dasjenige Bild, das eigentlich das älteste gewesen war, nämlich das antikapitalistische Bild, wieder zum Vorschein kam und wieder in die Öffentlichkeit hineintrat.

Hesslein stellt Mommsen die Frage, ob sich Erschrecken und Verharmlosung hinsichtlich der Verbrechen schon früh die Waage gehalten hätten.

Mommsen entwickelt den Gegensatz zwischen der totalitarismustheoretischen und »leicht apologetischen« Tendenz der Zeitgeschichtsschreibung bis zu den späten fünfziger Jahren und der strukturgeschichtlichen Betrachtungsweise, die ihr gefolgt sei. Aus den Differenzen zwischen Ideologiehistorikern und Strukturalisten sei die gegenwärtige »etwas verquere Auseinandersetzung über die Vergleichbarkeit des Dritten Reiches« hervorgegangen.

Hesslein wendet sich an Nolte und fragt nach der Rolle und Bedeutung der Person Hitlers.

Nolte: Ich denke, daß Hitler zu jeder Zeit etwas anderes gewesen ist als eine Einzelperson. Ich habe damals in meinem Buch *Der Faschismus in seiner Epoche*, übrigens im Anschluß an andere Autoren, ihn als ein Medium bezeichnet, der also der Masse dasjenige, was sie selbst denkt und spürt, in einer Weise präsent macht, die für diese Masse selbst nicht möglich war. Mit anderen Worten, wenn man Hitler begegnet, erkennt man sich selbst. Insofern ist also diese Trennung unangebracht. Hitler ist nicht irgendeine Einzelperson gewesen, sondern Hitler ist ein Ausdruck von Massenstimmungen und Massenströmungen gewesen, aber auch hier ist meines Erachtens ganz wesentlich zu differenzieren. Hitler hatte eine Reihe von Motiven, diese Motive hängen nicht notwendigerweise miteinander zusammen. Also etwa das Motiv der Revision von Versailles, ein sehr starkes Motiv von Hitler, aber unzweifelhaft geteilt von so gut wie allen Deutschen, einschließlich übrigens und sogar mit besonderer Betonung der Kommunisten. Und das muß man sich vor allen Dingen immer gegenwärtig halten, daß nicht jeder Deutsche, der mit Hitler ein Stück mitging, damit den ganzen Hitler im Blick hatte und den ganzen Weg, den Hitler gehen wollte, ging. Und deshalb ist das scheinbar Entgegengesetzte, nämlich daß Hitler einerseits weitgehend übereinstimmte mit großen Teilen des deutschen

Volkes und andererseits Entschlüsse traf, die allem Anschein nach nur er allein getroffen hatte, ohne sich mit irgend jemandem abzustimmen, ohne mit irgend jemandem direkt und unmittelbar übereinzustimmen, dieser scheinbare Widerspruch ist, glaube ich, kein Widerspruch.

Hesslein zu Mommsen: Stimmen Sie mit dem überein?

Mommsen bringt das Gespräch auf die Interessenlage der »konservativen Eliten« und konstatiert eine »merkwürdige Vertauschung der Fronten«, da jetzt die von der Linken herkommenden Historiker dazu gebracht worden seien, die Singularität des Nationalsozialismus zu betonen.

Hesslein fragt nach den politischen Hintergründen der Debatte und stellt Franz Josef Strauß gegen die Linke.

Nolte: Ich denke, man kann historische Forschung und historisches Nachdenken – was ich eigentlich für mich mehr reklamieren würde als Forschung (ich werde zwar häufig Faschismusexperte genannt, aber das ist eine falsche Bezeichnung) – man kann es nicht völlig trennen von politischen Tendenzen, aber man sollte es auch nicht zu eng zusammenbringen, und ich fürchte, daß auch diese sogenannte Kontroverse in einem erschreckenden Maße von rein politischen Wertungen und Denkweisen dann beherrscht und durchdrungen worden ist . . .

Hesslein: Fühlen Sie sich da mißverstanden?

Nolte: Nun, ich z. B. würde sicher 1963 zur Linken gezählt worden sein, ich werde heute zur Rechten gezählt, d. h. man muß ja doch auch die persönlichen Wandlungen mit in Betracht ziehen, und die sind nicht einfach Spiegelungen dessen, was in der großen Öffentlichkeit vor sich geht. Wenn ich aber zu dem, was Herr Mommsen gesagt hatte, etwas von mir aus ausführen könnte, wäre es dies: 1963, Vergleiche, gut. Das ist häufig dann als Überwindung der Totalitarismustheorie angesehen worden und von einigen auch dann in dieser Richtung weiterentwickelt worden. Ich würde meinen, daß ich damals gar nicht die Absicht hatte, die sogenannte Totalitarismustheorie oder, besser würde ich sagen, Totalitarismuskonzeption zu überwinden und zu beseitigen zugunsten einer, sagen wir, antifaschistischen Konzeption, sondern ich meine, meine Tendenz sei auch damals schon die gewesen, die Totalitarismuskonzeption sozusagen zu historisieren, d. h. sie wegzunehmen, sie zu vertiefen. Sie wegzunehmen von den allzu schnellen Gleichsetzungen, die dann also etwa bei Carl Friedrich zu solchen Ausdrücken wie »Die Totalitären« führen: Nationalsozialisten und Kommunisten sind beides »die Totalitären«. Ich wollte auch damals schon den historischen Zusammenhang herausstellen, den historischen Zusammenhang, den es natürlich gibt zwischen den verschiedenen faschistischen Bewegungen, aber auch zwischen derjenigen Bewegung, auf die alle faschistischen Bewegungen reagiert haben. Deshalb war mir doch Mussolini so wichtig gewesen. Weshalb? Weil Mussolini zwar der erste Führer einer siegreichen faschistischen Partei war, aber vor dem Ersten Weltkrieg auch der Führer einer linkssozialistischen Partei gewesen ist. Das heißt also, diese Beziehung des Faschismus auf den Bolschewismus oder später Kommunismus ist mir auch damals schon sehr wichtig gewesen. Und ich habe in meiner Arbeit, glaube ich, das versucht immer weiter zu vertiefen, und was heute manche Leute überrascht, ist, denke ich, nur ein konsequenter weiterer Schritt; ich würde als Desiderat sagen: Ich möchte die Totalitarismustheorie dadurch verändern, daß ich die Faschismustheorie in sie einbaue oder sie dadurch historisiere und vertiefe. Das ist meine Intention gewesen. Andere, vielleicht auch Herr Mommsen, sind mehr in die Richtung gegangen, daß sie wieder zu der Hauptfragerichtung Deutschland, deutsche Kontinuität, deutsche Geschichte, auch deutsche Eliten zurückgekommen sind, die ich nicht für unberechtigt halte, die aber nicht meiner Fragestellung entspricht, sondern diese meine Fragestellung ist im Grunde genommen, bewegt sich, im Rahmen der Totalitarismuskonzeption, ohne daß ich mich deshalb mit Carl Friedrich oder Hannah Arendt identifiziere. Im Gegenteil, ich versuche, einen Schritt weiter zurückzugehen, den diese beiden nicht getan haben.

Mommsen kommt auf die Thesen Noltes über den Zusammenhang zwischen GULag und Auschwitz zu sprechen und stellt in Abrede, daß es zur Verwirklichung der Endlösungspolitik bestimmter Erfahrungen Hitlers über die sowjetische Politik »in der Zeit Stalins« bedurft hätte.

Hesslein zitiert zwei zentrale Sätze aus dem FAZ*-Artikel vom 6. Juni.*

Nolte: Herr Hesslein, zunächst einmal, es ist überhaupt keine Rede von Stalin, wenn hier gesagt wird, jetzt gerade auch von Herrn Mommsen, daß das ja gar nicht der Fall sein könne, weil die Verbrechen Stalins überhaupt erst später gewesen seien. Der Ausgangspunkt Hitlers sind die Jahre 17/18/19. Was dort geschah, war die Machtergreifung der Bolschewiki und dasjenige, was sich unmittelbar danach abspielte. Und ich stelle die These auf, daß es in der europäischen Geschichte eine Reihe, wenn ich mich im Moment mal griechisch ausdrücken darf, metabaseis eis állo génos gibt: qualitative Differenzen, Schritte zu qualitativen Differenzen. Und als den ersten entscheidenden Schritt betrachte ich die praktische Ausrottung des russischen Bürgertums und der russischen Intelligenz, nicht durch Stalin, sondern in den Jahren 17/18/19. Wenn Sie z. B. etwa die Erinnerungen des Justizkommissars unter Lenin lesen, Steinberg, dann sagt der ganz klar, der Urheber des Terrors war Lenin. Und von hier aus haben Männer wie Scheubner-Richter, aber auch Alfred Rosenberg ihre Erfahrungen gewonnen. Und diese Erfahrungen, das scheue ich mich nicht zu sagen, waren keine Erfindung, waren keine Hysterie, sondern beruhten auf der Erkenntnis eines wirklichen qualitativen Bruches in der europäischen Geschichte, wie es ihn bis dahin noch nicht gegeben hat. Ich nenne das Erfahrung. Eine Erfahrung bleibt als solche nicht bestehen, sondern wird interpretiert, und ich möchte auch bei Hitler Erfahrung und Interpretation unterscheiden, mindestens logisch, wenn es auch chronologisch nicht immer möglich ist. Und ich glaube daher, daß diese Erfahrung dessen, was ich abkürzend in meinem Vortrag Klassenmord genannt habe, daß diese Erfahrung interpretiert wurde durch einen an und für sich und tendenziell vorher schon vorhandenen Antisemitismus. Eine logisch zwingende Notwendigkeit dazu bestand aber nicht, und nur durch diese Interpretation konnte der zweite qualitative Schritt vollzogen werden, der sich später erst im Kriege in der Vernichtung der Juden zeigte, und den habe ich den biologischen Mord genannt, den Rassenmord. Wer aber diese Verbindung einfach nicht wahrhaben will, nämlich zwischen Klassenmord zuerst, Priorität, und Rassenmord erheblich später und wer dann ...

Hesslein: Ja, meinen Sie denn, daß das anstiftend gewirkt hat, vorbildhaft?

Nolte: Ich bin der Überzeugung, daß – man braucht ja die frühen Reden und Schriften Hitlers nur zu lesen, zugleich allerdings auch die frühen Reden und Schriften etwa von Max Erwin von Scheubner-Richter –, um zu sehen, wie tief das gewirkt hat, und wie hätte es denn auch anders sein können?

Hesslein: Aber ein ganzes Volk hat es mitgemacht, also wenn es eine persönliche Erfahrung von Hitler gewesen wäre? ...

Nolte: Doch nicht eine persönliche Erfahrung von Hitler allein, sondern das war natürlich eine Erfahrung, die damals alle gemacht haben. Ich würde gegenüber dem modischen Antikommunismus unserer Gegenwart sagen, damals waren alle Antikommunisten mit Ausnahme der Kommunisten selbst. Von Ebert über die sämtlichen Menschewiki. Z. B. das Asiatische, was dauernd gegen mich angeführt wird, war damals eine Selbstverständlichkeit auf der Linken gewesen. Friedrich Stampfer, Pawel Axelrod, mit der absolutesten Selbstverständlichkeit haben sie das gesagt. Insofern liegt hier eine Verschiebung vor. Man möchte sich dem eigentlichen Kern der Sache, nämlich den Vorgängen 17/18/19, nicht zuwenden, sondern auf den Stalinismus zurückkommen. Ich behaupte, Stalinismus ist im Grunde ein apologetischer Begriff.

Mommsen stellt die These auf, daß man Hitlers Antisemitismus oder die Zustimmung der Generalität zu Russenvernichtungskriegsparolen nicht aus dem Sowjetvorbild herleiten könne. Es bestehe die Gefahr, daß Noltes Auffassungen von bestimmten Gruppierungen zu apologetischen Zwecken ausgenützt werden könnten. Er führt dann die Vorgänge um die Römerberggespräche, Nolte betreffend, auf eine bloße »Schlamperei der Organisation« zurück.

Nolte: Herr Mommsen, unsere Zeit ist zu kostbar, um auf diese Quisquilien einzugehen.

Hesslein: Gehen Sie ein bißchen auf die Apologetik ein.

Nolte: Ja, ich finde es beklagenswert, wenn immer sofort mit einem Terminus wie Apologetik gearbeitet wird. Wir sollten uns als Historiker daran orientieren, ob wir von unserem Thema ein möglichst vollständiges Bild zeichnen oder ein durch allzu einseitige Selektion gewonnenes Bild. Alles Geschichtsschreiben ist Selektion, ich glaube aber, es kommt darauf an, wie man selektiert.

Hesslein kommt erneut auf die Frage der Singularität zu sprechen und sagt: »Es kann mich nicht trösten, daß Mord überall passiert, wenn der Henker in der eigenen Familie war.«

Nolte: Es handelt sich nicht darum, zu trösten, es handelt sich nicht darum, Apologie zu üben, sondern es handelt sich darum, ein allzu einseitiges Geschichtsbild mehrseitig zu machen, und das ist derartig ..., in der Tat, ich glaube, daß diese Ausgrenzung aller internationalen Zusammenhänge, dieser bloße Blick auf Deutschland am besten charakterisiert wird durch die Überschrift des *ZEIT*-Artikels, die ich dem ursprünglich gegeben hatte, nämlich: eine bloße Umkehrung; gegen den negativen Nationalismus. Und wenn ich das noch eben sagen darf, der Archipel GULag ist ursprünglicher als Auschwitz. Beide sind natürlich Chiffren. Unter Archipel GULag verstehe ich nicht etwas, was seit 1930 im NKWD als Abteilung vorhanden war, sondern das gibt es seit den Solowezki-Inseln, seit 1920, und wenn ich sage, der Archipel GULag ist ursprünglicher als Auschwitz, habe ich das ja auch erklärt, nämlich daß dieser Archipel GULag schon deshalb ursprünglicher ist, weil er dem Urheber von Auschwitz vor Augen stand und nicht umgekehrt. Wenn die Übereinstimmung zwischen Hitler und den konservativen Eliten immer so sehr stark betont wird von Herrn Mommsen, hat das sicher ein gewisses Recht. Hitler hätte als Einzelmensch überhaupt gar nichts ausrichten können. Er verkörperte in sich etwas, was viele Menschen empfanden. Aber ich würde erstens betonen, daß eine erhebliche Übereinstimmung nicht nur zwischen Hitler und den konservativen Eliten, sondern auch zwischen Hitler und dem deutschen Volke war, und zweitens, daß die Erfahrung, die Hitler gemacht hatte, wenn auch auf schwächere Art und Weise, von vielen anderen, z. B. von allen Offizieren gemacht worden war, denen die Achselklappen abgerissen worden waren – man würde sagen: eine Harmlosigkeit; in Rußland geschah das auch, die Folge war, daß ein sehr großer Teil der Offiziere totgeschlagen wurde. Dies alles schwebte diesen Menschen, z. B. den Marschällen Reichenau und Manstein, vor Augen, und das macht verständlich, was sie getan haben, nicht moralisch gerechtfertigt, wie sich von selbst versteht. Wenn Hitler nur ...

Hesslein: Aber die konnten doch ihre Soldaten ...

Nolte: Ein Satz bitte. Wenn Hitler nur dies gewesen wäre, eine Ausdrucksform der konservativen Eliten, dann wäre er ein vergleichsweise harmloser Mensch gewesen, der die Wiederherstellung der Grenzen von 1914 erstrebt hätte und weiter gar nichts. Ich bin sehr mißtrauisch gegenüber der, wie ich nun leider glaube, unverkennbaren politischen Absicht, die hinter dieser Anklage gegen die konservativen Eliten in der Geschichtsschreibung nicht zu verkennen ist.

Hesslein gibt Mommsen die Möglichkeit der Antwort.

Mommsen spricht sich gegen eine »keimfreie Nationalsozialismusforschung« aus und unterstreicht erneut die Wichtigkeit der langfristigen Interessen mächtiger gesellschaftlicher Gruppen. Es komme darauf an zu verhindern, daß ähnliche Prozesse wieder erfolgen. Er verteidigt die Notwendigkeit, politisch zu denken und politische Konsequenzen zu ziehen, und fragt Nolte direkt, welche positiven Resultate er aus der Erfahrung Weimars und des Dritten Reiches ableite.

Nolte: Ich kann darauf mit einem Satz antworten. Was ich für die Zukunft vermieden sehen möchte und dasjenige, dem ich sehr kritisch gegenüberstehe, das ist die Mentalität des »Clean sweep«, des reinen Tisches, des Aufräumens, des Beseitigens schädlicher Gruppen. Ich sehe in dieser Denkweise etwas ganz Gefährliches, etwas, was dem Nationalsozialismus und nicht nur dem Nationalsozialismus letzten Endes zugrunde liegt. Und wir sollten aus dieser schrecklichen Erfahrung, die aber keine bloß deutsche Erfahrung, sondern eine europäische Erfahrung gewesen ist, die viele Voraussetzungen hat und als entscheidende Voraussetzung in der Tat das Aufkommen einer ganz neuen Art von Staat in der Sowjetunion, dies lernen, daß wir dieses Hindenken auf Heilung, auf Aufräumen, auf Säubern von uns abtun in Zukunft.

Hesslein fragt, ob es eine Möglichkeit gebe, daß das deutsche Volk aus dem Schatten Hitlers heraustreten könne.

Nolte: Wir leben ja ständig damit. Wenn ich von Berlin ins Bundesgebiet fahre, sehe ich den Schatten Hitlers dauernd. Niemand kann ihn übersehen, das ist ein bloßes fiktives Konstrukt, daß wir aus dem Schatten Hitlers heraustreten könnten.

Hesslein schließt das Gespräch mit einigen Sätzen ab und betont, daß die Deutschen nach dem Wort von Gustav Heinemann ein schwieriges Vaterland haben.

Interview mit *Ha-Aretz* vom 17. April 1987

Anfang Februar 1987 rief mich Daniel Dagan, der Europa-Korrespondent der bedeutendsten in hebräischer Sprache erscheinenden Tageszeitung Israels, Ha-Aretz, *an, befragte mich nach dem Stand der »Herzl-Angelegenheit«, teilte mit, daß er bereits eine einschlägige Meldung an seine Zeitung gegeben habe und erbat meine Zustimmung zu seinem Wunsch, ein längeres Interview mit mir zu führen. Es fand am 27. Februar in meiner Wohnung statt und vermittelte mir einen lebendigen Eindruck von der Erregung, die in Israel insbesondere wegen meiner Anführung der Weizmann-Äußerung entstanden war. Bis dahin war ich nur durch die Briefe Professor Kulkas (siehe Seite 124ff.) sowie durch einen Besuch von Professor Martin Seliger unterrichtet – den Pressedienst der Deutschen Botschaft in Tel Aviv hatte ich noch nicht erhalten. Das Interview erschien am 17.4. im Wochenendmagazin von* Ha-Aretz *und war »groß aufgemacht«. Soweit ich aus der Übersetzung der Deutschen Botschaft entnehmen konnte, waren meine Ausführungen zwar streckenweise gekürzt, aber im wesentlichen korrekt wiedergegeben.*

Die folgende Version beruht auf einer Abschrift des Originaltonbandes. Ich habe sie sprachlich leicht überarbeitet, indem ich unnötige Wiederholungen fortgelassen, Kolloquialismen geglättet habe usw. Der Gesprächscharakter ist jedoch gewahrt worden.

Dagan: Bestehen Sie auf Ihrer Meinung, daß die Empörung in Israel nicht gerechtfertigt war, und fühlen Sie sich durch die Kritik in Israel verletzt?

Nolte: Meine Antwort ist die: Ich finde es nicht ganz unverständlich, daß man in Israel auf bestimmte Äußerungen von mir heftig und negativ reagiert hat, denn diese Äußerungen laufen ja darauf hinaus, daß nach meiner Auffassung vierzig Jahre nach dem Ende des Krieges die Zeit gekommen ist, im Bilde des Dritten Reiches gewisse Revisionen vorzunehmen, und daß bei der Vornahme dieser Revisionen auch Tatsachenbehauptungen, unter Umständen sogar Interpretationen, die sich in der sogenannten rechtsradikalen Literatur finden, mit einbezogen werden müssen, natürlich nach entsprechender Überprüfung. Das ist nicht ganz selbstverständlich, und ich möchte unterstreichen, daß ich Widerspruch oder auch Kritik für legitim halte, was diese meine These angeht. Ich halte aber andererseits diese Aufregung doch für unberechtigt, insofern nämlich, als mein Postulat weiter gar nichts besagt, als daß dasjenige, was man Wissenschaft nennt, heute – so weit vom Kriege entfernt – auf intensivere Weise geübt werden kann, als es vielleicht in den unmittelbaren Nachkriegsjahren möglich und angebracht war. D.h. ich habe zum Beispiel mit der Anführung der Äußerung von Chaim Weizmann, wie ich glaube, nur ein Postulat des wissenschaftlichen Ethos erfüllt, das nämlich gerade für den Historiker darin besteht, ein möglichst umfassendes und möglichst wahrheitsgetreues Bild der Vergangenheit zu zeichnen, d.h. auch dasjenige einzubeziehen, was einem selbst vielleicht nicht sympathisch ist, womit man selbst nicht übereinstimmt, was aber bisher zu Unrecht zu wenig berücksichtigt worden ist. Und damit wir hier gleich den Zusammenhang herstellen, will ich Sie darauf hinweisen, daß ich z. B. nur aus der rechtsradikalen Literatur ein Zitat aus der *Allgemeinen jüdischen Wochenzeitung für Deutschland* von 1961 kenne, das ich aber jetzt natürlich habe überprüfen lassen, nach dem in der Tat ein Richter im Eichmann-Prozeß gesagt hat, es gebe tatsächlich eine Äußerung von Chaim Weizmann, die man als eine jüdische Kriegserklärung an Deutschland interpretieren könne. Ich sage also insofern gar nichts anderes, als was im Eichmann-Prozeß von einem der Richter gesagt worden ist. Der Richter ist dann folgendermaßen fortgefahren:

»Aber Eichmann hat selbst zugegeben, daß die Folgerungen, die er daraus gezogen hat, überhaupt nicht gezogen werden können und gezogen werden dürfen.« Insofern bin ich überzeugt, daß ich nur dem Prinzip der Freiheit der Wissenschaft gefolgt... bin und daß jeder israelische Wissenschaftler dem zustimmen kann. Ich möchte aber noch eins hinzufügen, nämlich daß diese Diskussion mich auch kränkt. Sie kränkt mich nicht deshalb, weil mir jemand widerspricht, sondern sie kränkt mich deshalb, weil sie ja impliziert, daß ich damals die Einladung an das »Institute for Advanced Studies« der Hebräischen Universität im Jahre 1981 nicht im guten Glauben angenommen habe.

Dagan: Sie meinen von Herzl.

Nolte: Nein, nein. Ich bin 1981 ein halbes Jahr in Jerusalem gewesen als Mitglied des »Institute for Advanced Studies« der Hebräischen Universität. Ich war also ein regelrechtes, auch von der Universität bezahltes Mitglied, und ich muß wirklich sagen, wenn ich das getan hätte, obwohl ich Neigung zum Antisemitismus hätte, dann würde ich mir selbst schofel und schändlich vorkommen.

Dagan: Wer hat Ihnen Antisemitismus vorgeworfen?

Nolte: Das ist impliziert, Herr Dagan. Entweder Antisemitismus, das klingt so durch manche Äußerungen direkt durch, oder aber Förderung des Antisemitismus; manche Leute sagen: Er ist nicht persönlich ein Antisemit, aber er fördert den Antisemitismus durch seine Äußerungen, und auch dieses zweite würde ich zurückweisen. Ich würde mir selbst dann sonderbar vorkommen, wenn ich diese Einladung angenommen hätte, wenn ich die Aufgabe mit der Herzl-Ausgabe auf mich genommen hätte und in Wirklichkeit...

Dagan: Entschuldigung, das habe ich nicht verstanden, wie meinen Sie das? Diese Einladung würden Sie nicht annehmen...

Nolte: Wenn ich die Absicht gehabt hätte, etwas Antiisraelisches bzw. Antijüdisches zu sagen oder wenn das meinen Überzeugungen entspräche, würde ich diese Einladung nicht angenommen haben und auch nicht das Herzl-Projekt. Wenn man mir jetzt derartige Absichten unterstellt, finde ich das aus diesem Grunde besonders kränkend.

Dagan: Ja, ich verstehe. Jetzt zur Sache. Wenn Sie immer

wieder das Zitat von Weizmann erwähnen, ist es nicht so, daß Sie ihm viel zu viel Bedeutung beimessen, einer Reklamation, die 1939 gekommen ist, nachdem die Juden jahrelang versucht haben, zu einer Verständigung zu gelangen. Ich weise z. B. auf das Transferabkommen mit dem Nazi-Regime hin und auf viele Briefe von Gemeinden an Hitler: »Wir atmen die deutsche Luft, und ohne das können wir nicht leben«, einer Reklamation von einer Organisation, die keine Armee besaß und von einem Volk, das vertrieben war usw. Kurz, daß Sie sich da an irgendeine Deklaration hängen?

Nolte: Herr Dagan, man sollte sich doch zunächst einmal vor Augen führen, daß ich nicht etwa einen Artikel geschrieben habe des Inhalts »Ich habe etwas entdeckt und gebe das nun bekannt«, sondern ich habe mich in diesem Aufsatz mit verschiedenen Revisionisten auseinandergesetzt. Ich habe sie analysiert, ich habe Auffassungen dargestellt. Einer von diesen Revisionisten ist David Irving, der Engländer. Ein ernstzunehmender Forscher sicherlich, wenn auch ein umstrittener. Dessen Zitat, Chaim Weizmann betreffend, habe ich angeführt, und dazu habe ich gesagt, man könne die These, daß diese Äußerung eine Kriegserklärung an Deutschland oder Hitler bedeutet habe, nicht ebenso zurückweisen, wie ich eine andere These von Irving aus logischen Gründen zurückweise, nämlich die Behauptung, Hitler hätte von der Liquidation, also von der Vernichtung nichts gewußt, weil es ein Telegramm gibt, in dem steht »keine Vernichtung«. Man muß also doch sehen, daß ich sage: Bestimmte Aussagen von Irving sind aus logischen Gründen als unrichtig zu betrachten. Für andere Aussagen kann man das nicht sagen, sondern sie müßten erörtert werden, sie bedürfen der Diskussion.

Dagan: Bedeutet das, daß sie jetzt das, was Sie geschrieben haben über Weizmann ein bißchen relativieren: Sie hätten es nicht so gemeint. Oder wie?

Nolte: Was heißt das denn, Herr Dagan? Man unterstellt mir dauernd, ich sei ein so schlechter Kenner der Zeitgeschichte, daß ich im Ernst annähme, Hitlers Judenfeindschaft leite sich von dieser Äußerung Weizmanns her. Derartiges einem Zeithistoriker vorzuwerfen ist doch so absurd, daß ich mich nicht genügend wundern kann, wieso man das tun kann. Ich bin doch der letzte, der nicht weiß, daß Hitlers Judenfeindschaft von

1919 datiert, daß er den Juden natürlich längst den Krieg erklärt hatte, bevor Weizmann ihn möglicherweise erklärt hat. Das alles sind Selbstverständlichkeiten, und ich weiß wirklich nicht, wieso man darüber hinwegsehen kann.

Dagan: Aber, Sie haben durch diesen Artikel, durch den Aufsatz dazu beigetragen. Es ist passiert, daß Sie doch, sagen Ihre Kritiker zumindest, daß Sie sehr viel drangehängt haben an diese Deklaration und auch an den Kaufman, was völlig unbedeutend ist.

Nolte: Das unterstellt man mir einfach. Das ist überhaupt nicht richtig. Wenn Sie den Artikel im ganzen durchlesen, dann sehen Sie, daß es sich um eine ganz untergeordnete Bemerkung handelt. Ich habe sie deshalb weggelassen, als der Artikel vor sechs Jahren zum ersten Mal gekürzt publiziert wurde.

Das Wesentliche dieses Artikels ...

Dagan: Und wann erschien er mit dieser Bemerkung?

Nolte: Mit dieser Bemerkung erschien er zuerst hier in der vollständigen Ausgabe, in diesem englischen Buch, *Aspects of the Third Reich*.

Dagan: Und wann war das?

Nolte: 1985. Zu Anfang des Jahres ist er, glaube ich, zum ersten Mal tatsächlich in den Buchhandlungen gewesen.

Dagan: 1985?

Nolte: Anfang 1986. 1985 steht als Erscheinungsdatum.

Dagan: Also bevor diese Historikerdiskussion ...

Nolte: Bevor die Diskussion anfing. Das ist richtig. Da lag das schon vor.

Dagan: Dann war das auf dem Markt, zum ersten Mal.

Nolte: Dann war es auf dem Markt, aber in Deutschland praktisch eigentlich noch niemandem bekannt. In Jerusalem war es früher bekannt.

Dagan: Und da ist auch Kaufman erwähnt? Dieser Aufsatz von Kaufman, wo er sich sehr ...

Nolte: Ich habe folgendes gesagt: In der offiziellen oder etablierten Literatur, in der Literatur, die ernst genommen wird, wird der Artikel von Kaufman verschiedentlich erwähnt. Aber die Äußerung von Weizmann finde ich nicht erwähnt, und das scheint mir falsch zu sein, denn zu einem Gesamtbild des Krieges gehört auch diese Äußerung, obwohl untergeordnet, mit hinzu. Nichts anderes habe ich gesagt. Die Geschichte wäre, glaube ich ...

Dagan: Also haben Sie doch was entdeckt; wenn das nicht erwähnt wird, haben Sie doch was entdeckt!

Nolte: Nun ja, was entdeckt? Ich habe festgestellt, daß diese Äußerung von Weizmann, soweit ich die Literatur übersehe, die deutsche Literatur, nicht erwähnt wird. Und ich glaube, in einem anzustrebenden vollständigeren Bilde des Kriegsausbruches sollte diese Äußerung erwähnt werden. Denn Weizmann war keine quantité négligeable, er war ein bedeutender Mann, er vertrat immerhin eine bedeutende Gruppe, und was er gesagt hat, sollte notiert werden. Aber es sollte selbstverständlich nicht so ausgelegt werden, wie man es mir unterstellt, als wenn es für Hitlers Entschlüsse irgendeine Bedeutung gehabt hätte. Allenfalls diente es als Vorwand. Darüber kann gar kein Zweifel sein, aber die Äußerung ist trotzdem wichtig, und zwar in diesem Zusammenhang, und daraus hat man mir ja wiederum Vorwürfe gemacht, daß ich gesagt habe: möglicherweise rechtfertigte diese Äußerung, wie auch Irving andeutet, daß Hitler die deutschen Juden als Zivilinternierte internieren durfte, wie ja bekanntlich die Franzosen die Deutschen und die Engländer die Deutschen interniert haben bei Kriegsausbruch. Deshalb ist die Überlegung doch wichtig, ich würde sagen ...

Dagan: Haben Sie den Begriff Internierte oder Kriegsgefangene benutzt.

Nolte: Das müßte ich nachsehen. Ich glaube, in der Übersetzung heißt es »prisoners of war«.

Dagan: Prisoners of war.

Nolte: Und ich glaube, in meinem Originaltext – aber den müßte ich nachsehen – steht Internierung. Wenn übersetzt ist »prisoners of war« – gemeint ist jedenfalls Zivilinternierte, denn sie waren ja selbstverständlich ...

Dagan: Aber Sie suchen doch die Worte.

Nolte: Bitte?

Dagan: Sie suchen doch die Worte, wenn Sie auch ins Englische übersetzen lassen. Sie suchen die Worte, ob es Internierte heißt oder Kriegsgefangene.

Nolte: Es ist ein Unterschied. Wenn aber aus dem Kontext heraus ganz klar ist, daß es eine weitere Bedeutung haben muß, nicht die enge Bedeutung, in der Soldaten Kriegsgefangene sind, dann sollte man auch diese weitere Bedeutung akzeptieren, so meine ich. Ich erkläre noch einmal, es ist insofern wichtig, als das Verhalten sowohl der Judenräte wie auch etwa der deutschen Eisenbahner, die mitbeteiligt waren an den Deportationen, einen anderen Charakter erhält, je nachdem, ob sie der Meinung sein konnten, daß es eine Kriegsmaßnahme war oder nicht. D.h. mit anderen Worten, wenn etwa die Judenräte wirklich gewußt hätten, daß diejenigen ihrer Gemeindemitglieder, die abtransportiert wurden, in den Tod gefahren wurden, ist ihre Verantwortung natürlich eine viel größere, als wenn sie der Meinung sein durften, es gehe in Internierungslager. Insofern ist die Interpretation dieser Äußerung nicht unwichtig. Trotzdem bleibt es dabei, daß es im Zusammenhang meiner Aussagen eine untergeordnete Äußerung ist, daß ihr meines Erachtens zuviel Gewicht beigelegt wird. Und wenn Sie eben darauf zu sprechen kamen, daß hier, neben diesem Zimmer, in dem wir sitzen, an dem Abendtisch Professor Friedländer mich darauf angesprochen hat, dann muß ich folgendes sagen: Wenn Herr Friedländer gefragt hätte: »Herr Nolte, meinen Sie mit dieser Äußerung wirklich, daß Hitlers Judenfeindschaft sich von der Weizmann-Äußerung herschreibt, oder wie verstehen Sie das?« dann würde ich ihm ganz ruhig erklärt haben, wie ich es gemeint habe. So ging es aber nicht, sondern Herr Friedländer sagte aus heiterem Himmel zu mir: »Herr Nolte, ich muß Ihnen sagen, daß wir in Jerusalem uns über Ihren Artikel sehr geärgert haben, und Sie haben durch den Brief von Herrn Kulka davon ja auch schon erfahren.«

Dagan: Wer ist Herr Kulka? Es ist vielleicht nicht so wichtig für die Leser.

Nolte: Sagen Sie »Herr K.«. Er braucht nicht genannt zu werden. Er ist ein Kollege vom »Institute for Jewish History« von der Hebräischen Universität. Ich kenne ihn seit mehreren Jahren. Das Bemerkenswerte daran ist, daß Herr Friedländer von dem Brief wußte, den Herr Kulka an mich geschrieben hatte, obwohl Herr Kulka mit keinem Wort Herrn Friedländer erwähnt hatte. Und ich muß sagen, daß durch diese Art und Weise, das Gespräch einzuleiten, natürlich die Grundlage für den Eklat gelegt worden ist. Das schaffte eine feindselige Atmosphäre, die überhaupt nicht notwendig gewesen wäre. Im übrigen ging der Eklat nicht aus der Erwähnung der Weizmann-Äußerung hervor, sondern er kam erst viel später. Wir haben mindestens zweieinhalb Stunden noch am Tisch gesessen und uns unterhalten, und Herr Friedländer stand erst auf, als ich ein weiteres Beispiel dafür anführte, daß ich, zu meiner Überraschung, in der rechtsradikalen Literatur etwas gefunden habe, was nicht unwichtig ist und sich, entgegen meiner eigenen Annahme, als richtig erwies. Es handelte sich da um ein Tucholsky-Zitat, das ich in meinem Artikel in der *ZEIT* dann zitiert habe. Dieses Tucholsky-Zitat habe ich zuerst einfach für eine Erfindung gehalten, ich habe es nachgeprüft und habe es zuerst in der *Weltbühne* nicht gefunden. Ich glaubte, es sei eine Erfindung, doch dann bin ich am nächsten Tag noch einmal darauf zurückgekommen, weil ich mir dachte, die saugen sich das doch nicht einfach aus dem Finger, und ich fand es dann doch, weil nämlich zwei Zählungen in dem einen Jahrgang waren.

Dagan: Was sagt es in einem Wort?

Nolte: In einem Wort sagt es, daß Tucholsky den Frauen und Kindern der deutschen Bildungsschicht den Gastod wünscht, weil nach seiner Meinung die deutsche Bildungsschicht Kriegsvorbereitungen trifft. Das sagt Tucholsky 1927. Ich glaube, daß eine solche Äußerung nicht einfach unter den Teppich gekehrt werden darf, sondern sie gehört ebenfalls in den Gesamtzusammenhang dessen, was damals geschehen ist, und erklärt viel von dem Haß, der sich gegen diese Linksintellektuellen richtete, und Tucholsky war natürlich in erster Linie ein Linksintellektueller; daß die Nationalsozialisten dann immer gleich auf die Qualität Jude, die er ja gar nicht akzeptierte, rekurrierten, das ist richtig, aber im Kern war er ein Linksintellektueller.

Dagan: In einem Wort: Was war er in Ihren Augen? Was war seine hervorragendste Qualität?

Nolte: Er war einer der wichtigsten Schriftsteller der *Weltbühne*. Und die *Weltbühne* war eine der wichtigsten linksorientierten Zeitschriften im damaligen Deutschland. Und erst als ich dieses Zitat gebracht habe, da stand Herr Friedländer plötzlich auf, sagte zu meiner Frau »Bestellen Sie mir ein Taxi« und ging unter Eklat weg.

Dagan: Jetzt will ich Sie etwas fragen, das vielleicht in die anderen Thesen mündet, die Sie hinsichtlich »GULag und

Auschwitz« aufgestellt haben. Ich sage es nur in Stichworten: Daß Hitler eine »asiatische Tat« begangen hat und daß Sie all diese Begriffe verwendet haben, die die Leute wirklich auf die Beine gebracht haben, haben Sie damit nicht impliziert, daß es – ich drücke mich jetzt einmal sehr provokativ aus – eine gewisse Rechtfertigung für Hitler gab, das und das zu tun? Erst einmal in bezug auf die Russen – aber warum tötete Hitler die Juden, wenn er etwas gegen die Russen hatte? Das ist doch unverständlich. Dadurch ist wohl die Aufregung von Friedländer zu erklären. Sehen Sie es nicht so?

Nolte: Friedländer hat mich daraufhin gar nicht angesprochen, und er konnte es gar nicht, weil der *FAZ*-Artikel noch nicht da war. Das Gespräch fand am 1. oder 2. März statt. Der Artikel erschien am 6. Juni. Auf den Artikel hat er mich also überhaupt nicht angesprochen.

Dagan: Lassen wir Friedländer beiseite, aber sehen Sie nicht doch einen gewissen Zusammenhang mit den Thesen, die Sie in dem Artikel aufstellen?

Nolte: Dadurch, daß man die zwei Dinge zusammengebracht hat – die Anführung der Weizmann-Äußerung in diesem Aufsatz und den *FAZ*-Artikel –, ist die Emotionalisierung tatsächlich sehr verstärkt worden. Mein *FAZ*-Artikel ist ja in Deutschland derjenige gewesen, der die Aufregung hervorgerufen hat...

Dagan: Ja richtig.

Nolte: Also in Israel kam die Aufregung mehr durch den englischen Aufsatz, in Deutschland rührte sie ganz überwiegend aus dem *FAZ*-Artikel her. Dazu ist folgendes zu sagen: Wenn man es als Postulat ansieht, daß Hitler als ein völlig unbegreifliches Phänomen dasteht und – im Gegensatz zu allem anderen Menschlichen – gewissermaßen wie Minerva dem Haupte des Zeus entsprungen ist...

Dagan: Das ist zu gebildet für die Leser.

Nolte: Gut also: daß er ohne Zusammenhang unbegreiflich, irrational da ist, dann glaube ich, daß ein Wissenschaftler das nicht akzeptieren kann. Es mag jemand so schlimme Taten begangen haben wie immer: Ein Historiker muß versuchen, ihn im Rahmen des Möglichen verstehbar zu machen. Wenn etwas verstehbar ist, ist es deshalb noch lange nicht gerechtfertigt. Im Prinzip muß jede menschliche Handlung verstehbar sein. Im

Prinzip. Sonst könnten wir als Historiker abdanken. Etwas verstehbar machen, heißt in gar keiner Weise es rechtfertigen. »Asiatische Tat«, da muß man natürlich beachten, daß »asiatische« in Anführungszeichen steht und daß das in einem ganz bestimmten Zusammenhang gesagt wird. Ich weise nämlich in meinem Artikel darauf hin, daß einer der wichtigsten Mentoren Hitlers, ein Mann namens Scheubner-Richter, ein Augenzeuge des Armenier-Massakers in der Türkei war. Er war ein deutscher Diplomat dort, und er hat nach glaubwürdigen Berichten alles getan, was in seiner Macht stand, um dieses Massaker zu verhindern. Sein Biograph beschreibt das mit den Sätzen: »Aber was konnte ein deutscher Diplomat tun gegen diese Art und Weise, wie asiatische Völker nach asiatischer Manier miteinander umgehen.« Und ich habe mich nun gefragt: Wie ist es möglich, daß Männer, die, wie mindestens Scheubner-Richter, einen solchen Genozid als »asiatisch« verstanden, d.h. als allen europäischen Traditionen widersprechend, daß die selbst eine solche Tat begangen haben, also eine Tat, die man in Anführungszeichen »asiatisch« nennen muß? Scheubner-Richter selbst war ja tot, er ist schon 1923 gestorben. Aber nehmen Sie einen Mann wie Alfred Rosenberg, der damals auch zu Hitlers nächster Umgebung gehörte. Man wird vermuten dürfen, daß er das Armenier-Massaker ebenfalls als »asiatisch« empfand. Und meine Antwort darauf ist: Das ist meines Erachtens nur so verstehbar zu machen, daß diesem Rassenmord, wie man es nennen kann, dieser »biologischen Vernichtung«, wie ich es genannt habe, etwas anderes vorausgegangen ist, was man als Klassenmord bezeichnen kann, die Vernichtung der Bourgeoisie und der Intelligenz in Rußland, und daß dies auf viele Menschen im damaligen Deutschland einen großen Eindruck gemacht hat, u. a. auch auf Hitler. Und jetzt ...

Dagan: Also als Bedrohung für Deutschland aufgefaßt wurde?

Nolte: In der Tat. Ich glaube sehr wohl, daß dasjenige, was in bezug auf die Weizmann-Äußerung offenkundig unzutreffend ist, nämlich das Gefühl der Bedrohung, in bezug auf die Vorgänge der russischen Revolution in der Tat so aufgefaßt wurde und vermutlich auch objektiv war, denn es gibt zahllose Äußerungen etwa Lenins und anderer führender Kommunisten, die sagten »die Bourgeoisie zittert vor Angst«.

Dagan: Aber andere Historiker sagen, eine solche Behauptung sei nicht möglich, weil sie die Dinge auf den Kopf stelle. Es gab keine Bedrohung für Deutschland, auch nicht aus der Sowjetunion. Stalin war zufrieden, wenn er die Grenzen behalten konnte, die er hatte.

Nolte: Das ist eine ganz andere Frage. Es ist hier nicht die Rede von Stalin, jedenfalls zunächst nicht, sondern es ist die Rede von Prägungen, die in einer sehr frühen Zeit entstanden sind. Bedrohungsängste: Das ist übrigens ein Begriff, der in der Wissenschaft dauernd verwendet wird und der mehr oder weniger als selbstverständlich gilt. Eine Bedrohungsangst muß nicht notwendigerweise legitim sein. Sie kann auch etwas Vorgestelltes sein. Meistens gehen die zwei Dinge miteinander Hand in Hand. Die Sache ist in einer Weise real, und sie ist in anderer Weise hochgesteigert. Das ist das Wesen von Angst, würde ich sagen.

Dagan: Haben Sie dem recht gegeben?

Nolte: Ich halte die Befürchtung oder das Empfinden, daß man selbst als Klasse oder vielleicht sogar als Nation bedroht sei, für eine in den Sachen selbst begründete Empfindung.

Dagan: In bezug auf Deutschland?

Nolte: In bezug auf Rußland und Deutschland bzw. auf Proletariat und Bürgertum. Vielleicht muß man die soziologischen Begriffe stärker betonen, vielleicht die nationalen, das lasse ich dahingestellt.

Dagan: Und glauben Sie, daß Sie damit eine gewisse, ich will nicht sagen Rechtfertigung, aber ein gewisses Verständnis aufbringen?

Nolte: Ich will es negativ ausdrücken. Wenn man das herausläßt – diese Tatsache der russischen Revolution und die Bedrohung, die sie darstellte –, wenn man das herausläßt, dann macht man Hitler unverstehbar. Ich sage nicht, daß der ganze Hitler daraus verstanden werden kann. Ich sage nur, daß es ein wichtiges Teilgebiet ist, ohne das man nicht den Versuch historischen Verstehens machen kann.

Dagan: Und warum erst jetzt, warum nicht vor zehn, nicht vor zwanzig Jahren? Was ist passiert? Bisher haben wir solche Thesen, wie Sie auch sagen, in der Literatur der Rechtsextremisten gelesen.

Nolte: Das ist durchaus nicht richtig, Herr Dagan, sondern die enge Zusammengehörigkeit und Ähnlichkeit zwischen dem bolschewistischen System und dem nationalsozialistischen ist in den fünfziger Jahren als völlig selbstverständlich angesehen worden. Die Entsprechung der beiden Terrorsysteme ist während der ganzen fünfziger Jahre noch nicht einmal in Zweifel gezogen worden. Die Totalitarismustheorie, Hannah Arendt, um nur einen Namen zu nennen, hat das alles als ganz selbstverständlich angenommen. Sie hat allerdings mehr die zwei als Parallelen gesehen, die gleichermaßen von dem Liberalen System oder von der Demokratie, wie man es nennen will, abweichen.

Dagan: Aber Ihre Thesen gehen viel weiter mit GULag und Auschwitz. Diese Parallelen, die Sie ziehen, gehen viel, viel weiter.

Nolte: Nicht unbedingt. Hannah Arendt stellt z.B. die Trotzkistenverfolgung durch Stalin und die Judenverfolgung durch Hitler in eine ganz klare Parallele. Und zumindest zeitlich waren diese Trotzkistenverfolgungen, oder man könnte sogar sagen Kommunistenverfolgungen, früher. Es ist allerdings richtig zu sagen, daß ich stärker als Carl Friedrich und Hannah Arendt das Verhältnis der Ursprünglichkeit des einen Phänomens gegenüber dem anderen betont habe. Ich habe also nicht nur die Parallele, nicht nur die Ähnlichkeit herausgestellt, die es erlaubt, sie beide unter den Begriff des Totalitarismus zu bringen, sondern auch die zeitliche Differenz, d.h. ich habe so etwas wie historische Genese, also zeitliches Entstehen, in die Totalitarismustheorie hereingebracht.

Dagan: Ja, und das führt dazu, daß die Leute jetzt sagen, Sie geben den Leuten Nahrung, die behaupten, Auschwitz war nicht einmalig, es gab auch andere Phänomene in der Geschichte, die ähnlich sind oder sogar vorausgegangen sind, usw.

Nolte: Herr Dagan, die These, daß die Verbrechen der Nationalsozialisten einmalig waren, ist nicht eine These, die gewissermaßen außerhalb jeder Diskussion stände. Auch sie muß wissenschaftlich erörtert werden, auch gegen sie können Gründe vorgebracht werden, und diese Gründe können erörtert werden.

Dagan: Ist das Ihre These?

Nolte: Wenn ich noch ein Wort hinzufügen darf. Ich finde es allerdings beklagenswert, daß diejenigen, die mir heute diesen

Vorwurf machen, allem Anschein nach von meinen früheren Arbeiten gar nichts wissen. Daher wissen sie nicht, daß ich in meinem ersten Buch *Der Faschismus in seiner Epoche* vielleicht sogar als erster die Einmaligkeit und den ganz besonderen Charakter der sogenannten Endlösung mit philosophischen Begriffen herauszustellen versucht habe ...

Dagan: Ja, das ist gerade der Vorwurf, daß Sie jetzt abrükken. Ich habe es irgendwo gelesen. Sehen Sie hier z. B. Damals haben Sie gesagt: »Dabei hat der Faschismus doch gerade ...«

Nolte: Das ist richtig.

Dagan: Damals haben Sie das geschrieben; heute schreiben Sie, daß vielleicht Auschwitz im Zusammenhang mit GULag zu verstehen ist. Ist das nicht eine ...

Nolte: Herr Dagan, ich habe überhaupt nichts zurückgenommen. Ich habe höchstens die Akzente anders gesetzt. Ich habe in diesem Artikel, in diesem *FAZ*-Artikel, ausdrücklich die Unterscheidung getroffen zwischen biologischer Vernichtung und sozialer Vernichtung, wie ich es hier abkürzend gesagt habe. Ich habe gesagt, es ist eine qualitative Differenz zwischen beiden. Man darf sie nicht gleichsetzen. Aber man darf auch nicht den Zusammenhang, den es zwischen beiden gibt, außer acht lassen.

Dagan: Zwischen den biologischen ...

Nolte: Zwischen der sozialen Vernichtung und der biologischen Vernichtung, die biologische Vernichtung ist ein weiterer Schritt.

Dagan: Im Fall der Juden?

Nolte: Sozialvernichtung lag im Falle des Bürgertums, des russischen Bürgertums vor. Zwischen den beiden gibt es eine qualitative Differenz. Aber es besteht dennoch ein Zusammenhang, den man nicht außer acht lassen darf. Und der ist nun freilich eine Voraussetzung auch schon meines ersten Buches. Darin definiere ich den Faschismus. Und ich definiere ihn als einen Anti-Marxismus besonderer Art. Das kann doch gar nichts anderes heißen, als daß der Marxismus eine Voraussetzung für den Faschismus ist. Das besagt nicht, daß Marxismus und Faschismus identisch sind, sondern lediglich, daß das eine älter und ursprünglicher ist als das andere, daß das zweite eine Reaktion auf das erste war, speziell auf den Marxismus in der Form des Bolschewismus. Dies ist in meinem ersten Buch schon die ganz klare These, und insofern hat sich überhaupt nichts geändert; ich habe lediglich ausgeführt, was ich auch damals schon gesagt habe. Im übrigen ist es eine blanke Trivialität und Selbstverständlichkeit. Wenn jemand ein Historiker ist und sich hinstellt und sagt, wir sollten die Geschichte des Nationalsozialismus schreiben, dabei aber die Geschichte des Bolschewismus völlig herauslassen, dem würde ich sagen: »Sie mögen ein guter Kenner der deutschen Geschichte sein, aber Sie sind kein Historiker.« Denn man darf so wesentliche Zusammenhänge nicht außer acht lassen. Nun muß ich aber ein zweites hinzufügen. Wonach sehen Sie?

Dagan: Ich sehe gerade in meinen Papieren nach.

Nolte: Ich glaube, das kann ich jetzt sehr kurz sagen, und Sie müßten sich das aber gewissermaßen unterstreichen. Dasjenige, was aufregend wirkt, ist, daß es so aussehen könnte, als ob auf der gleichen Ebene sozusagen nur eine Gegenaktion vor sich gegangen ist, als ob also Auschwitz, wenn ich es jetzt einmal ganz schroff ausdrücke, im Sinne meiner Kritiker, nur eine berechtigte oder zumindest eine verständliche Antwort auf den Archipel GULag im weiten Sinne gewesen sei. Das ist aus zwei Gründen nicht richtig: 1. Ein Mord ist auch dann nicht moralisch berechtigt, wenn er die Antwort auf einen Mord ist. Wenn Sie mich totschlagen und mein Sohn schlägt Sie tot, ist auch dieser zweite Mord moralisch nicht berechtigt. 2. Urheber des Archipel GULag waren Lenin und Stalin. Beide waren keine Juden. Bei Hitler war entscheidend wichtig, daß dasjenige, was er als Bedrohung empfand, von ihm zugleich interpretiert wurde. Und diese Interpretation, nämlich daß die Juden die Urheber gewesen seien, war in keiner Weise zwingend, war in keiner Weise notwendig; sie wurde im übrigen keineswegs von sämtlichen Antikommunisten geteilt, sondern sie ist charakteristisch für Hitler. Und sie gehört zu jenen Überschritten, die zwar verstehbar gemacht werden können, die aber nicht vollständig aus dem Verstehen heraus abgeleitet werden können, sondern es bleibt ein Rest. Es bleibt ein irrationaler Rest.

Dagan: Bei Hitler gegenüber den Juden, meinen Sie?

Nolte: Ja.

Dagan: Sie sagen, es bleibt ein Rest. Das klingt schrecklich, wenn Sie sagen, es ist nur ein Rest, was bleibt, was man nicht verstehen kann. Sonst wäre das verständlich, oder ist das richtig, es so zu sehen? Wenn Sie sagen, es bleibt ein Rest unverständlich in dem Verhalten Hitlers gegenüber den Juden.

Nolte: Sie sollten »unverständlich« und »unverstehbar« unterscheiden. Das Wort »unverständlich« hat so einen Charakter von...

Dagan: Jetzt habe ich etwas nicht verstanden, deswegen will ich das klären. Also Sie haben gesagt: Lenin und Stalin haben die GULag gemacht, und sie waren keine Juden. Das habe ich verstanden. Was haben Sie in bezug auf Hitler gesagt, in einem Wort?

Nolte: Hitler hat schon einer frühen Schrift, die ich entdeckt und interpretiert habe, einer frühen Schrift, die allerdings von Dietrich Eckart stammt, den Titel gegeben: »Der Bolschewismus von Moses bis Lenin«. D.h. er hat darin behauptet, daß Lenin ein Jude sei. Das ist offensichtlich falsch. Es ist ein Überschritt, der unberechtigt, obwohl nicht völlig unverstehbar ist, daß Hitler von den Kommunisten zu den Juden überging. Machen wir jetzt ein Gedankenexperiment. Lassen wir die Juden ganz heraus und halten...

Dagan: Aber Sie sagen, es ist ein Überschritt, den er gemacht hat, und dieser Überschritt, sagen Sie, ist verstehbar oder verständlich.

Nolte: Man muß versuchen, auch diesen Überschritt verstehbar zu machen. Ich sagte ausdrücklich – lassen Sie das Wort »verständlich«, denn dieses Wort kann leicht in die Irre führen –: verstehbar zu machen. Wir wollen jetzt einmal ein Gedankenexperiment machen.

Dagan: Aber vorhin haben Sie einen Satz gesagt, der hat mich wirklich sehr irritiert. Sie haben gesagt, es bleibt noch ein Rest unverstehbar bei Hitler. Alles, was er mit den Juden getan hat, ist wohl verstehbar oder verständlich für Sie. Es bleibt aber ein Rest, der unverstehbar ist. Wie war das?

Nolte: Erstens spreche ich immer von Verstehbarkeit und nicht von Verständlichkeit. Zweitens, sage ich, man muß jegliches, was es in der Geschichte gibt, verstehbar zu machen versuchen.

Dagan: Ja, das haben Sie vorher gesagt. Und was war mit dem Rest?

Nolte: Ich glaube, daß dieser Übergang von »Kommunisten

bedrohen uns« zu »Juden bedrohen uns«, daß dieser Übergang, der sich im Kopf Hitlers und allerdings auch einiger seiner Gefolgsleute vollzog, ein zwar nicht völlig irrationaler, aber teilweise irrationaler Übergang ist, der insofern nicht verstehbar ist.

Dagan: ... Das will ich schreiben, daß er nicht voll irrational ist.

Nolte: Er ist nicht völlig irrational, nicht völlig unverstehbar, aber doch zu einem wesentlichen Teil unverstehbar.

Dagan: Also da bleibt ein Rest, der unverstehbar ist.

Nolte: Da bleibt ein Rest des Unverstehbaren oder ein Teil des Unverstehbaren, oder man sollte vielleicht besser sagen, ein wesentlicher Teil des Unverstehbaren.

Dagan: Okay, jetzt habe ich das verstanden, aber ich wollte Sie noch etwas fragen. Sie haben irgendwo auch den Begriff »Schlußstrich« benutzt, in Ihrem *FAZ*-Artikel. Das ist auch bei den Rechtsradikalen sehr üblich. Sehen Sie da keine Gefahr, daß Sie mißverstanden werden?

Nolte: Das sind wieder zwei verschiedene Dinge. Ich will erklären, was ich unter »Schlußstrich« verstanden habe. Ich habe ausdrücklich gesagt, es sollte ein Schlußstrich unter die Auseinandersetzung mit dem Nationalsozialismus gezogen werden, sofern sie selbst charakterisiert ist durch die kollektivistische Schuldzuschreibung. Dies ist ein zentraler Begriff für meinen ganzen Artikel, Sie könnten sagen, der Artikel ist gegen diese kollektivistische Schuldzuschreibung geschrieben. Im Moment bezieht sich das auf die Deutschen, weil es sich doch um eine Hauptthese einer gewissen Literatur handelt, die immer die Deutschen als solche und als Kollektiv verantwortlich machen will. Daran nehme ich nicht deshalb Anstoß, weil ich selbst ein Deutscher bin und mich selbst dadurch betroffen fühle, sondern weil ich mich zu genau daran erinnere, daß diese kollektivistische Schuldzuschreibung ja doch gerade das Charakteristische des nationalsozialistischen Antisemitismus war. Das ist doch dasjenige, was zu den Dingen geführt hat, nämlich Hitlers These, die Juden sind schuld, nicht nur am Bolschewismus, sondern auch an der Dekadenz und allem Möglichen.

Dagan: Aber warum suchen Sie sich einen solchen Begriff aus, wo Sie doch wissen, was die Bedeutung der Begriffe ist? Sie suchen sich gerade den Begriff »Schlußstrich« aus, den die

Rechtsradikalen immer wieder benutzen, bestimmte Kreise, *Nationalzeitung* usw., um zu sagen: »Also jetzt Schluß, wir wollen nicht mehr davon hören.« Und Sie meinen damit vielleicht etwas anderes.

Nolte: Ich habe mir den Begriff nicht gesucht, sondern er war in der Formulierung des Themas enthalten, das mir von den Römerberggesprächen angeboten wurde. Man hat mir gesagt, bitte sprechen Sie über dieses Thema »Vergangenheit, die nicht vergehen will. Auseinandersetzung oder Schlußstrich?«

Dagan: Das war eine der Fragen.

Nolte: Das war eine der Fragen, die an mich gestellt waren, und ergo mußte ich auf diesen Begriff eingehen.

Dagan: Aber jetzt will ich wirklich kritisch sein. Sie erklären das mit der Frage in Frankfurt. Vorher gab es etwas, was unverständlich war mit diesen Internierten oder »prisoners of war«. Das war wieder so ein Begriff, der nicht ganz klar war. Bedeutet das »Internierte«? Ich würde den Begriff »Internierte« vielleicht nicht akzeptieren, Ihre Kritiker würden ihn nicht akzeptieren. Aber Sie gingen weiter, Sie gingen auf »prisoners of war«. Entschuldigen Sie, aber lassen Sie mich die Frage noch aussprechen. Sind Sie nicht in dieser ganzen Diskussion ein bißchen unvorsichtig mit Begriffen, wie es in Ihrer Position fast unmöglich oder undenkbar ist?

Nolte: Das glaube ich nicht. In bezug auf die wesentliche Frage ist zwischen Zivilinternierten und Kriegsgefangenen kein Unterschied, insofern nämlich, als nach der Haager Landkriegsordnung und allen Regeln des Völkerrechts sowohl Zivilinternierte wie auch Kriegsgefangene in ihrem Leben unbedingt geschützt sind. D.h. ob die Juden als Zivilinternierte oder als Kriegsgefangene in ein Lager gebracht worden wären, so wäre ihr Leben jedenfalls gesichert gewesen.

Dagan: Ja ich verstehe, aber ich will die Frage etwas ausweiten. Ich meine das Ganze. Wenn Sie von »GULag« bis »Auschwitz« bis »Internierte« bis »Schlußstrich« alle diese Begriffe verwenden, die als Reizworte hier immer wieder aufgeführt werden, auch von Ihren Kritikern, sind Sie da nicht unvorsichtig? Oder *wollen* Sie so verstanden werden?

Nolte: Entschuldigung, Herr Dagan, was heißt unvorsichtig? Ich bemühe mich, und zwar nicht seit gestern und nicht seit vorgestern, sondern seit 25 Jahren, wie ich eben sagte, ein möglichst umfassendes und möglichst wahrheitsgemäßes Bild der Geschichte, soweit ich sie kenne und studiert und erforscht habe, zu zeichnen. Aus einem möglichst vollständigen Bild können immer Einzelheiten herausgenommen werden. Wenn Sie also deshalb Vollständigkeit scheuen, weil Sie fürchten, daß daraus Einzelnes herausgenommen werden kann, dürfen Sie überhaupt nie mehr Vollständigkeit anstreben. Diese Befürchtung darf also nicht leitend sein. Daß die Kritiker etwas herausnehmen, damit muß derjenige, der Vollständigkeit erstrebt, rechnen, das kann er nicht vermeiden.

Dagan: Ich will, daß wir allmählich zum Ende kommen, damit es nicht zu lange geht, und da will ich Sie folgendes fragen. Sie haben vorher schon einleitend gesagt, daß man sich in Israel irgendwie damit abfinden muß, daß nun Gedankengut von Rechtsradikalen, oder was bisher Rechtsradikalen zugeschrieben wurde, auch in die allgemeine Diskussion unter seriösen Historikern eingeht – so ungefähr haben Sie das formuliert. Ich werde mir die Formulierung genau ansehen. Ich werde sie nicht auf den Kopf stellen.

Nolte: Herr Dagan, jetzt gehen *Sie* unvorsichtig mit Begriffen um. Ich habe nicht von Gedankengut gesprochen, sondern von Tatsachenbehauptungen. Tatsachenbehauptungen, sofern sie sich in der Überprüfung als richtig erweisen, dürfen nicht deshalb nicht akzeptiert werden, weil sie sich bisher nur bei Rechtsradikalen finden. Es könnte ja sein, daß es ein ziemlich negatives Urteil über die etablierte Literatur ist, daß gewisse Richtigkeiten oder gewisse Wahrheiten nur dieser Literatur überlassen werden. Man sollte sie ihnen nicht überlassen, sondern es ist, glaube ich, eine immer wieder vorkommende Grundtatsache, daß in der Wissenschaft, je weiter man sich von den Dingen entfernt, auf einmal das Recht oder die Teile von Recht gesehen werden, die in der anderen Auffassung vorhanden sind.

Dagan: Aber Sie haben eine Erklärung dafür. Sie sagten ja in einem anderen Beitrag, daß die Geschichte Deutschlands von den Siegermächten geschrieben wurde.

Nolte: Ich will Ihnen ein Wort zitieren, das ein Kritiker, und zwar in einer bekannten und bedeutenden Zeitschrift, geschrieben hat, 1965, als mein erstes Buch erschienen war. Da schrieb dieser Kritiker: »Den Sieg, den die Alliierten mit der

Waffe in der Hand über den Nationalsozialismus erfochten haben, wiederholt er, Nolte, für die Geschichtswissenschaft.« Das heißt mit anderen Worten, ich selbst hätte die Geschichte der Sieger übernommen und geschrieben.

Dagan: Also daß Sie das gemacht haben, hat dieser Kritiker geschrieben.

Nolte: Das haben damals Rezensenten gesagt. Sie haben mein erstes Buch so gesehen. Und zwar meinte der Betreffende das ganz positiv. Andere, von der rechten Seite, haben damals gesagt, ich machte mich eines schwarzen Messianismus schuldig, d. h. ich wolle eine gewisse Vorzüglichkeit meines eigenen Volkes in der Schlechtigkeit herausstellen oder negativen Nationalismus.

Dagan: Und jetzt wollen Sie das ändern?

Nolte: Kann denn irgendein vernünftiger Mensch annehmen, daß ich meine damaligen Auffassungen, meine damalige Vorgehensweise ins Gegenteil ändern will? Daß wäre ja doch schlechterdings pure Narretei. Aber es ist sehr wohl möglich – und dazu habe ich mich immer bekannt –, daß ich diese meine Auffassungen überprüfe, daß ich Vorstellungen, die dagegen sprechen mögen, mit in Erwägung ziehe und mich selbst frage: »Kann man noch an demjenigen festhalten, was ich damals gesagt habe?« Ich habe z. B. in dem Buch ebenfalls geschrieben, daß der Angriff Hitlers gegen die Sowjetunion den größten Vernichtungs- und Versklavungskrieg der modernen Geschichte bedeutet habe. Ich habe mich mit der Vorgeschichte dieses Krieges seitdem natürlich auch weiterhin beschäftigt, und ich bin zu dem Ergebnis gekommen, daß diese meine damalige Charakterisierung zwar nicht falsch ist – ich halte auch heute noch daran fest –...

Dagan: Wie war die Charakterisierung noch, in einem Satz?

Nolte: Der größte Vernichtungs- und Versklavungskrieg der modernen Geschichte. Es waren drei Termini, der dritte fällt mir gerade nicht ein.

Dagan: Und jetzt haben Sie diese Auffassung geändert?

Nolte: Nein, ich habe diese Auffassung nicht geändert, indem ich etwa sage, es war *nicht* der größte Vernichtungs- und Versklavungskrieg, keineswegs, sondern die Kennzeichnung reicht nicht voll aus. Man muß auch die unmittelbare Vorgeschichte stärker sehen, und man kann nicht von vornherein die

Möglichkeit ausschließen oder aus der Diskussion herauslassen, daß der Krieg, obwohl er diesen Charakter trug, objektiv trotzdem ein Präventivkrieg gewesen ist.

Dagan: Das ist Ihre Auffassung heute!

Nolte: Ich sage, daß man das nicht von vornherein verneinen kann. Und in dem neuen Buch, das ich schreibe, wonach der Historikerstreit eigentlich erst beginnen kann, werde ich das auch tun.

Dagan: Sie werden behaupten, daß...

Nolte: Ich werde zeigen, nicht behaupten, sondern zeigen, daß wichtige Gründe, die ich nicht erfunden habe, sondern die auch von anderen Autoren vorgebracht worden sind, dafür sprechen, in diesem Krieg nicht nur einen Vernichtungskrieg und Versklavungskrieg zu sehen.

Dagan: Es bleibt dabei.

Nolte: Sondern auch – manche Dinge, die paradox scheinen, schließen sich ja nicht notwendigerweise aus – in Erwägung zu ziehen, daß er trotzdem ein Präventivkrieg gewesen sein könnte oder etwas vom Charakter des Präventivkrieges an sich gehabt haben könnte. Ich drücke mich also auch da sehr vorsichtig aus. Aber ich nehme eine Überprüfung meiner eigenen Position vor.

Dagan: Ja, ich verstehe. Okay, ich will nicht zu lange nachfragen deswegen, ich wollte jetzt spezifisch noch mal auf die Fragen kommen, die Israel betreffen. Das haben wir noch nicht besprochen. Und das wollte ich Sie ganz direkt fragen. Jetzt, nachdem diese ganze Kontroverse entstanden ist, die um Herzl meine ich, und um Ihre Auffassungen, die in Israel umstritten sind und sogar Empörung hervorgerufen haben, gerade weil Sie geschätzt sind – ich glaube kaum, daß das überbrückbar ist. Der Streit wird wohl weitergehen, und Sie kündigen jetzt an, daß Sie ein Buch schreiben mit dieser These vom Präventivkrieg, die sehr umstritten sein wird. Bleiben Sie also dabei, daß Sie in dieser Funktion bleiben möchten?

Nolte: Herr Dagan, lassen Sie mich noch ein Wort zu den, wie Sie es formulieren, umstrittenen Auffassungen sagen. Wenn die Aufregung in Israel ebenso begründet ist wie Ihr erster Artikel, in dem Sie faktisch sagen, ich hätte die These aufgestellt, daß die Drohung der Juden, gegen Deutschland zu kämpfen, Hitler dazu gebracht habe, mit der Vernichtung der

Juden zu reagieren, dann kann ich nur sagen, das ist ein so grobes Mißverständnis ...

Dagan: Diese Formulierung nahm ich – glaube ich – direkt von Friedländer. Sie können vorsichtig sein, Sie können sagen: Wenn das stimmt, was mir gesagt wird, daß in Israel behauptet wird, von Friedländer und anderen. Oder wollen Sie keine Namen erwähnen, und dann bringen Sie die Behauptung. Verstehen Sie.

Nolte:... Ich kann dazu nur sagen, das ist nicht nur ein Mißverständnis, sondern das ist eine Verleumdung, und dagegen muß ich Verwahrung einlegen. Das bezeichne ich als dasjenige, was es ist, nämlich als Verleumdung, und ich würde wünschen, daß man in Israel so viel Reflexionsvermögen besitzt, daß man nach erneuter Prüfung der Dinge eine Verleumdung, der man zum Opfer gefallen ist, weil man sich auf jemandes Aussagen zu sehr verlassen hat, dann auch als solche erkennt und sich entsprechend verhält. Ich möchte hoffen, daß es so ist. Was aber nun die Herzl-Ausgabe angeht, da kann ich nicht anders ...

Dagan: Sie beziehen sich auf diesen Satz, ich will nur den Satz ganz genau notieren.

Nolte: Den ich hier unterstrichen habe, wo ich hier das Strichelchen gemacht habe.

Dagan: Das empfinden Sie als Verleumdung!

Nolte: Das empfinde ich als Verleumdung.

Dagan: Entschuldigung, daß die Drohung der Juden, gegen Deutschland zu kämpfen, ja das ist der Satz von Ihnen. Ich will es notieren.

Nolte: Wenn das von Herrn Friedländer stammt, was ich also nicht behaupten kann, weil ich nicht hebräisch lese, dann nenne ich es eine Verleumdung.

Dagan: Er schreibt: »... die logische Konsequenz, zwar unterschwellig, möglicherweise unterschwellig, ist die, Hitler hat auf die Drohung der Juden mit deren Vernichtung reagiert.«

Nolte: Das ist in gar keiner Weise gesagt worden, es ist auch nicht gemeint, und wenn das unterschwellig ist, dann kann ich ja nichts dagegen sagen, weil ich meine eigene Unterschwelligkeit nicht kenne.

Zu Herzl kann ich nur sagen, was ich Ihnen bereits gesagt

habe. Ich bin sozusagen handlungsunfähig, denn *mir* hat niemand etwas gesagt und *mir* hat niemand etwas geschrieben. Es sind nur Briefe an die DFG gerichtet worden. Und die DFG muß mir etwas mitteilen, damit ich überhaupt etwas sagen kann. Das hat sie bisher nicht getan.

Dagan: Entschuldigung, darf ich fragen, haben Sie von der ganzen Kontroverse von mir etwa erfahren?

Nolte: Nein, das nicht, sondern man hat mir die Briefe schon informell zugänglich gemacht – ich kenne das schon, was man an die DFG geschrieben hat, nur bin ich ja nicht der Adressat, infolgedessen kann ich darauf nichts sagen. Ich kann der DFG informell sagen, ich halte das für unberechtigt, aber doch nicht offiziell.

Dagan: Aber in den Briefen, die ich ja nicht gesehen habe, ist schon begründet, warum sie Sie nicht wollen.

Nolte: Eigentlich auch nicht, sondern Herr Bein, der nach meinem Eindruck – ich kenne ihn ja nicht persönlich – ein sehr schätzenswerter Herr ist, schreibt sehr vorsichtig, nämlich so: »Vielleicht sind wir Israelis hypersensibel«, ich kann es jetzt nicht wörtlich wiedergeben. »Vielleicht sind wir hypersensibel, aber es ist jedenfalls eine Aufregung entstanden, und das ist eine Tatsache.« Die Frage, ob die Aufregung berechtigt ist oder nicht, läßt er ausdrücklich offen. Und hier bin ich allerdings der Meinung, daß man auf die bloße Tatsache einer Aufregung, die möglicherweise auf einem Irrtum, auf einer Verleumdung oder auf einem Mißverständnis beruht, nichts bauen kann, sondern es müßten Begründungen gegeben werden, und ich müßte zu diesen Begründungen irgendwie Stellung nehmen können. Mit anderen Worten: Ich weigere mich nicht, irgend etwas zu tun oder nicht zu tun, sondern ich sage lediglich: Ich bin handlungsunfähig, solange ich nicht entweder von Jerusalem oder von Düsseldorf oder Bonn, nämlich von der DFG, einen offiziellen Brief erhalte. Ich sage Düsseldorf, weil dort die Akademie ist, die auch damit verflochten ist.

Dagan: Ja, aber Sie bringen das ein bißchen auf die Formel von Rechtsdingen, daß es alles so sein müßte, formell, aber Sie wissen, worum es geht, nicht?

Nolte: Herr Dagan, wenn ich jetzt von mir aus in der gegenwärtigen Situation das tun würde, was Herr Bein anscheinend für richtig hält und sicherlich andere Leute in Jerusalem, nämlich zu sagen: »Ich ziehe mich zurück aus dem Projekt«, dann würde ich ja akzeptiert und zugegeben haben, daß dasjenige, was man in Jerusalem behauptet oder in Israel behauptet, richtig ist. Und es tut mir leid, das kann ich nicht zugeben. Denn ich halte es teilweise ...

Dagan: Sie meinen, daß das, was über Sie gesagt wird ...

Nolte: Ich meine die Aufregung, die entstanden ist, und dazu gehört, daß manches über mich gesagt wird. Ich kann sie nicht für berechtigt halten, ich habe Ihnen allerdings ganz zu Anfang gesagt, daß ich sie auch nicht für ganz unverständlich halte. Sie sehen, daß das Verstehen für mich eine sehr große Bedeutung hat.

Dagan: Ja, Sie halten sie nicht für unverständlich.

Nolte: Ich halte sie nicht für unverständlich, was also mehr ist als bloß unverstehbar. Verstehbar muß sie sowieso sein, aber sie ist auch darüber hinaus nicht unverständlich.

Dagan: Und dann gleich die nächste Frage, wenn ich darf. Also die Situation bleibt jetzt so, daß Sie weiterhin das Projekt leiten; wie Sie das leiten, das hat ja nicht so große Bedeutung, das ist vielleicht fast symbolisch. Wie Sie sagten, das ist mehr als symbolisch, das ist Verantwortung. Sie leiten weiterhin das Projekt, aber sie arbeiten nicht mit Ihnen zusammen. Ist das so? Wie läuft das, haben Sie überhaupt Kanäle, wo sie miteinander sprechen? Ich will eine Beschreibung, technische Beschreibung der Situation.

Nolte: Die Situation ist ganz einfach; derjenige, der der DFG gegenüber verantwortlich ist, steht eigentlich in direktem Kontakt überhaupt nur mit einer Person. Das ist die Hauptmitarbeiterin.

Dagan: Die hier arbeitet?

Nolte: Die hier arbeitet, Frau Dr. Sch.

Dagan: Also im Kontakt mit Ihnen?

Nolte: Mit der stehe ich in Kontakt. Sie ist formell gesehen meine Privatangestellte, formell. Mit den Herausgebern, Herrn Scherf, Herrn Bein und auch Herrn Schoeps stehe ich nicht notwendigerweise in Verbindung. Meine Unterschrift steht auf jeder Anweisung, die den Mitarbeiterinnen in Jerusalem ihr Geld gibt. Also auf diesen Anweisungen steht: Nolte. Das ist ...

Dagan: Herr Bein ist beschäftigt durch diese ...

Nolte: Herr Bein erhält kein Geld durch das Projekt.

Dagan: Sondern wer in Jerusalem?

Nolte: Es sind zwei Damen, eigentlich Hilfskräfte. Die hebräische Ausgabe wird natürlich ganz mit israelischen Mitarbeitern gemacht.

Dagan: Also in Jerusalem zwei Angestellte!

Nolte: Zwei Angestellte!

Dagan: Die kriegen ein volles Gehalt.

Nolte: Es ist nicht so sehr viel Geld, die Hauptsumme geht an Frau Sch.

Dagan: Also Sie sehen es so, daß das Projekt praktisch weiterläuft?

Nolte: Das Projekt läuft eigentlich mit dem Ende des vorigen Jahres aus, es kann aber verlängert werden. Ich habe einen Verlängerungsantrag gestellt. Das war noch vor dieser ganzen Geschichte. Der mußte schon im November oder Oktober gestellt werden. Und dieser Verlängerungsantrag wird bearbeitet. Er wäre zweifellos schon längst entschieden, wenn diese Dinge nicht gekommen wären. Die DFG zögert ganz offensichtlich. Und sie ist sich allem Anschein nach auch selbst noch nicht richtig im klaren, wie sie verfahren soll, zumal sie das mit der Akademie irgendwie abstimmen muß. Ich bin ja nicht in Bonn und auch nicht in Düsseldorf.

Dagan: Das wäre nun vielleicht die letzte Frage. Es gibt Politiker in Deutschland, wie auch Franz Josef Strauß und andere, die jetzt umstrittene Thesen aufgestellt haben, z. B. aus dem Schatten Hitlers heraustreten – ich nenne nur Stichworte, jetzt in dem letzten Wahlkampf. Und sie haben sich teilweise auch auf Ihre Thesen gestützt. Ich kann Ihnen das zeigen. Das haben Sie wohl gesehen, z. B. im *Welt*-Interview von Strauß? Das wäre interessant für Sie, glaube ich. Glauben Sie, daß Ihre Thesen ...

Nolte: Er hat mich erwähnt?

Dagan: Er hat Sie erwähnt.

Nolte: Wenn er damit nur sagen will, es kann nicht immer unmittelbare Nachkriegszeit sein, dann ist daran sicher etwas Richtiges. Denn wir leben ja auch nicht mehr in den Trümmern, in denen wir gelebt haben bis 1955 oder 1960, sondern inzwischen ist alles wieder aufgebaut. Daß sich etwas ändert, daß das Verhältnis zum Kriegsende nicht immer das gleiche bleiben kann, das versteht sich von selbst.

Wenn aber damit gemeint ist, daß wir uns sozusagen um Hitler gar nicht mehr kümmern sollen, daß wir ihn wie Nebukadnedzer ansehen, als etwas ganz weit Entferntes, was uns gar nichts mehr angeht, dann kann das ein Politiker vielleicht sagen, aber ein Historiker kann es nicht sagen. Ein Historiker würde sich ja selbst aufgeben, wenn er der Meinung wäre, die Geschichte braucht gar nicht mehr zu existieren, und wir brauchen sie gar nicht mehr ernst zu nehmen.

Dagan: Wenn jemand aus Ihren Thesen die Schlußfolgerung ableiten würde, daß sich etwas geändert hat hinsichtlich der Verantwortung der Deutschen für die Juden – würden Sie das für gerechtfertigt halten? Oder sehen Sie keine solche Notwendigkeit?

Nolte: Herr Dagan, ich will Ihnen noch eins sagen.

Dagan: Das ganz kurz, wenn Sie das beantworten wollen.

Nolte: Ja, ich will es ganz kurz machen. Ich halte es für eine Verleumdung, wenn irgend jemand sagt, ich sei ein Antisemit oder ich förderte auch nur den Antisemitismus. Aber ich würde es auch nicht als richtige Charakterisierung ansehen, wenn jemand sagt, ich sei ein Philosemit, sofern unter Philosemitismus zu verstehen ist, daß man alle Handlungen und Urteile und Entscheidungen jüdischer Organisationen oder israelischer Regierungen a priori für richtig hält. Ich behalte mir hier die Möglichkeit der Kritik vor. Wenn ich glaube, daß eine jüdische Organisation etwas falsch sieht – ich glaube z. B., daß man die Äußerung dieses Kommunal-Bürgermeisters ungeheuer aufgebauscht hat und daß sie gar nicht so zu verstehen ist...

Dagan: Im Bundestag?

Nolte: Nein, nicht im Bundestag; der Mann in Korschenbroich, der gesagt hat, »ein paar reiche Juden erschlagen«, ich glaube, man hat das mißverstanden, man hat das aufgebauscht, ich kann mich irren, das ist meine Privatmeinung, nicht als Historiker, denn ich kenne den Mann ja gar nicht, aber ich bin kein Philosemit in diesem Sinne. Und wenn man also die Verantwortung der Deutschen für die Juden so verstehen möchte, daß dies ein völlig unkritisches Verhältnis sein muß, dann würde ich sagen, ein so unkritisches Verhältnis sollte nicht existieren, sondern auch als Deutscher muß man die Möglichkeit und das Recht haben, seine Meinung über etwaige falsche, vielleicht sogar gefährliche Aktionen bestimmter jüdischer Organisationen zu sagen.

Dagan: Ich glaube nicht, daß jemand das behauptet.

Nolte: Das wird, so glaube ich auch, kaum jemand behaupten. Wenn aber Verantwortung der Deutschen gegenüber den Juden bedeutet, daß man nicht vergißt, was durch Deutsche, allerdings keineswegs ausschließlich durch Deutsche, den Juden gegenüber geschehen ist – und ich bin der Meinung, daß der ganze Zug der Judenfeindschaft ein über Deutschland hinausgehendes Phänomen gewesen ist –, wenn man also nicht gewissermaßen unter der Hand die kollektivistische Schuldzuschreibung wieder hereinbringen will, dann glaube ich in der Tat, daß eine besondere Verantwortung des deutschen Staates, eine besondere Bezogenheit weiterexistieren sollte, und zwar auf unabsehbare Zeit. Aber immer unter dieser Voraussetzung.

Dagan: Okay, ich glaube, das reicht jetzt.

Interview in *Koteret Rashit* vom 23. April 1983

Anders als bei dem Gespräch mit Ha-Aretz *handelt es sich in diesem Falle um ein Interview, das zwar »in« der Wochenzeitung* Koteret Rashit *erschien, das aber durchaus nicht von dem Bestreben bestimmt ist, den Wortlaut unverändert wiederzugeben. Vielmehr liegt ein ausgeprägtes Stück »Meinungsbildung« vor, das entgegen den getroffenen Abmachungen meine Aussagen nur partiell benutzt und zum großen Teil verzerrt. Der erste Satz der Überschrift »Professor Ernst Nolte will einen verbesserten Holocaust« ist eine ausgesprochene Infamie. Auch die relativ lange Einleitung zeugt nicht gerade von starkem Bemühen um Objektivität. So wird zu Beginn Franz Josef Strauß »der Mann der extremen Rechten aus Bayern« genannt, der den Deutschen die Last der Geschichte und der Verantwortung fortnehmen wolle. Dementsprechend nimmt eine Wendung aus meinem* FAZ-*Artikel die folgende Form an: »Das ständige Gerede über die deutsche Schuld läßt sich mit dem ständigen Gerede über die Schuld der Juden vergleichen.« Eine noch gröbere Verzerrung ist der folgende Satz: »Später wird Nolte schreiben, daß die*

›Vernichtung der Juden‹ [die Anführungszeichen stammen aus dem Original] ihrem Wesen nach kein Völkermord gewesen sei, sondern ein Ausdruck eines heftigen, verzweifelten Widerstandes gegen den Bolschewismus.« Ein simples sprachliches Mißverständnis liegt vor, wenn behauptet wird, in Deutschland und der Kalte Krieg *hätte ich geschrieben, das Schicksal der Kommunistischen Partei in Israel (RQH) sei von dem der Deutschen Kommunistischen Partei in der Weimarer Zeit nicht verschieden gewesen. Böswillig ist dagegen die Wendung, der Nazismus »könne auch an anderen Orten passieren, auch in Israel«.*

In einem Anhang »Herzl ohne Nolte« findet sich der Satz: »Beins Forderung, Nolte auszuwechseln, war ihnen [der DFG] nicht genehm.« Vor kurzem habe Dr. Bein jedoch zu Koteret Rashit *gesagt: »Ich habe ihnen geschrieben, daß, wenn ihnen das Prestige eines deutschen Professors wichtiger ist, dann werden wir gezwungen sein, für das Projekt eine Finanzierung aus anderer Quelle zu finden, aber ich hoffe, daß sie ihre Meinung ändern und das Projekt weiterfinanzieren werden – ohne Nolte.«*

Im ganzen ist der Artikel ein Beweis dafür, daß die »Erregung« in Israel zum guten Teil »gemacht« war. Niemand kann das übersehen, der dieses manipulierte »Interview« mit dem genuinen Interview in Ha-Aretz *vergleicht.*

Die Kürzungen und Verzerrungen wurden anscheinend von der Redaktion vorgenommen, denn die Gesprächspartnerin, Frau Rolly Rosen, hatte sich sehr gut vorbereitet und brachte eine Zusammenstellung nahezu sämtlicher Äußerungen über Juden und Israel mit, die in meinen Büchern und Aufsätzen zu finden sind. Leider erfüllte sie einen wichtigen Punkt der Absprache, die ich auch mit ihr getroffen hatte, nur auf sehr unvollkommene Weise: Die Tonbandkopie, die sie mir übersandte, war von so schlechter Qualität, daß sich das Gespräch nur partiell rekonstruieren ließ. Im folgenden wird bloß der eigentliche Interviewteil abgedruckt. Die Übersetzung stammt von Frau Rina Otterbach, Berlin.

Wir trafen uns in seinem Zimmer in der Universität in seiner Sprechstunde.

Wenn es stimmt, daß Sie alles, was Sie jetzt sagen, schon in der Vergangenheit gesagt haben, was führte jetzt zum großen Sturm?

»Meine These, die besagt, daß der Faschismus eine Reaktion auf den Bolschewismus ist, habe ich schon vor 25 Jahren dargestellt, und damals galt ich als ein fortschrittlicher Mensch, alle haben mich gelobt, das Buch wurde in der ganzen Welt publiziert. Anscheinend rückten seitdem alle nach links. Ich jedenfalls mache nur meine wissenschaftliche Arbeit und bemühe mich, möglichst objektiv zu bleiben.«

Objektiv in Ihrer Haltung dem Nazismus und dem Holocaust gegenüber?

»Wir können nicht objektiv wie Gott sein, aber wir müssen uns bemühen. Mir scheint, daß nach vierzig Jahren die Zeit gekommen ist, auch dieses Kapitel korrekt zu schreiben, überlegt, die Komplexität der Dinge erkennend, ohne Propaganda.«

Man sagt gegen Sie, daß Sie Apologetik suchen, Ihr Hitler wird nicht nur erklärt, sondern er hat auch recht.

»Es gibt eine Einstellung, die versucht, in Hitler ein unbegreifliches Phänomen zu sehen, einen Menschen, den man nicht erklären kann. Gemäß dieser Haltung wird jeder Versuch, Gründe zu finden, zur Apologetik. Denn wenn er Gründe hatte, dann war er normal, und wer sagt, daß Hitler oder Himmler normale Menschen waren, ist apologetisch. Das ist nicht meine Meinung und nicht meine Einstellung. Ich habe Auschwitz nie gerechtfertigt. Ich sagte, daß es eine Reaktion auf die GULags war. Das rechtfertigt nicht Auschwitz. Mir scheint das selbstverständlich zu sein.«

Sie haben versucht, Chaim Weizmanns »Kriegserklärung« zu benutzen, um Hitlers Krieg gegen die Juden zu rechtfertigen.

Ich sage selbstverständlich nicht, daß Weizmanns Kriegserklärung der erste Schritt war. Hitlers Krieg gegen die Juden begann viele Jahre, bevor Chaim Weizmann seine Unterstützung für England erklärt hat, aber als Historiker darf ich diese Erklärung nicht ignorieren. Ich denke dabei an die rechtlichen Möglichkeiten, die sich aus dieser Erklärung ergeben. Wenn die Nazis diese Ereignisse als eine Kriegserklärung betrachtet hätten, kann es sein, daß man die Juden nicht zur Vernichtung, sondern in Internierungslager deportiert hätte. Vielleicht hätte man in ihnen ›feindliche Fremde‹ gesehen, ähnlich wie das, was die Amerikaner mit den Japanern getan haben. Nein, das ist nicht schön, aber viele Staaten handeln so. Wer weiß, vielleicht wären dann die Juden gerettet worden.«

Sie beschweren sich über die Vergangenheit, die Deutschland immer noch verfolgt. Ist die Auseinandersetzung mit der Vergangenheit nicht für die neue Generation in Deutschland nötig, damit sie zur Vorsicht und zur politischen Kritik erzogen wird?

»Ich habe nie gesagt, daß man vergessen muß. Ich bin Historiker, es wäre ein Wahnsinn, wenn ich den Ast absägen würde, auf dem ich sitze. Aber die Zeit vergeht, und eine neue Perspektive ist notwendig. Menschen wie Jürgen Habermas und seine Anhänger, Menschen, die sich gegen ihre Eltern wenden, obwohl sie nie im Leben in derselben Prüfungssituation gestanden haben, benutzen ihre Kritik an der Vergangenheit für ihre Ziele in der Gegenwart. Sie wollen Machtpositionen erreichen. Das war wichtig, besonders in den siebziger Jahren. Heute ist es schwächer, aber man kann noch die Wirkung jener Jahre erkennen. Die Grünen z. B., die behaupten, daß man allerlei Gesetze verweigern könne, wenn sie einem nicht gefallen. Bei Ihnen in Israel gibt es solche Sachen nicht. Die junge Generation hat Pflichten, und sie wissen, daß es wichtigere Sachen gibt, als z. B. Professoren in der Universität zu beleidigen.«

Professor Saul Friedländer schrieb, daß sich infolge der Historikerdebatte in Deutschland die Kluft zwischen Juden und Deutschen zwangsläufig erweitern wird, weil der Holocaust zu einem immer wichtigeren Teil im Leben jedes Juden wird, während die Deutschen versuchen, vor ihm zu fliehen.

»Ja, zu meinem Bedauern scheint mir das eine zutreffende Beschreibung der Lage zu sein. Die Entwicklung in Deutschland scheint nicht normal zu sein. Die andauernde Betonung der Vergangenheit in Israel scheint mir nicht normal zu sein. Es hat mit der Suche nach israelischer Identität zu tun.«

Antwort auf den Artikel von Dr. Walther Gross

Auf das Interview hin erschien in Ha-Aretz *neben einer Anzahl von Leserbriefen bereits am 26. 4. 1987 ein langer Artikel von Dr. Walther Gross unter der Überschrift »Nolte der Politologe – als Historiker versagte er«. (Pressespiegel vom 28./29. 4., Nachtrag, S. 1–9) Auf den Wunsch des Chefredakteurs Gershom Schocken schrieb ich eine Antwort, die am 7. Juli publiziert wurde.*

(Am 10. 6. 1987 erschien ein weiterer Artikel von einem Verfasser namens Ben Chorin, dessen Übersetzung mir bisher nicht zugänglich war. Zu Schocken vgl. unten S. 142ff. und oben S. 60.)

Ich weiß es zu würdigen, daß *Ha-Aretz* mir Gelegenheit gibt, auf den Artikel von Dr. Gross zu antworten. Auf der anderen Seite kann ich ernste Zweifel nicht unterdrücken, ob eine solche Erwiderung sinnvoll ist, da ich bei Herrn Gross wieder von dem »Junktim zwischen den Äußerungen von Weizmann und der Vernichtungspolitik« lesen muß, nachdem ich in dem Interview mit Daniel Dagan die entsprechende Behauptung doch ausdrücklich eine »Verleumdung« genannt habe.

Ich will den Versuch machen, in größerem Zusammenhang zu erklären, wieso ich in meinem *ZEIT*-Artikel vom 31. Oktober 1986 sagen konnte, die Anführung der Weizmann-Äußerung stehe für mich in Verbindung mit meiner eigentlichen und schon vor 25 Jahren zentralen Frage, der Frage nach dem »Neuen« in der Geschichte.

Ich habe 1963 die Epoche der Weltkriege deshalb als »Epoche des Faschismus« gekennzeichnet, weil mir der Faschismus – zunächst der italienische Faschismus – das Neue, Unerwartete, von niemandem Vorhergesagte zu sein schien, welches den Charakter der Epoche dann mehr und mehr bestimmte. Aber die These konnte nicht bedeuten, daß dieses neuartige Phänomen ohne Wurzeln und Vorbedingungen war oder daß die Aufgabe nicht darin bestand, es so weit wie möglich verstehbar zu machen. Antisemitismus gehörte nur in schwachen Ansätzen zu den Merkmalen der italienischen Bewegung: Nicht wenige Juden waren Mitglieder der faschistischen Partei, andere Juden zählten zu den Antifaschisten.

Mit den Nationalsozialisten kam 1933 in Deutschland eine

Partei zur Herrschaft, die durch den Mund ihres Führers die enge Verwandtschaft mit dem italienischen Faschismus häufig hervorhob, die aber ausgeprägtermaßen antisemitisch war. Ich habe sie deshalb und auch aus anderen Gründen als »radikalfaschistisch« charakterisiert. Aber daß eine Regierung als solche antisemitisch war, war historisch nichts Neuartiges: Die zaristischen Regierungen in Rußland und mehrere rumänische Regierungen waren ebenfalls antisemitisch gewesen, und die Befürchtungen vieler Juden waren groß, als Karl Lueger nach seinen großen Wahlerfolgen trotz des kaiserlichen Widerstandes schließlich als Bürgermeister von Wien bestätigt werden mußte. Noch weniger waren die Aufrufe zum Boykott deutscher Waren etwas Neuartiges: Wer eine Partei oder eine Konfession oder eine Nation angreift oder diskriminiert, darf sich über Gegenwehr nicht beklagen.

Sogar die Nürnberger Gesetze des Jahres 1935 waren, für sich und isoliert betrachtet, nicht etwas völlig Überraschendes und bis dahin Unvorstellbares. Soweit ihr Ziel in der Trennung zweier Völker (und nicht in der Entwürdigung einer Konfession oder einer »Rasse«) bestand, entsprachen sie den Grundtendenzen radikaler Nationalismen.

Ähnliches gilt für die »Reichskristallnacht« vom November 1938. So unerhört und präzedenzlos der Vorgang in Mitteleuropa war, so wenig war er doch nach Umfang und unmittelbaren Folgen den großen Pogromen von 1881 und 1903 in Rußland gleichzusetzen.

Aber all das war schwerwiegend genug, daß Weizmanns »Kriegserklärung« nach Lage der Dinge als verständlich und gerechtfertigt gelten muß, wenn auch nicht notwendigerweise als taktisch klug. Natürlich war Hitlers »Kriegserklärung« an die Juden weit älter. Alle politischen und ideologischen Auseinandersetzungen verlaufen in Aktionen und Reaktionen. Weizmanns Erklärung war vor allem eine Reaktion, was immer sie sonst noch gewesen sein mag. Aber auch *wenn* man der These David Irvings zustimmt, sie sei eine »offene Kriegserklärung« gewesen, läßt sich daraus nur die Konsequenz einer Internierung der deutschen Juden ableiten, zu der es in England und Amerika klare Entsprechungen gab (nämlich die Internierung feindlicher Ausländer bzw. sogar als feindlich betrachteter Inländer). Es ist dankenswert, daß Herr Dr. Gross feststellt, eine solche Internierung sei bereits im Januar 1939 von führenden Zionisten für zwangsläufig gehalten worden. Daß sie dann doch nicht stattfand, läßt sich wohl nur so erklären, daß Hitler sich nicht festlegen wollte.

Das Neue, das Präzedenzlose war die »Endlösung«. Sie läßt sich aus dem Alten, Vertrauten und Naheliegenden gerade *nicht* herleiten, weder aus dem Antisemitismus als solchem noch gar aus der Erklärung Weizmanns. Hier besteht kein Junktim, sondern ein Hiatus, und der Hiatus, das Neue, war von jeher mein eigentliches Thema.

Die entscheidende Frage ist, ob auch der Hiatus noch verstehbar gemacht werden kann – mindestens bis zu einem bestimmten Punkt – oder ob es genügt, ihn völlig irrational zu finden.

Hier lassen sich die Überlegungen von Herrn Dr. Gross unmittelbar mit den meinen verknüpfen. Wenn ich recht sehe, stellt er nicht in Abrede, daß die Bolschewiki »die russische Elite, den Adel, die Bourgeoisie und die nichtkommunistischen Intellektuellen« vernichtet haben, und er hält es offenbar für naheliegend, daß die deutsche (und die europäische) Bourgeoisie »angesichts der Liquidation ihrer Klassengenossen« nicht nur Empfindungen der Empörung und des Abscheus an den Tag gelegt, sondern auch praktische Solidarität bewiesen hätte. Eben das war nun in Deutschland – und im übrigen Europa – nicht der Fall. Die deutschen Konservativen klatschten vielmehr dem Rapallo-Vertrag und dem Berliner Vertrag begeistert Beifall; sie hatten also keinerlei Angst vor der Sowjetunion und strebten sogar einen Ausgleich mit ihr an. Herr Dr. Gross hat insoweit völlig recht, und es gibt dafür einen einleuchtenden Grund: »Die Bourgeoisie« ist einschließlich des Kleinbürgertums keine ideologische Klasse, sondern sehr vielfältig und diffus, und wenn sie während der zwanziger Jahre in bestimmten Auffassungen und Empfindungen weitgehend übereinstimmte, dann handelte es sich um nationalistische Auffassungen und Empfindungen. Aber Herr Dr. Gross hat nach meinem Urteil unrecht, wenn er Hitler und die Münchener Richtung der NSDAP mit dieser Bourgeoisie und diesen Konservativen identifiziert. Hitler war nach meiner Überzeugung ein genuiner Ideologe, und sein Fanatismus der Vernichtung hatte sich an einem anderen und bereits in die Praxis umgesetzten Fanatismus der Vernichtung entzündet, nämlich an dem bolschewistischen. Ich nehme die zahllosen Äußerungen Hitlers, die in diese Richtung gehen, ernst und sehe in ihm vor allem den Antibolschewisten. Daher lehnte er Rapallo und den Berliner Vertrag, aber auch die nationalbolschewistischen Tendenzen in seiner eigenen Partei mit der größten Entschiedenheit ab, und anders als Herr Dr. Gross meine ich, daß nicht der Nicht-Angriffspakt mit Polen von 1934, sondern der Hitler-Stalin-Pakt ein Abweichen von der Grundlinie seiner Politik bedeutete. Hitler verkörperte also genau dasjenige, was »die europäische Bourgeoisie« hätte intendieren und ausführen müssen, wenn Lenins Auffassung richtig gewesen wäre, sie sei »bis zum Irrsinn« gegen den Bolschewismus erbittert.

Damit ist der Kernpunkt der Meinungsdifferenz in den Blick gekommen: War Hitler in erster Linie ein Antikommunist oder ein Antisemit oder ein Lebensraumpolitiker? Diese Frage sollte erörtert werden können, ohne daß man den Eindruck zu erwecken sucht, es sei verwerflich oder gar tendenziell antisemitisch, in Hitler *nicht* primär den Antisemiten zu sehen – alle »Sündenbocktheorien« setzen ja den sekundären Charakter des Antisemitismus voraus. Grundsätzlich gibt es natürlich einen Antikommunismus, der nicht antisemitisch ist – sonst könnten ja keine antikommunistischen Juden bzw. Israelis existieren. Ebenso ist ein Antisemitismus vorstellbar, der nicht antikommunistisch ist – man denke an Stalins Spätzeit oder an die Ereignisse in Polen nach 1968. Schließlich braucht die Eroberung von Lebensraum als höchste Spitze des Imperialismus weder antikommunistisch noch antisemitisch zu sein – die amerikanische und die russische Geschichte des 19. Jahrhunderts sind Beispiel genug. Nun liegt es auf der flachen Hand, daß man Hitler weder als »reinen« Antikommunisten noch als »reinen« Antisemiten noch als »reinen« Lebensraumpolitiker verstehen darf. Alle drei Motive waren genuin, und neben ihnen auch die Motive der Revision von Versailles und der Selbstbestimmung. Die Frage kann nur sein, welche hierarchische Anordnung vorzunehmen ist. Herr Dr. Gross ist offenbar der Ansicht, daß Hitlers Antikommunismus nur eine Art Bestätigung für seinen älteren und stärkeren Antisemitismus gewesen sei. Ich sehe die Beziehung anders und stelle den Antikommunismus an die Spitze. Aber auf subtilere Weise ist in meinen Augen der Antisemitismus für Hitler dennoch grundlegender, weil er – zu unrecht, wie heute jedermann ins Auge springt – ein bestimmendes Kausalverhältnis zwischen dem Judentum und sowohl dem Kommunismus wie dem Kapitalismus herstellt, das nur durch eine biologische und »transzendentale« Vernichtung aus der Welt geschafft werden kann, welche zugleich die Rückkehr zum Naturzustand des Kampfes um Lebensraum bedeutet. All das aber ist nichts anderes als ein Gegenbild zu der kommunistischen Vorstellung der Erlösung der Menschheit zu ihrem natürlichen Dasein mittels der Vernichtung des »Kapitalismus« und der »Weltbourgeoisie«. So stützen die drei Hauptmotive Hitlers sich gegenseitig und sind doch von einem Phänomen abhängig, das ursprünglicher ist als sie. Nur so kann die »Endlösung« verstehbar gemacht werden, doch der »Hiatus« verschwindet gleichwohl nicht, sondern er bleibt das eigentliche Thema, dem das Schweigen weit angemessener ist als das Sprechen. Aber wer die Sprache und das Nachdenken allzu früh durch das Schweigen oder gar durch eilfertige Anklagen ersetzen will, befindet sich nach meinem Urteil auf dem falschen Wege. Die »politischen« Motive, die Herr Dr. Gross mir zuschreibt, sind in Wahrheit philosophische Überzeugungen: daß Begriffe wie »Schuld« oder »Singularität« (in einem eminenten, nicht bloß trivialen Sinne) auf Völker und Klassen nicht anwendbar sind. Schuldig können nur Personen sein und singulär bloß Ereignisse. Ganz anders steht es aber mit dem Begriff der »Verantwortlichkeit«.

Es ist für mich eine bedrückende Erfahrung gewesen, daß man fast überall, aber am meisten in der Bundesrepublik Deutschland und in Israel, einzelne Sätze aus untergeordneten Artikeln herausgegriffen und »interpretiert« hat, ohne nach dem Zusammenhang mit einem ganzen Lebenswerk zu fragen. Vielleicht kommt in Israel immerhin eine »Epoché«, ein An- und Einhalten zustande, wenn durch diesen Artikel deutlich werden sollte, daß man meiner Anführung der Weizmann-Äußerung das genaue Gegenteil der Bedeutung zugeschrieben hat, die sie im Rahmen meines Nachdenkens hat. Es wäre gut, wenn die Diskussion und die Kritik erst wiederaufgenommen würden, sobald nach der Überwindung überaus symptomatischer Schwierigkeiten im Herbst mein neues Buch über Kommunismus und Nationalsozialismus als die Hauptantagonisten des dreißigjährigen Bürgerkrieges von 1917 bis 1945 publiziert ist, an dem ich längst arbeitete, als ich durch einen zufälligen Umstand gezwungen war, jenen Vortrag zu schreiben, der in seiner unvermeidbaren Kürze so viel an Emotionen und Polemiken hervorgerufen hat.

Antwortbriefe nach Israel

Da ich im Jahre 1981 sechs Monate als Mitglied des »Institute for Advanced Study« der Hebräischen Universität Jerusalem in Israel verbracht hatte, kenne ich eine beträchtliche Anzahl von israelischen Wissenschaftlern. Aber auch vorher hatte es schon manche Kontakte gegeben. Mein wichtigster Briefpartner war Jacob L. Talmon, der indessen kurz vor meiner Ankunft verstarb. Nach meiner Abreise blieb Professor Otto Dov Kulka vom Institut für Jüdische Geschichte der Hebräischen Universität am häufigsten mit mir in Kontakt. 1985 erschien in Band 240 der Historischen Zeitschrift eine umfangreiche Studie von Herrn Kulka mit dem Titel »Die deutsche Geschichtsschreibung über den Nationalsozialismus und die ›Endlösung‹. Tendenzen und Entwicklungsphasen 1924–1984«. Er hob darin die Bedeutung meines Buches von 1963 Der Faschismus in seiner Epoche *besonders hervor, das als erstes die Judenfrage »als ein zentrales, politisch bedeutsames Problem des Nationalsozialismus und des Dritten Reiches« erkannt und die »Einzigartigkeit der nationalsozialistischen Judenvernichtung« herausgearbeitet habe. Es war daher begreiflich, daß er durch das Erscheinen des Aufsatzes »Between Myth and Revisionism?« sehr beunruhigt war. Mir lag meinerseits daran, ihm den Wandel, der in meinen Augen kein Wandel, sondern lediglich eine Akzentverschiebung war, begreiflich zu machen. Das Resultat war der Briefwechsel, von dem im folgenden leider nur der von mir ausgehende Teil vorgelegt werden kann. Herr Kulka selbst machte den Vorschlag, die beiderseitigen Briefe auf deutsch und in hebräischer Übersetzung auszugsweise zu veröffentlichen, aber aus den oben (S. 10) angegebenen Gründen ließ sich dieser Vorschlag nicht verwirklichen. Im großen und ganzen lassen sich Herrn*

Kulkas Einwände leicht aus meinen Antworten entnehmen. Gleichwohl paraphrasiere ich den Inhalt der teilweise sehr langen Briefe, wenn auch nur so knapp, wie es eben möglich ist.

Als Ergänzung werden einige Briefe vorgelegt, die ich an Herrn Gershom Schocken, den Chefredakteur von Ha-Aretz *geschrieben habe. Anders als die Briefe von Herrn Kulka waren diejenigen von Herrn Schocken nicht zu Anfang von Wohlwollen und Verständigungsbereitschaft geprägt. Um so höher ist die Tatsache zu schätzen, daß er mir zweimal die Möglichkeit einräumte, direkt zu dem israelischen Publikum zu sprechen.*

Brief Kulka vom 24. 11. 85

Herr Kulka skizziert zunächst den Plan, eine meiner kleineren Arbeiten in den »Yad Vashem Studies« zu veröffentlichen. Er bringt dann seine Verwunderung über den Artikel »Between Myth and Revisionism?« zum Ausdruck, kontrastiert ihn mit dem Faschismus in seiner Epoche *und fragt, ob es am Ende zwei Ernst Noltes gebe. Er illustriert die »verwirrende Situation« durch einen Hinweis auf Hans Mommsen.*

Ich antwortete am 18. 12. 1985. Mein nächster Brief (vom 25. 3.) war keine Antwort, sondern eine Mitteilung.

18. 12. 1985

Lieber Herr Kulka,

haben Sie besten Dank für Ihren Brief vom 24. 11. Es ist oft ein sonderbares Ding um dasjenige, was »in der Welt« wahrgenommen wird und was nicht. So scheint *Marxismus und Industrielle Revolution* in Amerika noch gar nicht bemerkt worden zu sein, obwohl es vermutlich ein wichtigeres und jedenfalls gelehrteres Buch ist als *Der Faschismus in seiner Epoche*, und dieser kleine Aufsatz fällt in Jerusalem gleich ins Auge. Aber es ist richtig, daß darin »a shift of emphasis« zum Vorschein kommt. Der Hintergrund ist einfach: Als ich vor bald 25 Jahren meine erste Interpretation vorlegte, handelte es sich nicht um die Wiederholung einer etablierten oder selbstverständlichen Auffassung, und Sie haben das in Ihrem *HZ*-Aufsatz ganz richtig hervorgehoben. Inzwischen ist die These von der Singularität des Holocaust, um mit Max Weber zu sprechen, in hohem Maße »veralltäglicht« worden, und es besteht die Gefahr, daß alle Zusammenhänge aus dem Blick geraten. Ich habe mich deshalb schon im vergangenen Sommer entschlossen, im Ausgang von diesem Aufsatz eine neue Darstellung vorzunehmen, welche die Sowjetunion weit mehr mit einbezieht, als es damals der Fall war. Die Grundthese wird sich nicht ändern, aber sie wird verdeutlicht und etwas modifiziert werden. Zunächst hat das Ganze die Form einer Vorlesung, aber in immerhin absehbarer Zeit könnte ein Buch daraus werden. Erst dann wird sich die Frage entscheiden lassen, ob es sozusagen zwei »Ernst Noltes« gibt.

Die Arbeit nimmt mich ganz außerordentlich in Anspruch, und ich sehe mich daher nicht in der Lage, an der Hitler-Studie Veränderungen vorzunehmen. Ich frage mich überhaupt, ob sie für die *Yad Vashem Studies* geeignet ist: Sie geht ja auf die Initiative einer Provinzzeitung zurück, und ein empörter Leserbrief wollte sogar eine »Apologie Hitlers« darin sehen. Ebensowenig kann ich Ihr liebenswürdiges Angebot annehmen, an der geplanten Enzyklopädie mitzuarbeiten. Ich hatte allen Ernstes daran gedacht, mich nach der Fertigstellung der Trilogie allmählich und geruhsam wieder auf meinen Ausgangspunkt zurückzuziehen, nämlich die Philosophie, und jetzt stöhne ich unter einem Joch, das ich mir selbst auferlegt habe. Aber wenn mir nicht der Atem ausgeht, wird das Resultat sehr viel gewichtiger sein als ein kleiner Aufsatz oder ein Lexikon-Beitrag.

(...)

25. 3. 1986

Lieber Herr Kulka,

Anfang März hat sich in meinem Hause ein beklagenswerter Vorfall zugetragen, der von Herrn Friedländer ausging. Wie ich von zuverlässiger Seite gehört habe, hat er jedenfalls einigen Angehörigen des Wissenschaftskollegs gegenüber seine Version der Dinge dargestellt, und es ist mir leider sehr wahrscheinlich, daß er in Israel nicht anders verfahren wird. Wenn es so wäre, möchte ich Sie bitten, mir eine Nachricht zukommen zu lassen, denn es läge mir daran, daß Sie und gegfs. Ihre Kollegen in die Lage versetzt würden, sich ein unabhängiges Urteil zu bilden. Ich habe mir damals gleich eine längere

»Aktennotiz« gemacht, und ich würde sie Ihnen gegfs. zuschicken. Falls nichts zu Ihnen dringt, darf ich Sie bitten, die Sache in Ihrem Herzen zu begraben. Da aber Ihr Name genannt wurde, will ich Ihnen den Anfang schon jetzt erzählen.

Beim Abendessen brachte eine der 4 eingeladenen Personen (ich glaube, Herr oder Frau Schwan oder auch Herr Demetz, aber weder meine Frau noch ich noch Herr Friedländer) das Gespräch auf »jüdische Fragen«, und obwohl es sich um etwas heikle Dinge handelte, verlief das Gespräch auf freundschaftliche Weise. Um den Punkt abzuschließen, wandte ich mich an die Anwesenden und fragte, ob mir jemand den Titel eines Buches nennen könne, das vom Kampf jüdischer Organisationen gegen Hitler handle. Daraufhin sagte Herr Friedländer: »Sie kommen damit auf das Thema Ihres Aufsatzes in *Aspects of the Third Reich*. Ich muß Ihnen sagen, daß wir uns in Jerusalem sehr darüber geärgert haben, und durch einen Brief von Herrn Kulka sind Sie ja auch unterrichtet.« Es ist vermutlich für Sie nicht schwer vorstellbar, daß nach einem solchen Anfang das Gespräch nicht in den besten Bahnen verlaufen konnte, obwohl es nach meiner Auffassung immer noch nicht zu dem Ende kommen *mußte*, das es dann tatsächlich nahm. (Kurze Zeit vorher hatte Herr Friedländer in unserem Institut einen Vortrag über Interpretationen der »Endlösung« gehalten, der auch die »Funktionalisten« ganz objektiv behandelte.)

Das Buch, von dem ich Ihnen schrieb, ist bereits in großen Teilen fertiggestellt und soll im nächsten Jahr erscheinen. Dann wird sich über vieles in größerem Zusammenhang reden lassen.

(...)

Brief Kulka vom 16. 5. 1986

Das lange Schreiben stellt sich der Sache nach auf die Seite von Saul Friedländer und wirft mir vor, ich hätte mit meiner Frage nach dem Widerstand jüdischer Organisationen die Absicht zu erkennen gegeben, weiteres »Beweismaterial« für die These der jüdischen »Herausforderung« als der eigentlichen Erklärung für Hitlers Vernichtungswillen zu erlangen. Während die deutsche

Geschichtsschreibung der sechziger Jahre und damit nicht zuletzt ich selbst um eine »tief aufrechte Auseinandersetzung mit der deutschen Geschichte« bemüht gewesen sei, sei ich nun dabei, einen »shift of responsibility« vorzunehmen, d. h. »den Schwerpunkt der Verantwortlichkeit für das in der deutschen Geschichte Geschehene an sozusagen alle Welt zu übertragen«. Das bedeute eine diametrale Abwendung von meinen ursprünglichen Auffassungen und berühre ihn besonders schmerzlich.

18. 6. 1986

Lieber Herr Kulka,

haben Sie aufrichtigen Dank für Ihren Brief vom 16. 5., dessen Offenheit und Ernsthaftigkeit ich zu schätzen weiß. Lassen Sie mich aber mit einer Gegenfrage beginnen: Sind Sie wirklich der Meinung, daß ich gegenwärtig Kampfschriften gegen mich selbst verfasse? Sollte nicht eine andere Erklärung einleuchtender und zufriedenstellender sein?

Ich habe vor 25 Jahren im Zeichen meiner philosophischen Präzedentien mit aller Entschiedenheit auf die spezifische Differenz hingedacht, welche die nationalsozialistische »Untat« von allen anderen »Völkermorden« unterscheidet.

Inzwischen bin ich als Historiker zu der Überzeugung gelangt, daß ich dabei einen entscheidenden Zusammenhang und überdies die Komplexität der menschlichen Dinge zu wenig herausgestellt habe, obwohl es an Ansätzen und Skizzierungen nicht fehlte. »Kambodscha« ist nur ein spätes Beispiel; gemeint ist natürlich die Vernichtung aufgrund eines sozialen Seins, die im Marxismus auf eine humane, aber eben bloß idealtypische Weise gedacht und in der russischen Revolution in schrecklicher Form realisiert worden war. Man mag die Konzeption mit gewichtigen Gründen zurückweisen, aber sie sollte keine emotionalen Reaktionen hervorrufen, am wenigsten in Israel, wo man sich seit 40 Jahren gegen den Versuch sozialer Vernichtung zu wehren hat, der sogar ins Biologische hinüberspielt. Ich halte den »Archipel GULag« in der Tat für »ursprünglicher« als Auschwitz, aber deshalb stelle ich noch lange nicht die These auf, daß eine Wesensgleichheit vorliegt. Und wenn Sie sagen, das sei ja weiter nichts als die gute alte Totalitarismustheorie, so antworte ich: »Ja, aber nicht im strukturvergleichenden, sondern im genetischen Verfahren.«

Ich lege Ihnen zwei Sonderdrucke bei, die deutlich machen dürften, wie wenig ich den älteren Ansatz aufgegeben habe und wie ich mich auch da gegen mögliche Mißverständnisse verwahre, wo der jüngere Ansatz die Darstellung leitet.

Es ist aber nicht zu leugnen, daß empirische Umstände die Klarheit der gedanklichen Linienführung verwirren und dadurch Mißverständnisse oder Emotionen erzeugen können. Was *Aspects of the Third Reich* angeht, so ist schon die Bemerkung des Herausgebers nicht richtig, daß es sich um einen »Originalbeitrag« handelt. Der Aufsatz ist vielmehr vor 5 oder 6 Jahren in der *FAZ* erschienen, wenngleich geringfügig gekürzt, und Herr Koch bat mich damals, ihn für einen Sammelband zur Verfügung zu stellen, der Beiträge der Herren Mommsen, Broszat, Nipperdey u. a. enthalten sollte. Ich sah keinen Anlaß, meine Zustimmung zu verweigern. Lange Jahre hindurch geschah jedoch nicht das Geringste, und ich hatte die Angelegenheit so gut wie vergessen, als das fertige Buch auf meinen Schreibtisch kam. Fahnen hatte ich nicht erhalten; wenn das der Fall gewesen wäre, hätte ich gegen die schulmeisterlichen Einschübe des Herausgebers bestimmt Einspruch erhoben. Ich hätte aber keine Möglichkeit gehabt, dagegen zu protestieren, daß Herr Koch in seinem Beitrag die von mir bloß am Rande und im Zusammenhang einer Frage erwähnte Äußerung Weizmanns so ausführlich hervorhob: Ein Autor muß sich gefallen lassen, daß er zitiert wird oder daß einzelne Bemerkungen aufgegriffen und erweitert werden. Ich finde es aber bedauerlich, daß Sie die Weizmann-Äußerung (und erst recht die Boykott-Propaganda des Jahres 1933) als eine Art Material betrachten, das möglichst nicht an die Öffentlichkeit gebracht werden sollte. Man muß hin und wieder Gedankenexperimente machen können, und sogar wenn die Äußerung apodiktisch als eine legale Kriegserklärung angesehen würde, würde daraus für Hitler lediglich das Recht abzuleiten sein, die Juden ebenso als Zivilinternierte zu behandeln, wie es die Engländer hinsichtlich vieler emigrierter Deutscher taten. Es wäre mithin niemand gestorben; die Untat hätte nicht stattgefunden. Und wieso sollte jene Boykott-Propaganda nicht völlig berechtigt oder mindestens verständlich gewesen sein?

Damit komme ich zu demjenigen, was ich in Ihrem Brief als

(hoffentlich) »empirisch« empfinde. Es befremdet mich, daß Sie sich ohne weiteres und ohne auf mein Informationsangebot einzugehen, mit Herrn Friedländer identifizieren und mir unterstellen, ich verstände mich jetzt als eine Art Staatsanwalt, der Material sucht, um Angeklagte zu überführen. Dabei ist die Frage, die ich an Herrn Friedländer gerichtet habe, genau umgekehrt zu interpretieren. Wenn ich in ihm auch nur ansatzweise einen Gegner gesehen hätte, würde ich ihm mit Sicherheit gerade diese Frage *nicht* gestellt haben, und Sie dürfen überzeugt sein, daß ich dann bessere Wege gefunden hätte, um an mein »Material« zu gelangen. Inzwischen ist Herr Friedländer ja auf sehr viel intensivere Weise an die Öffentlichkeit gegangen, als ich es vermutet hatte. Ich bin ziemlich sicher, daß Sie sich mit dieser Art des Vorgehens nicht ohne weiteres identifizieren werden.

(...)

Noch mehr verwundert und befremdet es mich, daß Sie mit keinem Wort auf denjenigen Teil des Ganzen eingehen, der Sie selbst betrifft. Ich nehme einen Privatbrief von Ihnen sehr ernst und antworte auf ernsthafte Weise darauf, auch wenn er mit Professor Ettinger und dem einen oder anderen Kollegen Ihres Instituts abgestimmt ist. Wenn ich aber den Eindruck hätte, daß es sich um eine Art von quasi-diplomatischer Demarche handelt, würde ich ihn zurückweisen und nicht beantworten, denn Angelegenheiten wie diese sind nicht ein angemessener Gegenstand für Demarchen. Meinungsverschiedenheiten in einzelnen Punkten, z. B. hinsichtlich der Waldheim-Angelegenheit oder Bitburgs, sind legitim und vermutlich unumgänglich; sie brauchen aber keine Bitterkeit hervorzurufen. Bitterkeit entsteht erst, wenn Behauptungen über Motive aufgestellt werden. Sie würden mit Recht gekränkt sein, wenn ich Ihnen sagte, Sie seien nicht in erster Linie ein Denker und ein Historiker, sondern ein Bürger Israels, der mit seinen Thesen über die »Verantwortlichkeit« höchst untergeordneter und sehr durchschnittlicher Menschen politische Vorteile für seinen Staat erstrebe. »Verantwortlich« sind in meinen Augen Traditionen, Ereignisse und Erfahrungen, und daß ich Deutschland zu keinem Zeitpunkt hoch genug schätzte, um alle diese Traditionen, Ereignisse und Erfahrungen in ihm allein beschlossen zu sehen, müßte jedem Leser des *Faschismus in seiner Epoche* ins Auge gesprungen sein. Ich hoffe daher, von Ihnen in absehbarer Zeit einen Brief zu erhalten, der die Differenzen, die es sicherlich gibt, ohne allzu rasche Identifizierungen und ohne voreilige Motivzuschreibungen erörtert. Die drei Beilagen sollten eine gute Grundlage dafür sein. (...)

Brief Kulka vom 25. 6. 1986

Das kurze Schreiben bringt in freundlichem Ton die Absicht zum Ausdruck, gegenüber Herrn Friedländer darauf hinzuwirken, »die zum Teil gewiß ungewollten Mißverständnisse zu klären«. Damit ist der Wunsch nach einer Fortführung des »fruchtbaren Dialogs zwischen deutschen und israelischen Historikern« verbunden.

16. 7. 1986

Lieber Herr Kulka,

aus Ihrem liebenswürdigen Brief vom 25. Juni, für den ich Ihnen danke, geht nicht hervor, ob Sie mein Schreiben vom 18. 6. bereits erhalten hatten, vermutlich nicht. Im Prinzip bin ich immer gern bereit, meine Hand zur Aufklärung von Mißverständnissen zu bieten. Allerdings hat sich eins inzwischen zweifelsfrei herausgestellt: daß Herr Friedländer meine Einladung mit der Absicht angenommen hat, mich wegen jenes Aufsatzes »zur Rede zu stellen« – meine Frage nach dem Widerstand jüdischer Organisationen hatte also keinerlei Bedeutung. Andererseits bestreite ich ihm nicht das Recht, von mir eine Erläuterung zu verlangen; insofern handelte es sich eher um eine Frage des Verfahrens und des Taktes. Inzwischen ist die ganze Angelegenheit aber durch einen Artikel von Jürgen Habermas in der *ZEIT* (der Ihnen gewiß leicht zugänglich ist) sehr verschärft worden, da Habermas nun auch den Namen nennt, aber nicht daran denkt, nach dem zweiten Vorfall zu fragen, der in dem Interview geschildert wird und der einiges Licht auf die Sache werfen würde, wenn nach den Namen dieser »Übeltäter« ebenfalls geforscht werden würde. Der Dialog hört auf, wenn die eine Seite der anderen das

Bemühen um Wahrheitsfindung oder auch das Recht zu ungewohnten Fragestellungen bestreitet und stattdessen bedenkliche Motive unterstellt. Ich würde mich freuen, wenn ich hörte, daß Herr Friedländer derartige Absichten nicht hatte oder hat. (...)

Brief Kulka vom 18. 7. 1986

Das sehr lange Schreiben ist die Antwort auf meinen Brief vom 18. 6. Herr Kulka bedankt sich zunächst für die Zusendung meines HZ-*Aufsatzes »Philosophische Geschichtsschreibung heute?«, dessen Lektüre für ihn ein Ereignis gewesen sei, das er nur mit der Lektüre des letzten Teils des* Faschismus in seiner Epoche *vergleichen könne. Der Aufsatz mache doch von neuem klar, wie wenig die Judenvernichtung lediglich als einer der zahlreichen Massenmorde des 20. Jahrhunderts verstanden werden dürfe. Um so schwerer seien der* FAZ-*Artikel und die englischsprachige Studie zu verstehen, und es sei besonders beunruhigend, daß sich vergleichbare Änderungen auch in den Darstellungen anderer deutscher Historiker vollzögen, wie etwa in denjenigen Martin Broszats und Hans Mommsens.*

Brief Kulka vom 11. 8.

Der kurze Brief fragt an, ob das Schreiben vom 18. 7. in meine Hände gelangt sei und berichtet über ein Gespräch mit Herrn Friedländer, der ebenfalls der Meinung sei, Mißverständnisse im persönlichen Bereich sollten dem wissenschaftlichen Dialog keinen Eintrag tun.

22. 8. 86

Lieber Herr Kulka,

haben Sie allerbesten Dank für Ihren ausführlichen Brief vom 18. 7. Es war mir eine Freude, daraus zu entnehmen, daß mein *HZ*-Aufsatz Sie davon überzeugt hat, wie wenig ich den Kern meiner Auffassungen geändert habe. Aber letzte und dauerhafte Konzepte sind noch nicht der ganze Mensch, und auch Sie würden es nicht als Widerspruch empfinden, wenn Sie in einer oberflächlicheren und zeitbedingteren Sphäre an einem bestimmten Vorgehen des »Jewish World Congress« starken Anstoß nähmen oder über Franz von Papen anders dächten als die meisten Ihrer Kollegen. Die Anführung der Weizmann-Äußerung steht im Zusammenhang einer Selbstkritik, die einräumt, daß Tatsachen nicht deshalb schon der wissenschaftlichen Diskussion entzogen werden dürfen, weil sie bislang nur von der rechtsextremen Literatur erwähnt und dann durchweg einseitig interpretiert werden. Das Gedankenexperiment läßt ja gerade deutlich werden, wie weit die faktischen Deportationen von den eventuell (!) rechtlich möglichen Internierungen entfernt waren. *Keine* Nebenbemerkung ist dagegen die These, daß der Archipel GULag ursprünglicher war als Auschwitz. Aber ist sie eigentlich mehr als eine Trivialität, die lediglich zu unrecht verdrängt ist? Das Ursprünglichere ist dem Späteren und Abgeleiteten doch nicht notwendigerweise gleichartig!

Ich höre von Herrn Seliger, daß in *Davar* ein Feuilleton von Shlomo Shafir mit dem Titel »Der Archipelagos GULag origineller als Auschwitz« erschienen sei. Könnten Sie mir davon vielleicht eine Kopie schicken? Meine Frau liest das Hebräische einigermaßen und würde ihn mir vermutlich übersetzen können.

Sie haben gewiß Verständnis dafür, daß ich mich zwischen zwei Reisen heute in der Hauptsache darauf beschränke, Ihnen die erbetene Aktennotiz zu schicken.

Seit einiger Zeit bin ich der Deutschen Forschungsgemeinschaft gegenüber der Hauptverantwortliche für die deutsche Herzl-Ausgabe, und es ist nicht ausgeschlossen, daß ich im November zusammen mit Herrn Schoeps und der neuen Bearbeiterin für zwei oder drei Tage nach Jerusalem komme. Ich würde Sie jedenfalls rechtzeitig benachrichtigen, und es sollte sich, sofern Sie anwesend sind, Zeit für ein Gespräch finden. (...)

24. 9. 1986

Lieber Herr Kulka,

ich habe Ihren langen Brief vom 18. 7. noch mehrere Male durchgelesen, aber ich sehe keine Möglichkeit, ebenso ausführlich darauf zu antworten – aus dem einfachen Grunde, weil ich Ihnen so weitgehend zustimme, d. h. dem Verständnis meiner damaligen Aussagen von Ihrer Seite. Der »Rattenkäfig« erklärt Hitlers Konzeption in der Tat nicht, die an eine lange Tradition geknüpft ist, wohl aber macht er den Handlungsimpuls verständlicher, ohne den in der Regel keine Idee in die Tat umgesetzt werden kann. Ich hätte indessen wohl ausdrücklich sagen sollen, was ich bloß angedeutet habe, nämlich daß der Handlungsimpuls bei Hitler schon durch eine Interpretation geprägt war, eben eine Interpretation, welche sich mit der Zurückführung auf die »chinesische Tscheka« nicht begnügte. Ich muß noch einmal betonen: Ich habe damals (1963) vornehmlich die qualitative Differenz zwischen den großen Massenmorden hervorgehoben, und es scheint mir heute erforderlich zu sein, den Zusammenhang zwischen den verschiedenen Versionen der »kollektivistischen Schuldzuschreibung« hervorzuheben. Ich sollte jedoch wohl folgendes hinzufügen: Wenn ich gesagt hätte, die Juden seien als Förderer und Repräsentanten des Fortschritts ermordet worden, so hätte ich die Hitlersche These nur mit der entgegengesetzten Wertung versehen. »Transzendenz« ist aber nicht einfach gleich »Fortschritt« im Alltagssinne, sondern sie ist »Thronsessel *und* Marterholz« des endlichen Menschen (S. 545). Man mag darin etwas anklingen hören von der heute wieder zulässig, ja modisch gewordenen Charakterisierung der jüdisch-christlichen Zivilisation als einer ungeheuren Zerstörungskraft. Aber bisher hat noch nie jemand darin eine »Rechtfertigung« sehen wollen (wie sie etwa aus den Ausführungen von Ludwig Klages in seiner Einleitung zu den Fragmenten Alfred Schulers ohne weiteres herausgelesen werden könnte). Die Doppelseitigkeit ist eben das Grundlegende, und außerdem bezeichne ich die Opfer als »Stellvertreter bei dem verzweifeltsten Angriff, der je gegen das menschliche Wesen und die Transzendenz in ihm geführt wurde« (S. 512). Vom »Archipel GULag« läßt sich Entsprechendes allenfalls mit bedeutenden Einschränkungen bzw. Modifikationen sagen – wenn öffentli-

che Kritik ein unentbehrliches Element der westlichen Unruhe und Dynamik ist, dann wurde sie allerdings in der Sowjetunion noch gründlicher beseitigt. Aber von einer »Schuld der deutschen Nation« ist auch damals so wenig die Rede gewesen wie etwa von einem (moralischen) Triumph des jüdischen Volkes, und möglicherweise hätte auch daran mancher sich stoßen können. Aber die Fragestellung war von Anfang an keine nationalhistorische. Andererseits bin ich kein Philosoph, der sich von jedem Erdenstaub fernhält. Ich bilde mir eine Meinung über die Weizmann-Äußerung, über Bitburg und vieles andere. Man sollte jedoch die Nebensachen von der Haupt-Sache zu unterscheiden wissen. Wenn ich mich nicht täusche, läuft auch Ihr Brief im Grunde auf eine solche Unterscheidung hinaus.
(...)

Brief Kulka vom 14. 10. 1986

Herr Kulka bittet um Erläuterungen zu einer in meinem Brief enthaltenen Unklarheit und berichtet vom Erscheinen zweier Artikel von Shlomo Shafir in Davar *und eines Artikels von Saul Friedländer in* Ha-Aretz, *die sich mit meinen Auffassungen auseinandersetzten.*

Brief Kulka vom 16. 11. 1986

Die Übersendung des ZEIT-*Artikels hat eine spürbare Verschärfung des Tones zur Folge, und zwar wegen des Zitats aus Tucholsky. Herr Kulka glaubt annehmen zu müssen, daß auch ich, wie meine Quellen in der rechtsradikalen Literatur, »Tucholsky dem Leser als Vertreter des Weltjudentums, mit seiner Kriegserklärung an Deutschland«, präsentieren wolle, obwohl ich doch wissen müßte, daß Tucholsky 1911 aus dem Judentum ausgetreten sei und fast ebenso scharfe Angriffe gegen das Judentum wie gegen das europäische und vor allem deutschnationalistische Bürgertum gerichtet habe.*

22. 10. 1986

Lieber Herr Kulka,

(...)

Zwei Worte über die Sätze auf S. 2 meines Briefes [vom 24. 9.], die in der Tat allzu abkürzend formuliert sind und keinen direkten Bezug zu Aussagen von Ihnen haben. Gemeint war: Nach der Fragestellung des *Faschismus in seiner Epoche* hat die jüdische Idee oder doch dasjenige gesiegt, was nicht nur die Nationalsozialisten für die jüdische Idee erklärten (und nicht das jüdische Volk), und als schuldig erwies sich der steigernde Rückgriff der Nationalsozialisten auf obsolete Strukturen der Gesellschaft (und nicht das deutsche Volk als solches und im ganzen). Ich hatte mich auf die eingeklammerten Aussagen beschränkt, um ex negativo zu unterstreichen, daß meine Feststellung nicht »ethnisch«, sondern international ist. Damit leugne ich aber nicht, daß unter einer anderen Fragestellung auch die eingeklammerten Aussagen diskussionswürdig sein können. Wenn ich seit 1963 weitergedacht habe, dann etwa gemäß der Linie, daß ein überschießendes Recht zugleich Unrecht sein kann und ein überschießendes (historisches) Unrecht in gewisser Weise doch wieder ein Recht. Aber das ist ein »weites Feld«. Den *ZEIT*-Artikel erhalten Sie gleich nach dem Erscheinen.

(...)

8. 12. 1986

Lieber Herr Kulka,

ich muß Ihnen nun leider, mutatis mutandis, dasselbe sagen, was Herr Friedländer mir damals mitteilte: daß ich mich über Ihren Brief sehr geärgert habe.

Sie haben viel von mir gelesen, und Sie sollten wissen, daß ein guter Teil meiner Arbeit dem Bestreben gewidmet war, den ideologischen und mythologisierenden Charakter des antisemitischen Begriffs vom »Weltjudentum« herauszuarbeiten. Ich habe Tucholsky nicht als Juden, sondern als Linksintellektuellen erwähnt, und zwar aus zwei Ursachen. Einmal befinde ich mich in einer Auseinandersetzung mit dem bekanntesten Linksintellektuellen der Bundesrepublik, und zum anderen habe ich die These zu begründen, daß auch die rechtsradikale Literatur unter dem Gesichtspunkt von Richtigkeit bzw. Unrichtigkeit und nicht unter dem Aspekt der (allzu bequemen) Gesamtverdammung aus Gesinnungsgründen gelesen werden sollte. Wenn ich Herrn Friedländer gegenüber den Namen Stäglich nicht erwähnt haben sollte, so habe ich ihm doch bestimmt erzählt, wie sehr es ein Schock für mich war, daß ich bei der ersten Überprüfung des Zitats infolge eines Versehens mit Befriedigung eine Erfindung glaubte konstatieren zu können und daß ich mir danach eingestehen mußte, unrecht gehabt zu haben. Ich bedauere es sehr, daß Sie die Aussage Tucholskys durch den Hinweis auf seine edlen Intentionen anscheinend rechtfertigen wollen. Ich halte diese Äußerung trotz der pazifistischen Intention für verwerflich. Wenn ich nicht hinzugefügt habe, daß ich Hitlers Taten – schon weil sie Taten waren – für noch viel verwerflicher halte, so deshalb, weil man das tausend- und hunderttausendfach Gesagte nicht noch einmal zu wiederholen braucht. Aber ich ergreife in diesem Falle die Partei der Rechtsradikalen – nicht deshalb, weil sie Rechtsradikale sind, sondern weil seit vielen Jahren die simplen Richtigkeiten, die sich auch bei ihnen finden, nicht aufgegriffen und nicht zitiert werden. Daß ich diese »Hälfte«, die weitaus weniger als eine Hälfte ist, nicht verabsolutieren werde, dürfen Sie mir unbesehen zutrauen. Im übrigen war Stäglich der erste Rechtsradikale, den ich las, seitdem ich vor vielen Jahren ein Seminar über die extreme Rechte in der Bundesrepublik abgehalten habe. Der Grund war ein sehr einfacher: Stäglichs Buch war die Hauptursache für die Verabschiedung eines Gesetzes, von dem in der Öffentlichkeit natürlich viel die Rede war. Seither, nach dem Gespräch mit Herrn Friedländer, habe ich noch manches andere gelesen, besonders Rassinier und Faurisson. Beide haben mich in der Hauptsache durchaus nicht überzeugt, aber eins ist mir sehr klar geworden, nämlich daß es sich nicht um »alte Nazis« handelt. Ihr Hauptmotiv ist vielmehr offenbar die Kritik an Israel und die Sympathie für die Palästinenser. Ist das letztere notwendigerweise ein unedles Motiv?

Soweit ich jüdische Literatur kenne, wird dort sehr häufig das Eintreten für die Unterdrückten, die Vergessenen, die Übersehenen als ein Hauptmotiv des Judentums dargestellt. Immer nur sich selbst zu sehen und für sich selbst gegen wirkliche oder vermeintliche Feinde zu kämpfen, wäre also keine jüdische Eigenart, jedenfalls keine eminente. Ich bin ein

völlig unabhängiger Denker und Historiker, lieber Herr Kulka. Ich bin kein Politiker, und deshalb engagiere ich mich nicht praktisch oder höchstens ganz am Rande für Unterdrückte und Vergessene. Aber unterdrückte oder vergessene Wahrheiten oder auch bloß Richtigkeiten sind eine meiner unmittelbaren Angelegenheiten, weil ich die trivialste aller Maximen unseres wissenschaftlichen Bemühens nicht geringschätze: daß auch der andere Teil gehört werden muß. Ich hoffe zuversichtlich, daß Sie mit mir hier grundsätzlich übereinstimmen und daß Sie in Zukunft keine absurden Vorwürfe mehr erheben, sei es auch bloß andeutungsweise. Ich leugne nicht, daß ich ein bißchen gefürchtet habe, die *Nationalzeitung* werde aus meinem Artikel »etwas zu machen« versuchen. Inzwischen hat sich eine riesige Kontroverse in nahezu allen relevanten Blättern abgespielt, nur die *Nationalzeitung* ist meines Wissens völlig stumm geblieben. Ich bin ihr offenbar von alters her und weiterhin verdächtig. Es wäre wirklich eine Paradoxie, wenn man in München mehr an richtigem Instinkt an den Tag gelegt hätte als in Jerusalem.
(...)

Brief Kulka vom 11. 1. 1987

Herr Kulka erklärt seine fortdauernde Schätzung meiner früheren Forschungen, distanziert sich aber aufs entschiedenste von meinen letzten, nach seiner Meinung abweichenden und sogar entgegengesetzten Veröffentlichungen. In diesem Sinne werde er hinfort auf meine Werke Bezug nehmen.

28. 1. 1987

Lieber Herr Kulka,

lassen Sie mich ein Wort zu Ihrem Brief vom 11. 1. sagen, das nicht notwendigerweise ein »abschließendes« sein muß.

Warum wollen Sie mich in zwei Hälften teilen, eine weiße und eine schwarze, eine gute und eine böse? Die Leute, die Kampagnen führen, brauchen schwarze Angriffsziele, und Ihre subtilen Unterscheidungen werden da wenig ausrichten. Wäre es nicht besser, umgekehrt vorzugehen und in der »bösen«

Hälfte weiter nichts zu sehen als Selbstüberprüfung und Abstandnahme? Solcher Selbstüberprüfung entspringt auch die Anführung des Tucholsky-Artikels. Sie tun unrecht, mir zu unterstellen, daß ich mich mit Tucholskys Gegnern identifiziere. Beklagenswerte Phantasien sind ein charakteristisches Beispiel dafür, daß Recht in Unrecht umschlagen kann, wenn es auf allzu einseitige und exklusive Weise vertreten wird.

Woher wissen Sie den eigentlich so genau, daß ich Weizmann »Vorwürfe« gemacht habe? Wenn sich ein Gedanke durch alle meine Schriften zieht, dann ist es der, daß eine Gruppe – sei es eine Klasse, sei es ein Volk –, die von einer anderen mit Vernichtung bedroht wird, sich verteidigt und ein Ur-Recht hat, sich zu verteidigen. Deshalb ist allerdings noch längst nicht jede Behauptung dieser Art gerechtfertigt. Wenn Himmler in den letzten Kriegsjahren behauptete, das jüdische Volk habe das deutsche Volk umbringen wollen, so beruhte die Aussage auf einem Mythologem. Weizmann dagegen hatte solide Gründe für die Annahme, daß Hitlers Drohungen ernst gemeint waren. Meine Parteinahme war unzweideutig, und sie ist unzweideutig geblieben. Trotzdem bin ich allerdings der Ansicht, daß die Rede von dem »deutschen« statt von dem »nationalsozialistischen« Verbrechen eine bloße Umkehrung von Hitlers Anklage gegen »die Juden« ist. Mein *FAZ*-Artikel richtet sich ganz eindeutig gegen die »kollektivistische Schuldzuweisung«, d. h. sowohl gegen den Antisemitismus wie gegen den Antigermanismus. Wer ihn als »antisemitisch« verstehen will, stellt sich selbst ein tristes Zeugnis aus. Mir jedenfalls ist verleumderischer Fanatismus zuwider, ob er sich nun internationalistisch oder nationalistisch gibt und ob er von Deutschen oder von Juden kommt. Ich hoffe immer noch, daß wir in diesem Punkt übereinstimmen.
(...)

Brief Kulka vom 10. 5. 1987

Herr Kulka berichtet vom Erscheinen der beiden Interviews in Ha-Aretz *und* Koteret Rashit *sowie von verschiedenen Tagungen, an denen auch deutsche Historiker teilgenommen hätten. Er selbst habe dabei seine kritischen Ansichten über »die Wende in der deutschen Geschichtsschreibung der letzten Jahre« zum Ausdruck gebracht, darunter über meine Veröffentlichungen sowie diejenigen von Broszat, Mommsen und Nipperdey.*

Am Ende macht er den Vorschlag, wesentliche Teile unserer wissenschaftlichen Korrespondenz in der deutschen Originalfassung und in hebräischer Übersetzung zu veröffentlichen.

4. 6. 1987

Lieber Herr Kulka,

haben Sie besten Dank für Ihr Schreiben vom 10. Mai. Ich hatte Herrn Dagan in der Tat eine Kopie meines letzten Schreibens an Sie gegeben und ihm freigestellt, daraus zu zitieren: Es hatte ja keinen persönlichen Charakter, sondern es bedeutete eine Erklärung zur Sache. Ich habe mit Bedauern festgestellt, daß es Sie offenbar nicht zu überzeugen vermocht hat, und ich will nicht leugnen, daß die Berichte über das deutsch-israelische Historikertreffen und über die Ausführungen, die Sie bei dieser Gelegenheit gemacht haben, für mich sehr befremdlich waren. Gewiß sind Sie für die Unterscheidung von »guten Deutschen« und »schlechten Deutschen«, wie sie in der israelischen Presse nach den mir vorliegenden Übersetzungen getroffen wurde, nicht verantwortlich, aber von Ihnen hätte ich doch erwartet, daß Sie nach dem Briefwechsel, den wir geführt haben, sich nicht von anderen israelischen Kollegen (wie Herrn Zimmermann) durch ein weit höheres Maß von »Kritik« an meiner Position unterschieden hätten. Sie sollten am besten wissen, daß der unterscheidende Vergleich von GULag und Auschwitz schon in meinen frühesten Publikationen keimhaft vorhanden war und daß in Presseberichten auch gewisse Israelis vor der Neigung zu einem derartigen Vergleich gewarnt werden, der im Grunde ja nicht ein Vergleich, sondern die Konstatierung eines historischen Kausalverhältnisses ist, zu dem allerdings – selbstverständlich – noch andere Kausalbeziehungen hinzukommen mußten, bevor das konkrete Ereignis eintreten konnte. Ich bin also nur einer der Sprecher einer internationalen Tendenz, die sich eines Tages durchsetzen wird, sofern nicht die Sowjetunion ihre Version der Dinge mit militärischer Gewalt dem Rest der Welt aufzwingen wird. Allenfalls könnte behauptet werden, Deutsche dürften sich nicht zu Vertretern dieser Interpretationsweise machen, aber ich habe Ihnen ja bereits mit klaren Worten gesagt, daß ich ein so nationalistisches Verständnis von Wissenschaft nicht akzeptiere. Besonders bemerkenswert fand ich in dem Bericht über die Tagung die Notiz über die Unmutsbezeugungen gegenüber Herrn Jäckel, der doch nun wahrhaftig zu den »guten Deutschen« gehört. Solange die Tendenz zur »kollektivistischen Schuldzuschreibung« in Israel so stark ist, ist ein »wissenschaftliches Gespräch« zwischen israelischen Historikern und deutschen Historikern sehr schwierig, wenn nicht unmöglich. Ich erkenne zwar gern an, daß *Ha-Aretz* dieses ausführliche Gespräch zwischen Herrn Dagan und mir anscheinend (soweit ich es von der Übersetzung her beurteilen kann) ohne sinnentstellende Kürzungen wiedergegeben und daß Herr Schocken mich jetzt gebeten hat, zu dem Artikel von Dr. Gross Stellung zu nehmen, aber ich will Ihnen trotzdem einen Satz nicht vorenthalten, mit dem ich vor kurzem – d.h. nach der DFG-Entscheidung bezüglich der Herzl-Ausgabe – einen Brief an einen Bekannten geschlossen habe, der mich liebenswürdigerweise mit Auszügen aus der israelischen Presse versorgt hatte: »Wenn mein guter Freund Jacob Talmon noch lebte, würde er seinen Landsleuten bestimmt ins Gewissen reden. Aber es scheint im gegenwärtigen Israel keine Persönlichkeit von vergleichbarer moralischer Statur zu geben.«

Was Ihren Vorschlag betrifft, so trage ich mich seit einiger Zeit mit dem Gedanken, die »Parerga« zu veröffentlichen, die aus dem »Historikerstreit« hervorgegangen sind. Dazu könnten auch einige Briefe gehören, die Sie und ich miteinander gewechselt haben. Sie würden gegfs. für den hebräischen bzw. englischen Teil verantwortlich sein und ich für den deutschen. Allerdings habe ich noch keinen Verlag fest im Auge, und es sind auch noch einige Copyright-Fragen zu klären. Aber angesichts des langen Postweges könnten wir ja damit beginnen, uns über die Auswahl zu verständigen. Es mag Sie übrigens interessieren und vielleicht beruhigen zu erfahren, daß die Publikation meines schon seit zwei Monaten bis zum letzten Komma fertiggestellten Buches hier auf große Schwierigkeiten stößt, obwohl es doch eigentlich zur Voraussetzung jeder ernsthaften Diskussion werden müßte: Die Zahl der »guten Deutschen« ist eben sehr beträchtlich, und die »ängstli-

chen Deutschen« (wie die Spitze der DFG) sind manchmal davon nicht so ganz leicht zu unterscheiden.
(...)

Briefwechsel mit Herrn Schocken

Herr Schocken, Herausgeber von Ha-Aretz, *ließ mich durch Herrn Dagan bitten, zu seinem Leserbrief in der* ZEIT *vom 28. November 1986 Stellung zu nehmen. Ich tat das unter dem Datum vom 4. 3. Daraus entwickelte sich der Austausch einiger Briefe, der teilweise über Herrn Dagan geführt wurde. Der von mir herrührende Teil wird im folgenden vorgelegt. Da es sich um bloße Stellungnahmen zu leicht erkennbaren Fragen handelt, ist eine Paraphrasierung nicht erforderlich.*

4. 3. 1987

Sehr geehrter Herr Dagan,

Sie erhalten anbei die erbetene Stellungnahme zu dem Leserbrief von Herrn Schocken.
(...)

Ich habe die Glosse von Kurt Tucholsky deshalb angeführt, weil mir der Vorwurf gemacht worden war, jene »Kriegserklärung« Chaim Weizmanns sei bisher nur in der rechtsradikalen Literatur zitiert worden. Diesen Einwand weise ich als unwissenschaftlich zurück: Es darf nicht darauf ankommen, *wo* eine Tatsachenbehauptung zu finden ist, sondern zu fragen ist einzig und allein, ob sie zutreffend und relevant ist. Auch die Glosse Tucholskys ist meines Wissens bisher nur in der rechtsradikalen Literatur angeführt worden; ihre Existenz erwies sich jedoch – zu meiner Überraschung – als Faktum, und ich halte sie für relevant. Daß sie aus edlen pazifistischen Motiven hervorgegangen ist, läßt sich nicht bestreiten, und ich habe das mindestens angedeutet. Aber wer einen guten Kampf aus edlen Motiven auf allzu einseitige und aggressive Weise führt, ruft nur allzuleicht maßlose Reaktionen hervor. Das besonders Schlimme an der Glosse Tucholskys besteht darin, daß er den Frauen und Kindern einer ganzen sozialen Schicht den Gastod wünscht. Er stellt sich damit auf den Boden jener »kollektivistischen Schuldzuschreibung«, gegen die allerdings schon mein *FAZ*-Artikel mit klaren Worten gerichtet war. Aber auch und gerade der genuine Antisemitismus beruhte auf dieser kollektivistischen Schuldzuschreibung, welche »die Juden« für dasjenige verantwortlich machte, was einzelne Juden getan haben mochten. Die angebliche »Insinuation« ist daher nicht gegeben. Ich bin nun allerdings nicht der Meinung, daß diese Art von Schuldzuschreibung falsch ist, wenn sie »die Juden« betrifft, und richtig, wenn sie sich auf »die Deutschen« oder auf »die bürgerlichen Oberschichten« bezieht. Herr Schocken tut leider genau dasjenige, was er mir zu Unrecht vorwirft: Er kümmert sich nicht um das Motiv des Autors, über den er sich äußert, und er setzt Emotionen an die Stelle des Denkens. »Wissenschaftliches Niveau« vermag ich in seinem Leserbrief nicht zu erkennen.

8. 4. 1987

Sehr geehrter Herr Dagan,

(...)

Zu den Ausführungen von Herrn Schocken sage ich folgendes: Auch ich habe diese Art von Lehrern kennengelernt, wenngleich einige Zeit später, und sie waren mir schwerlich viel sympathischer als Herrn Schocken. (Ich würde allerdings nicht »die« deutschen Bildungsschichten verantwortlich machen.) Aber als Historiker halte ich Revisionismus bzw. »Revanchismus« nach einem ersten verlorenen Kriege für unvermeidbar: Das war in Frankreich nach 1871 so, das war und ist bei den Arabern seit nunmehr vier Jahrzehnten so, und das würde in Israel kaum sehr viel anders sein, wenn es aus einer Niederlage mit schweren, aber nicht entscheidenden territorialen Verlusten herauskäme. Für mich ist nur die Frage relevant: Woher kam der »Überschwang«, der nicht einen klugen Revisionskrieg im Bündnis mit anderen Mächten, sondern den Weltkrieg und den Holocaust herbeiführte? Und da würde ich in starker Verkürzung und Zuspitzung sagen: Der Überschwang des Guten, wie er in Tucholskys Glosse zum Ausdruck kam, gibt für die Erklärung des Überschwangs des Bösen mehr her als die üblichen Hinweise auf Revisionismus und Militarismus. Niemand schadet einer guten Sache mehr als derjenige, der sie ins erschreckende Extrem steigert.

Inwiefern diese knappen Sätze einer komplizierten Sache nicht gerecht werden, wird jedermann klar sein, sobald (hoffentlich im Herbst) mein Buch *Schreckbild und Vorbild. Der Nationalsozialismus und die Sowjetunion 1917–1945* erscheint. Bis dahin werde ich mich wohl damit abfinden müssen, daß man bloß zwei oder drei meiner Parerga liest und daraus einzelne Sätze oder Satzteile herausreißt.

Im übrigen habe ich an keiner Stelle von einer »vorsätzlichen Verheimlichung« gesprochen. Es ist richtig, daß Tucholskys Glosse in den *Gesammelten Werken* zu finden ist. Aber ich habe eine ganze Reihe von Zuschriften erhalten, die von (wirklichen oder angeblichen) Tucholsky-Kennern kamen und die mich mit dem Ausdruck der Verwunderung oder Verstörung um die Angabe der Quelle baten. Und bei genauerem Hinsehen stellt man fest, daß die Stelle in den *Werken* durch die Hinzufügung eines Satzes (»Leider trifft es immer die Falschen«) verändert und entschärft worden ist. Es wäre für mich interessant, von Herrn Schocken zu erfahren, wer für diese – nicht kenntlich gemachte – Änderung die Verantwortung trägt.

Ich wundere mich sehr darüber, daß Herr Schocken anscheinend mit viel Selbstverständlichkeit annimmt, ich sähe in Tucholsky einen »repräsentativen Juden«. Ich sehe in ihm einen »repräsentativen Linksintellektuellen« – wie in Habermas, mit dem ich in eine Auseinandersetzung verwickelt bin. Meines Wissens wird Tucholsky von Juden nicht ganz selten als »Antisemit« bezeichnet.

(...)

11. 5. 1987

Sehr geehrter Herr Schocken,

ich bestätige dankend den Empfang Ihres Schreibens vom 16. April.

Ich bin mit dem Gesamtwerk von Tucholsky nicht ebensogut vertraut wie Sie und nehme daher gern zur Kenntnis, daß die spätere Hinzufügung des Satzes »Leider trifft es immer die Falschen« von Tucholsky selbst stammt. Ich füge eine Kopie des Textes der *Weltbühne* bei, damit Sie sich davon überzeugen können, daß es sich nicht um eine »Behauptung« von mir handelt. Ihre Meinung, daß der hinzugefügte Satz nur ein »stilistischer Schnörkel« ist, vermag ich nicht zu teilen. Er scheint mir vielmehr zu beweisen, daß Tucholsky selbst das Empfinden hatte, er habe sich zuerst allzu schroff und einseitig ausgedrückt.

Geradezu entsetzt bin ich darüber, wie Sie meine als Klarstellung intendierte Äußerung zum Weizmann-Zitat in dem *ZEIT*-Artikel vom 31. Oktober auffassen. Das genaue Gegenteil ist gemeint. Die Weizmann-Aussage ist das Alte, Begreifliche, in gewisser Hinsicht Selbstverständliche, und erst aus dieser Perspektive ergibt sich mit voller Klarheit, was »die nicht aus Vorhandenem ableitbare Dimension« der Massenvernichtung ist. Sie unterscheidet sich nämlich qualitativ nicht bloß von den gewöhnlichen Streitigkeiten oder Polemiken in einem Rechtsstaat, sondern sogar von dem, was man äußerstenfalls (!) als verständlich, vergleichbar oder sogar rechtmäßig verstehen kann, nämlich der Internierung. Wenn *Sie* einem derartigen Mißverständnis zum Opfer fallen, dann brauche ich mich über nichts mehr zu wundern, was in Israel gesagt und geschrieben wird. Sollte Ihnen Herr Dagan die Kopie meines Schreibens an Herrn Kulka vom 28. 1. nicht gegeben haben, das sich doch schwerlich durch Unklarheit auszeichnet? Allerdings hat Herr Kulka zu meinem Erstaunen darauf nicht geantwortet, und er beteiligt sich anscheinend an Tagungen, zu denen nur »gute Deutsche« eingeladen werden – eine merkwürdige Auffassung von »Wissenschaft«!

Rätselhaft ist mir Ihre Äußerung über Walter Rathenau als »repräsentativen Juden«. Nach meiner Auffassung sah sich Rathenau selbst in allererster Linie als Deutschen. Merken Sie nicht, daß Sie tendenziell die Leute rechtfertigen, welche die große Kampagne gegen Rathenau durchführten (wenn auch nicht zugleich diejenigen, die ihn ermordeten)? Was würde denn in Israel eintreten, wenn die Arbeiterpartei ihre Versöhnungspolitik so weit triebe, daß sie auch nur einen arabischen Staatsbürger zum Außenminister machte, von einem Jordanier oder Iraker zu schweigen? Doch mindestens ein großer Aufschrei von seiten einer starken Partei!

(...)

14. 7. 1987

Sehr geehrter Herr Schocken,

ich danke für Ihr Schreiben vom 6. Juli und freue mich, von Ihnen zu hören, daß meine Antwort auf den Artikel von Dr. Gross in den nächsten Tagen erscheinen wird. Die Freude wird allerdings dadurch erheblich gemindert, daß Sie es wieder für angebracht halten, mich auf äußerst heftige und, wie mir scheint, unfaire Art und Weise anzugreifen.

Sie unterstellen mir »Wunschziele« und Absichten, die lediglich auf Ihren Vermutungen oder – Vorurteilen beruhen, und Sie stellen Behauptungen auf, die unzutreffend sind. Ich habe in der Diskussion nicht »zurückgesteckt«, nichts »zurückgenommen« und nichts »zugestanden«. Ich habe lediglich im Vertrauen auf die Rationalität der Leser etwas erklärt, was möglicherweise nicht klar genug ausgedrückt oder mißverständlich war. Es ist richtig, daß ich eine tiefe Abneigung gegen die »Schwarz-Weiß-Bilder« der Propagandisten und Ideologen empfinde und nicht bloß gegen die nationalsozialistischen. Die Kennzeichnung Hitlers als »politischen Schwerverbrecher« betrachte ich als oberflächlich, wohl aber habe ich bereits vor 25 Jahren geschrieben, daß er sich einer »ideologischen Untat« schuldig gemacht hat. Sie wollen nun letzten Endes alles wieder auf »die Deutschen« und deren Unfähigkeit schieben, »unhaltbare politische Zustände« abzuschaffen, die nach Ihrer Auffassung im potentiellen Zustand weiterexistieren. Ich verlange von Ihnen nicht, daß Sie eine so generöse Einstellung an den Tag legen wie Herr Oppenheimer. Aber ein Minimum an Verständnis für eine Nation und deren führende Schicht, die sich nun einmal in extrem schwieriger Lage befanden, sollten Sie aufbringen können. Trotz Ihrer Abneigung gegen Vergleiche muß ich Sie noch einmal fragen: Was würde in Israel die Folge sein, wenn dort wohnende Ausländer oder auch nur Palästinenser und Intellektuelle dauernd in der großen Öffentlichkeit über »unhaltbare politische Zustände« in Israel und über die »Unfähigkeit« der Israelis reden würden? Ich habe Tucholsky von Anfang an »edle pazifistische Motive« zugeschrieben, aber ich bin trotzdem der Meinung, daß er und seinesgleichen (»Linksintellektuelle« wohlgemerkt und keineswegs durchweg »Juden«) durch die konkrete Art und Weise, wie sie diese Motive in die Praxis umsetzten, erhebliche Mitschuld am Untergang der Weimarer Republik haben.

Was »Hitler als den Vater des Staates Israel« und ein neues Buch angeht, so verlassen Sie sich leider wieder einmal auf Hörensagen. In meinem Beitrag zur Festschrift für Joachim Fest habe ich geschrieben, daß Amerikaner und Engländer es eines Tages leichter haben könnten, Hitler gegenüber Objektivität an den Tag zu legen, als die Deutschen, denn sie würden ihn vielleicht als die Kraft betrachten, die das Böse gewollt, aber das Gute geschaffen habe. In diesem Zusammenhang ist davon die Rede, daß vielleicht sogar die Juden eines fernen Tages in ihm den Mann sehen könnten, »der wider seinen Willen am meisten zur Entstehung Israels beigetragen habe«. Die Aussage dieses Relativsatzes ist in meinen Augen kein »Ladenhüter«, sondern eine unbestreitbare Wahrheit, wer auch immer sie vor dreißig oder zwanzig Jahren zuerst ausgesprochen haben mag.

Aber vielleicht sehen Sie in der Tatsache, daß ich Ihnen auch auf diesen Brief ernsthaft antworte, erneut den Wunsch nach »Apologie« oder ähnlichem. Ich muß mich leider fragen, ob ich gut daran getan habe, mir all diese Mühe mit dem Interview, dem Artikel und den Briefen zu geben, wenn ich in Israel und zumal bei einem Mann wie Ihnen in den Nebel spreche oder auf eine Wand stoße. Ich möchte Ihnen gleichwohl den Vorschlag machen, die »Debatte«, die bisher nicht wirklich eine Debatte war, zunächst einmal zu beenden und die Husserlsche »Epoché« in Anwendung zu bringen. Im Herbst wird das Buch erscheinen, dessen Erstfassung meinem Artikel vom 6. Juni 1986 zugrunde lag, und zwar im Propyläen Verlag unter dem Titel *Der europäische Bürgerkrieg 1917-1945. Nationalsozialismus und Bolschewismus*. Weizmann und Tucholsky werden auch hier auftauchen, aber nicht in der Isolierung, die mit der Form eines Artikels fast unvermeidlicherweise verbunden ist. Vielleicht sollten Sie sich schon jetzt vornehmen, es in Ihrer Zeitung zu rezensieren. Möglicherweise werden Sie Ihre bisherigen Urteile bestätigt finden, aber es ist auch nicht ausgeschlossen, daß Sie sie mindestens partiell korrigieren werden. Jedenfalls wird sich der ganze sogenannte Historikerstreit nebst allen seinen Folgen dann wie ein Schattenboxen ausnehmen, dem die genuine Ernsthaftigkeit fehlte. (...)

Brief an den Präsidenten der Deutschen Forschungsgemeinschaft

Über die »DFG-Affäre« ist in der Einleitung das Notwendigste gesagt worden (oben S. 9f.). Ein direktes Gespräch mit mir hat der Präsident zwischen der Veröffentlichung des taz-*Artikels vom 17. September 1986 und dem Schreiben vom 27. März 1987 nicht gesucht. Wohl fand am 19. Februar in München eine Unterredung zwischen mir, meinem Vorgänger Herrn Prof. Repgen und dem Mitglied des Hauptausschusses der DFG Herrn Prof. Boockmann statt, in der jedoch von einer etwaigen Fortsetzung des Projekts unter einer neuen Leitung nicht einmal in entferntester Andeutung die Rede war.*

9. 5. 1987

Sehr geehrter Herr Präsident,

Sie haben mir mit Schreiben vom 27. März mitgeteilt, daß der Hauptausschuß entschieden habe, meinem Antrag vom 16. Juli 1986 auf Gewährung einer Sachbeihilfe zur Fortsetzung der Herzl-Ausgabe nicht zu entsprechen. Als Begründung führen Sie an, daß eine Bereitschaft der israelischen Mitherausgeber zur Beteiligung an der Ausgabe nicht mehr bestehe und daß diese Tatsache allein, ohne eine etwaige Prüfung der Gründe, die DFG zwinge, die Förderung einzustellen, da der Wille zur Kooperation eine Grundvoraussetzung sei.

Gestern informierte mich Herr R. telefonisch darüber, daß der Hauptausschuß einem Antrag von Herrn Prof. Strauss vom Zentrum für Antisemitismusforschung der TU Berlin zugestimmt habe, ihm das Projekt zur Fortführung anzuvertrauen. (Ich war darüber nicht erstaunt, denn die ersten entsprechenden Informationen hatte ich von zuverlässiger Seite bereits in den ersten Apriltagen erhalten.) Für jeden Außenstehenden muß sich der Eindruck aufdrängen, daß Sie den gegen mich erhobenen Vorwürfen recht gegeben und mich durch eine geeignetere Persönlichkeit ersetzt haben – nicht ganz wenige Personen werden wohl sogar meinen, daß Sie unter dem Druck der von Drohungen begleiteten Pressekampagne gehandelt haben, die mit einem vulgär-polemischen Artikel in der *taz* vom 17. 9. 1986 ihren Anfang genommen hatte (»Den Bock zum Gärtner gemacht«).

Sie haben damit einen außerordentlich gravierenden Präzedenzfall geschaffen. Wenn in Zukunft die feministisch gesinnten Mitherausgeberinnen oder Mitarbeiterinnen eines Projekts der Frauenforschung an Äußerungen des Ihnen gegenüber Verantwortlichen oder eines Mitherausgebers Anstoß nehmen, weil sie sie für antifeministisch erklären, wenn sie eine Pressekampagne in Gang setzen und ihre Bereitschaft zur Mitarbeit aufkündigen, dann werden Sie die Förderung einstellen und dann dem Antrag eines in Bereitschaft gehaltenen Dritten zustimmen müssen, das Projekt unter dessen Verantwortung fortzuführen. Wenn Sie das nicht täten, würde man Sie mindestens unter Hinweis auf den Präzedenzfall der Herzl-Ausgabe des Mangels an Konsequenz bezichtigen können. Es bedarf keiner großen Phantasie, um sich weitere Beispiele vorzustellen.

Offensichtlich gibt es nur einen Weg, solche Ereignisse zu vermeiden, und es ist ein Weg, den man für völlig selbstverständlich halten sollte: Man muß eine Präzisierung der Vorwürfe verlangen, man muß dem Betroffenen die Gelegenheit zur Stellungnahme geben, man muß prüfen, ob die inkriminierten Äußerungen sich innerhalb des vom Prinzip der Wissenschaftsfreiheit gedeckten Bereichs bewegen oder ob sie einen kränkend-propagandistischen Charakter haben. Wenn man zu der Überzeugung gelangt, daß die erste Alternative richtig ist, muß man die Mitherausgeber(innen) und Mitarbeiter(innen) vor die Wahl stellen, entweder ihr Unrecht einzusehen und entsprechend zu handeln oder aber sich nach anderen Geldgebern umzusehen. Wenn Sie im vorliegenden Falle dazu die Hilfe Ihrer Verbindungen und möglichen Einflußnahmen angeboten hätten, würde ich voll einverstanden gewesen sein.

All dies hat die DFG in dieser Angelegenheit *nicht* getan. Ich erkenne an, daß Unterschiede gegeben sind. Ich habe das Herzl-Projekt nicht initiiert, und ich habe an der konzeptionellen Vorbereitung nicht teilgenommen. Andererseits habe ich mich vor einem guten Jahr nur auf die dringenden Bitten von Herrn R. und Herrn R. bereit erklärt, die Aufgabe zu übernehmen. Während normalerweise der Projektleiter und

Verantwortliche der DFG zu Dank verpflichtet ist, weil sie ihm Geldmittel für die Durchführung einer Lieblingsidee gibt, war im vorliegenden Falle die DFG mir gegenüber zu Dank verpflichtet. Um so befremdlicher ist ihr gegenwärtiges Verhalten.

Obwohl Sie mich niemals um eine Stellungnahme gebeten haben, habe ich in meinem Brief an Sie vom 23.3. ausführlich und, wie ich glaube, überzeugend dargelegt, inwiefern es sich bei den gegen mich erhobenen »Vorwürfen« in Wahrheit um eine Kampagne gegen die Wissenschaftsfreiheit handelt. Offensichtlich liegt die Auffassung zugrunde, daß gewisse Tatsachen und daraus etwa abzuleitende Konsequenzen zwar in der innerjüdischen Literatur erörtert werden dürfen – nicht selten unter schärfsten gegenseitigen Vorwürfen –, nicht aber im Rahmen der von Deutschen betriebenen Wissenschaft. Ich bin nicht gewillt, mich demjenigen zu unterwerfen, was ich für eine Erscheinungsform von Nationalismus halte. Ich räume zwar ein, daß angesichts der Sensitivität dieser Dinge auch »Taktfragen« eine Rolle spielen. So sagte Herr Saul Friedländer in jenem Privatgespräch am 2. März 1986, das vielleicht der wichtigste Ausgangspunkt dieses sogenannten Historikerstreits war, das gesamte etablierte Judentum habe sich den Vernichtungsvorgängen gegenüber gleichgültig gezeigt. Ich würde eine so außerordentliche und weittragende These nicht öffentlich zu Wort bringen, selbst wenn ich mich durch eingehende Studien davon überzeugt hätte, daß sie richtig wäre. Aber für die Weizmann-Äußerung und auch für das Verhältnis von GULag und Auschwitz gilt dies nicht. Sie sind auf wissenschaftliche, d. h. allseitige und internationale Weise zu untersuchen, und ein nationaler Anspruch auf exklusive Erörterung oder gar Verbergung sollte mit allem Nachdruck zurückgewiesen werden.

Es ist sehr zu bedauern, daß die DFG nicht erkannt hat, worum es ging, und daß sie ihr eigenstes Prinzip nicht verteidigt hat. Ich weiß wohl, daß bei der Entscheidung über Forschungsprojekte eine Grundsatzfrage dieser Art kaum je eine Rolle spielt, und die vorbildliche Tätigkeit der DFG in diesem Bereich steht ganz außer Frage. Aber wenn ein honoriger Mann nur ein einziges Mal in seinem Leben einer momentanen Versuchung nachgibt und silberne Löffel stiehlt, fallen alle Verdienste plötzlich nicht mehr recht ins Gewicht. Ich fürchte,

daß man – mutatis mutandis – von der vorliegenden Entscheidung der DFG ähnliches wird sagen müssen, der Entscheidung, um des lieben Friedens und der ungestörten Fortführung eines wertvollen Projekts willen die implizierte Grundsatzfrage nicht einmal aufzuwerfen, geschweige denn zur Entscheidung zu bringen.
(...)

Briefe an deutsche Verleger

Die für mich persönlich, aber wohl auch objektiv weitaus wichtigste Folge des »Historikerstreits« war die völlig unerwartete Schwierigkeit, auf die die Veröffentlichung des Manuskripts stieß, das zunächst den Titel »Schreckbild und Vorbild. Der Nationalsozialismus und die Sowjetunion« trug.

Der Verleger Herr X., mit dem unter dem Datum des 1. April 1986 ein Vertrag über die Publikation des Buches zum Termin des Herbstes 1987 geschlossen worden war, empfand allem Anschein nach schon relativ frühzeitig Bedenken, nachdem der »Historikerstreit« zur Entfaltung gelangt war. Mein Brief vom 8. März 1987, der im folgenden abgedruckt wird, erklärt vermutlich die vorhergehende Korrespondenz in ausreichendem Maße und nimmt das Ergebnis vorweg.

Kaum weniger überrascht und betroffen war ich durch die Ablehnung des Manuskripts, die einige Wochen später von seiten des Verlegers Herrn Y. erfolgte. Sie war sehr ausführlich begründet; ich meine jedoch, daß die Argumente aus meinem Antwortbrief vom 14.5. mit genügender Klarheit erkennbar werden.

Das Schreiben an einen dritten Verleger, der das Manuskript mit einer eher persönlichen Begründung abgelehnt hatte, ist zur Veröffentlichung nicht geeignet, da sich Subjektives und Objektives zu sehr durchdringen. Ich lege aber Wert auf die Feststellung, daß es sich nicht um den Verlag Klett-Cotta handelte. Eine Kette von zufälligen Umständen ließ den Verlag, der zwei der drei Bücher meiner »Trilogie« herausgebracht hat, nicht in die Situation gelangen, eine positive oder negative Entscheidung treffen zu können.

Als letztes Dokument wird der Text des Briefes vorgelegt, den ich am 1. Juni 1987 an insgesamt acht Verlage geschrieben habe. Das Ergebnis war erfreulich, obwohl auch jetzt mehrere charakteristisch begründete Absagen eintrafen: Drei Verlage erklärten sich aufgrund der Lektüre einer Auswahl von drei Kapiteln nach Ablauf von kaum mehr als acht Tagen bereit, die Publikation zu übernehmen. Das im folgenden mehrfach erwähnte »Vorwort« wurde umgearbeitet und ging teilweise in das vorliegende Buch ein.

8. März 1987

Lieber Herr X.,

Sie haben meinen Brief mißverstanden. Wir haben einen Vertrag miteinander abgeschlossen, und die Erfüllung eines Verlagsvertrages kann nicht davon abhängig sein, ob der Verleger dem Autor inhaltlich zustimmt oder nicht; am wenigsten dann, wenn ihm vor dem Vertragsabschluß große und entscheidende Teile des Manuskripts bekannt waren. Es war vor einem Jahr für uns beide selbstverständlich, daß Sie zwar Vorschläge machen würden, daß es aber ausschließlich von mir abhängt, ob ich sie akzeptiere oder nicht akzeptiere.

Sie scheinen mir also tatsächlich zumuten zu wollen, daß ich Thesen und Formulierungen, die allesamt in dem Ihnen bekannten Urmanuskript zu finden waren, inzwischen in der ganzen westlichen Welt bekannt sind und meist – mit unzureichender Begründung, wie ich meine – kritisiert werden, die aber jedenfalls mit meinem Namen verbunden sind, nicht etwa verteidige, erkläre und/oder in einen größeren Zusammenhang stelle, sondern fortlasse! Ich muß mich nun fragen, für wen oder für was Sie mich eigentlich halten. Was immer ich bin, so bin ich jedenfalls nicht ein intellektueller Feigling. Verstehen Sie denn wirklich nicht, worum es mir neben der neuen Hauptintention der Wechselwirkungs- und Parallelgeschichte von Kommunisten und Nationalsozialisten vor allem geht: daß ich in einem Prozeß der Selbstüberprüfung möglichst viele derjenigen Einwände und Tatbestände einbeziehe, die ich 1963 noch nicht gekannt oder nicht berücksichtigt habe, um dadurch meine damaligen Hauptaussagen besser zu fundieren und »wahrer« zu machen? Was Ihnen paradox und unnötig erscheint, ist also Methode und unverzichtbar.

Ich habe Ihnen in meinem Brief freigestellt, vom Vertrag zurückzutreten, weil mich schon Ihr Schreiben vom 19. 12. aufs tiefste befremdet hatte. Aber ich habe darin mit klaren Worten gesagt, daß der Inhalt des Briefes, das neue Inhaltsverzeichnis und vor allem das »Vorwort« Ihnen die Daten an die Hand geben, um Ihre Grundsatzentscheidung zu treffen. Sie können doch nicht im Ernst annehmen, daß ich Ihnen genau zum vorgesehenen Termin mein Manuskript schicke und dann wie ein junger Anfänger voller Spannung die Entscheidung des Verlags erwarte!

Ich bitte Sie, mir möglichst bald, spätestens aber bis zum Ende der nächsten Woche Nachricht zu geben, ob Sie den Vertrag erfüllen wollen oder nicht – gegebenenfalls also ohne Wenn und Aber und zum Zwecke der Publikation *meines* Buches und nicht des Ihren.

(...)

14. 5. 1987

Lieber Herr Y.,

ich habe Ihre Entscheidung mit einiger Verwunderung und doch wiederum bei näherer Überlegung ohne allzuviel Überraschung zur Kenntnis genommen. Mit einiger Verwunderung aus mehreren Gründen:

Alles Wesentliche meiner neuen Fragestellung war Ihnen bekannt (...), und Sie kannten seit über zehn Wochen das »Vorwort«. Wenn Sie heute gegenüber der Verwendung des Wortes »töten« statt »morden« im Hinblick auf Liebknecht und Luxemburg Einwendungen machen, so hätten Sie längst mit besserem Grund an dem Tucholsky-Zitat aus dem *ZEIT*-Artikel Anstoß nehmen können, dessen bloße Anführung ein israelischer Briefpartner für »antisemitisch« und höchst irreführend erklärte, da es ja aus dem berechtigten Kampf gegen die Kriegslust »der deutschen Bildungsschichten« hervorgegangen sei. Leider muß ich heute annehmen, daß Sie diese meine Artikel nicht gelesen oder nicht präsent hatten; offenbar habe ich nur deshalb aus unserer Unterredung vom 19. Februar einen so positiven Eindruck mit nach Hause nehmen können. Nun sind sechs kostbare Wochen verloren.

Nicht nur verwunderlich, sondern vor allem bedauerlich

finde ich, daß Sie außer den offenbar allein entscheidenden »überzeugungsmäßigen« Gründen auch objektive Gründe anführen, deren Unrichtigkeit ins Auge sticht. (...) Am unglaubwürdigsten ist aber die Behauptung, ich hätte vor 25 Jahren auf ausgewogene und differenzierte Weise ein Buch geschrieben, das viel internationale Anerkennung gefunden habe, und nun sei ich im fortgeschrittenen Alter auf einmal zu einer Art von *terrible simplificateur* geworden. Richtig ist daran lediglich, daß ich mich heute in stärkerem Gegensatz zu vorherrrschenden Zeitströmungen befinde und daß eine völlig neue und ungewohnte Aufgabenstellung – der Totalitarismustheorie eine historisch-genetische Dimension zu verschaffen, die ihr bisher fehlte – vermutlich nicht ohne einige Einseitigkeiten und Überspitzungen zu bewältigen ist.

Im übrigen meine ich, daß nach diesem »Historikerstreit« die Publikation desjenigen Buches, das ihn sozusagen in seinem Frühstadium ausgelöst hat, eine Angelegenheit von öffentlichem Interesse sein müßte, wie immer man zu seinem Inhalt steht. Es könnte sein, daß die Urteile der Herren Habermas und Mommsen dadurch ihre Bestätigung fänden. Aber daß Sie sich dieses Urteil zu eigen machen würden, brauchte ich nicht zu erwarten, denn Sie und Ihre Mitarbeiter befanden sich *en connaissance de cause*, als Sie das Manuskript erhielten. Sie sind jedoch ein Privatverlag, und ich räume gewiß ein, daß dieses öffentliche Interesse von Ihnen nicht notwendigerweise als Ihre Sache empfunden werden muß.

Auf der anderen Seite passen Ihr Schreiben und die ausführliche Stellungnahme, die ich in ihrer Offenheit zu schätzen weiß, auch wieder recht gut in das Gesamtbild, welches das Buch zeichnet, und insofern bin ich nicht allzusehr überrascht. Ein Hauptthema aller meiner Bücher, wenngleich mehr ein impliziertes, ist ja »das europäische Bürgertum«, jene merkwürdigste und sonderbarste Klasse der Weltgeschichte: zunächst kleine Minderheit und dennoch tendenziell Mehrheit, zuversichtlich und an sich selbst zweifelnd, angsterfüllt und generös, ohne feste Grenzen ins »Volk« verlaufend und lange Zeit dem Adel gegenüber voller Abneigung und Zuwendung zugleich. Nur innerhalb dieses Bürgertums kann man so generös sein, die von einigen der eigenen Söhne erfundene Losung von den »Proletariern aller Länder« im Vergleich zu jener von der »Weltherrschaft der Arier« positiv einzuschätzen, obwohl sie die eigene vollständige Vernichtung impliziert, während die andere scheinbar bloß die Opferung eines relativ kleinen Teils des Ganzen bedeutet. Ich teile diese Auffassung im Kern, aber ich glaube, daß sie nicht zu allen Zeiten mit der gleichen Selbstverständlichkeit und Gefahrlosigkeit vertreten werden konnte wie heute. Was ich heute mehr als 1963 getan habe, ist lediglich dies, daß ich die Bedrohung der Jahre 1919 und auch 1932 im Rückblick ernster genommen habe. Dafür gab es ganz objektive Gründe. So führe ich zum Beispiel auf S. 91 des Manuskripts eine Stelle aus dem Tagebuch Thomas Manns an, und ich erkläre sie in der Tat für vollständig identisch mit den gleichzeitigen Auffassungen Hitlers. Natürlich weiß ich genau, daß Thomas Mann schon sehr bald andere Auffassungen vertrat und daß er diese Vergangenheit zugunsten einer andersartigen Gegenwart vergaß. Ich halte ein solches Vergessen für normal und menschlich; und ich bin sicherlich der Meinung, man müsse ein großes Unglück in der Tatsache sehen, daß für Hitler und in Hitler diese Vergangenheit *nicht* vergehen wollte. Aber dieses Nicht-Vergehen war nicht grundlos, und es war keine bloße Velleität oder bloß individuelle Eigenart Hitlers. Wenn ich mir eine persönliche Zuspitzung erlauben darf, so würde ich sagen: Sie haben Ihre bzw. Ihres Vaters Angst von 1919 allzusehr vergessen, und Sie haben unter dem Eindruck der Ereignisse und Enthüllungen von 1944/45 die Angst von 1933 allzusehr festgehalten. Das ist verständlich und keines Tadels wert; aber ich bin als Historiker zu dem Versuch verpflichtet, mit den Augen der Zeitgenossen zu sehen, die nicht über die *wisdom of hindsight* verfügten. Dazu war ich 1963 noch nicht in ausreichendem Maße in der Lage, und was Sie als Vorzug des *Faschismus in seiner Epoche* betrachten, war in Wirklichkeit wohl eher eine Schwäche. Ich kannte damals weder die Aussage Sinowjews vom 17. September 1918 noch die Tagebuchaufzeichnung Thomas Manns vom Mai 1919, noch war ich durch detaillierte Beschäftigung mit der russischen Revolution vertraut. Dennoch ist dieses Manuskript kein Gegensatz zum *Faschismus in seiner Epoche*, sondern eine Erweiterung und Ergänzung.

Sie dürfen mir daher unbesehen zutrauen, daß dasjenige, was Sie auf S. 2 Ihrer »Bemerkungen« sagen, mir nicht unbekannt ist. Ganz sicher hat Theodor Haecker recht, wenn er sagt, »die Wahrheit darf nichts auslassen«. Gerade das habe ich zu tun versucht. Oder sollte ich wirklich all dasjenige noch einmal herausstellen, was heute längst zur Trivialität geworden ist und den Unterricht sogar der Grundschulen beherrscht? Das Neuartige ist nicht, daß die Menschheit nach 1939 mit Hitler »auf diesem Planeten nicht zusammenleben wollte«, wie Sie schreiben, sondern daß ein ähnlicher Wille mit der gleichen Wendung schon 1918 ausgesprochen wurde und daß diejenige Klasse das Objekt war, der Sie angehören und der auch ich – wenngleich auf viel weniger prononcierte Weise – angehöre. Insofern ist mein Manuskript *auch* eine Selbstkritik oder Selbstprüfung des europäischen Bürgertums, aber es ist deshalb nicht eine Selbst-Verwerfung und Selbst-Herabsetzung. Eine so generöse Einstellung wie die Ihre kann die Ablehnung der Selbst-Verwerfung nur bestärken, aber es wäre ein historisches Fehlurteil, wenn man meinen wollte, sie sei immer vorherrschend und immer alleinberechtigt gewesen.

Auf einzelne Ihrer »Bemerkungen« kann ich nicht mehr eingehen. Zum Teil ergeben sich aus der Lektüre meines Manuskripts keine wesentlich anderen Ergebnisse; zum Teil müßte ich Ihnen mit Schärfe widersprechen, so wenn Sie sich mit Recht über die Hinmordung »vieler Zehntausender oder Hunderttausender (?) Menschen in der polnischen Intelligenz« empören, aber Katyn nicht mit einem Wort erwähnen.

Ich leugne nicht, daß ich für diejenigen Verständnis habe, die sich 1919 und 1920 über die Anfänge der »Katyns« und des »GULag« entsetzten, welche ja schließlich nichts weiter als eine Konsequenz des Vernichtungswillens gegenüber »dem Bürgertum« und »den führenden Schichten« waren, und ich bin mir selbst gegenüber nicht unwahrhaftig genug, daß ich nicht auch Hitler in dieses Verständnis einbeziehen muß. Wieso daraus eines Tages eine Entsprechung und sogar eine »Über-Entsprechung« resultierte (aber nicht resultieren *mußte*), war und ist für mich ein bedrängendes Problem, auf das ich eine Antwort finden wollte. Anscheinend ist Ihnen allein ins Auge gefallen, daß ich allerlei Trivialitäten und Gutgemeintheiten erst einmal wegräumen oder an einen untergeordneten Platz verweisen mußte, um das eigentlich Bedrängende in den Blick zu bekommen. (...)

1. 6. 1987

Sehr geehrte Damen und Herren,

mein Name ist Ihnen vermutlich nicht unbekannt, und da ich annehme, daß Sie den sogenannten Historikerstreit mit einiger Aufmerksamkeit verfolgt haben, wird er Ihnen in den letzten Monaten wohl ziemlich häufig ins Auge gefallen sein. Was Sie nicht wissen können, ist das folgende:

Mein »nicht gehaltener« Vortrag über die »Vergangenheit, die nicht vergehen will« (*FAZ* vom 6. 6. 1986) ist zwar aus zufälligem Anlaß entstanden, aber er war doch ein Nebenprodukt der Arbeit an einem Buche, das mich schon seit geraumer Zeit beschäftigt und dessen Ziel darin besteht, die Geschichte der Zeit von 1917 bis 1945 als die Epoche eines »Weltbürgerkrieges« unter dem Hauptaspekt des Kampfes der beiden radikalsten Antagonisten zu schildern und zu analysieren. Ich sah und sehe darin einen konsequenten letzten Schritt innerhalb des ideologiegeschichtlichen Ansatzes, von dem schon der *Faschismus in seiner Epoche* bestimmt war und der nunmehr die Totalitarismuskonzeption nicht mehr bloß, wie 1963, differenziert, sondern ihr eine historisch-genetische Dimension verleiht. Wenn ich recht sehe, ist derartiges, und insbesondere eine Darstellung der kommunistisch-nationalsozialistischen Interaktion mit ihrer Extremform des deutsch-russischen Krieges, noch nie unternommen worden. Der Titel läßt schon den bedeutendsten der speziellen Gesichtspunkte erkennen: *Schreckbild und Vorbild. Der Nationalsozialismus und die Sowjetunion 1917-1945*. Der Umfang beträgt ca. 700 Schreibmaschinenseiten plus ca. 100 Seiten Anmerkungen. Meine Frage an Sie geht dahin, ob Sie daran interessiert sind, die Veröffentlichung des Manuskripts zu übernehmen.

Ich bin zwar überzeugt, daß das Buch auch dann erhebliches Aufsehen erregen und scharfe Kontroversen hervorrufen würde, wenn jener Artikel nicht geschrieben worden wäre und wenn der »Historikerstreit« sich auf Polemiken hinsichtlich des Museums für deutsche Geschichte beschränkt hätte. Aber da in einem Artikel die Grundauffassungen in sehr zugespitzter Form hervortreten, die in einem Buch breit entwickelt und erläutert werden können, ist nun dieser große »Streit« aufgeflammt, zumal sich ein abermals ganz zufälliges Zusammentreffen mit der These eines älteren Artikels ergab, die sich zur

Entstellung und zu der daraus herrührenden Verleumdung besonders gut eignete. Wenn man eine unzutreffende Annahme zugrunde legen und eine zynisch klingende Äußerung nicht scheuen würde, könnte man sagen, es handle sich um das bestangekündigte Buch des Jahrzehnts. Man wird annehmen dürfen, daß schon die formelle Ankündigung ein hohes Maß an Aufmerksamkeit erzeugen und zahlreiche Vorbestellungen nach sich ziehen würde. Jedenfalls würden die vielen Stellungnahmen und Veranstaltungen zum »Historikerstreit« sofort vor eine völlig neue Situation gestellt sein, und niemand würde die Richtigkeit einer Kennzeichnung wie der folgenden ernsthaft bestreiten können: »Das Buch, das in seiner Entstehungsphase den ›Historikerstreit‹ hervorbrachte und das nach seinem Erscheinen die Diskussion auf ein wissenschaftliches Niveau heben wird.«

Sie werden mich nun fragen: »Wieso wenden Sie sich bei dieser Sachlage an einen Verlag, mit dem Sie bisher nie etwas zu tun gehabt haben, obwohl Sie doch seit 1963 Ihre Bücher in mehreren angesehenen Verlagshäusern publiziert haben?

Hier kommt die Kehrseite in den Blick, und vielleicht wird sie für Sie weniger überraschend sein, wenn Sie sich vor Augen halten, daß der »Historikerstreit« im Kern nichts anderes als eine große Kampagne gegen mich – und bis zu einem gewissen Grade gegen Herrn Hillgruber – war und ist. Die bloße Mitteilung des Buchkonzepts hatte einen bedeutenden Verleger, den ich Herrn X nennen will, ausgesprochenermaßen enthusiasmiert, und als er das »Urmanuskript« gelesen hatte, wurde ein Vertrag geschlossen und die mündliche Abmachung getroffen, daß das Buch den Mittelpunkt des Verlagsprogramms im Herbst 1987 bilden werde. Aber dann ließ sich Herr X offensichtlich durch die Kampagne erschrecken, und er verlangte von mir, ich solle auf die Anführung jener Weizmann-Äußerung vom September 1939 verzichten (die schon im »Urmanuskript« zu finden gewesen war). Ich antwortete, im Kontext des Buches handle es sich zwar um eine Nebensache, aber wenn ich nach dem Wirbel, der nun einmal entstanden sei, etwas Derartiges täte, würde ich als intellektueller Feigling dastehen. So kam es kurz vor der Fertigstellung des Manuskripts zum Vertragsbruch durch Herrn X.

Etwa um die gleiche Zeit fand ein Gespräch zwischen mir

und dem Verlag Y statt. Wieder erregte die Entwicklung des Konzepts große Begeisterung, und man versicherte mir auf eine mißtrauische Frage hin feierlich, man sei keineswegs ein »Habermas-Verlag« und man werde mir ein Angebot machen, sobald man das Manuskript gelesen habe. Aber nach vier Wochen kam zu meiner größten Überraschung eine Ablehnung, die ganz »habermasisch« begründet war.

Ich wandte mich nun an den Verlag Z. Hier kamen indessen persönliche Empfindlichkeiten ins Spiel, und der Verleger konnte sich offenbar nicht zu dem Gedanken durchringen, daß unter Berücksichtigung aller Umstände ein öffentliches Interesse an der Publikation dieses Buches bestehe, das stärker sein müsse als private Vorbehalte.

Dies ist also die Situation, wie sie sich gegenwärtig darstellt. Ich bin mir nun darüber im klaren, daß die Kampagne stärkere Wirkungen gehabt hat, als ich zunächst dachte. Welche Folgen sie bei der DFG hatte, werden Sie der *FAZ* bzw. zahlreichen anderen Zeitungen entnommen haben. Daher kann ich nicht ausschließen, daß das optimistische Bild, das ich oben gezeichnet habe, sich als unrichtig erweist und daß von seiten meiner Gegner so etwas wie ein Boykott organisiert werden wird. Kein Boykott wird jedoch die Abnahme einer nicht unbeträchtlichen Anzahl von Bibliotheksexemplaren und auch individuelle Bestellungen verhindern können, so daß alles in allem nach menschlichem Erwarten sogar ein mäßiger Gewinn gesichert sein sollte. Falls sich wider Erwarten trotzdem finanziell nachteilige Folgen ergeben sollten, würde ein größerer Geldbetrag [aus eigenen Mitteln] zur Verfügung stehen, der den Verlag vor Verlusten bewahren würde.

Natürlich wäre es mir im höchsten Grade erwünscht, wenn der betreffende Verlag mir schon bisher gegenüber Herrn Habermas grundsätzlich recht gegeben hätte, aber ich könnte mir ebenfalls vorstellen, daß selbst ein »habermasisch« orientierter Verlag, anders als der Verlag Y, in seiner Liberalität so prinzipienfest und selbstsicher sein könnte, daß er die Publikation meines Buches als eine Art von spiritueller Pflicht auffaßte. Sie werden Verständnis dafür haben, daß ich mich nun gleichzeitig an mehrere Verlage wende. Es darf nicht noch weitere Zeit verlorengehen, nachdem der ursprünglich so fest ins Auge gefaßte Herbsttermin bereits nicht mehr erreichbar

sein dürfte. Anbei erhalten Sie das Inhaltsverzeichnis und das Vorwort des Buches. Sie werden sich daher sehr leicht eine Meinung darüber bilden können, ob Sie das oben erwähnte »Interesse« haben oder nicht. Es sind ja auch mannigfaltige Umstände mehr technischer Art denkbar, die eine negative Entscheidung unausweichlich machen. In all diesen Fällen wäre ich Ihnen für eine baldige Mitteilung sehr dankbar. Daß ich im entgegengesetzten Falle Spontaneität besonders zu schätzen wissen würde, brauche ich wohl nicht besonders zu unterstreichen.
(. . .)

Wissenschaftliches Ethos und Historisierung

Der im folgenden abgedruckte Artikel erschien am 18. Juli 1987 in der Wochenendbeilage der FAZ *unter dem (von der Redaktion stammenden) Haupttitel »Die Ausschau nach dem Ganzen«.*

Bereits am 27. Juli reagierte Rudolf Augstein mit einem »Spiegel-*Essay« unter dem Titel »Wie man Auschwitz ›historisiert‹«. Indessen war dieser Artikel für Augstein wenig mehr als ein Anlaß, um noch einmal und sehr ausführlich jene »Rede, die geschrieben, aber nicht gehalten werden konnte« vom 6. Juni 1986 anzugreifen und zwecks besserer Effekte abermals einige Zitate aus »Zwischen Legende und Revisionismus?« einfließen zu lassen. Dabei kommt sich Augstein so sehr wie ein siegreicher Feldherr vor, daß er »das Feuer einstellen« will und dem »neuen Nolte-Buch« einen »geordneten Rückzug« wünscht. So habe ich nur wenig Hoffnung, daß er nach der Lektüre des vorliegenden Buches und insbesondere des »Europäischen Bürgerkrieges« von seinen militärischen Metaphern fortkommt und zum abwägenden Denken gelangt.*

Gar keine Hoffnung ist bei den Autoren angebracht, die sich in der von Reinhard Kühnl herausgegebenen Publikation des Pahl-Rugenstein Verlages äußern, welche in ihrem Dokumententeil durch den unautorisierten Abdruck zahlreicher Beiträge aus dem Piperschen »Historikerstreit« eine bemerkenswerte »Abschaffung des Privateigentums« vornahm. (»Vergangenheit, die nicht vergeht. Die ›Historiker-Debatte‹. Dokumentation, Darstellung und Kritik«) Reinhard Kühnl wendet die Klischees seines teutonozentrischen Marxismus in gewohnter Weise auf den deutschen Teil der Kontroverse an, und der DDR-Historiker Kurt Gossweiler erregt sich über die »ungeheuerlichen« Thesen der imperialistischen Propagandisten Nolte und Fest, stellt aber im Grunde trotz eines Gorbatschow-Mottos nur unter Beweis, wie sehr die DDR ideologisch noch immer ein Satellitenstaat derjenigen Gestalt der Sowjetunion ist, welche in ihrem vollständigen Mangel an Selbstkritik immerhin ansatzweise im Begriff ist, zur Vergangenheit zu werden.

Ethos ist ein Grundverhalten, das die Handlungen oder die Urteile bestimmter Gruppen von Menschen durchdringt oder durchdringen sollte: Der hippokratische Eid ist eine Erscheinungsform des Ethos der Ärzte, Unerschrockenheit war und ist ein Merkmal des Ethos der Soldaten. Im folgenden soll vom Ethos der Wissenschaftler in Abhebung vom Ethos der Moralisten und vom Ethos der Politiker die Rede sein, denn gerade diese drei Formen des Ethos müssen möglichst genau voneinander geschieden und doch aufeinander bezogen werden.

Der Mensch, der in erster Linie moralisch empfindet, läßt sich vor allem von der »goldenen Regel« leiten, daß niemand einem anderen Menschen etwas zufügen solle, was er selbst zu erfahren nicht wünschen könne. Daher wird er Verstöße gegen die moralischen Maximen anklagen, sobald sie ihm zur Kenntnis kommen, denn die Unmittelbarkeit ist ein wesentlicher Bestandteil des moralischen Empfindens.

Der Politiker muß den Willen einer Gruppe zu prägen suchen, die ihrer Definition nach von anderen Gruppen oder Staaten verschieden ist. Seine wichtigste Verpflichtung gilt nicht »der Menschheit«, sondern dem Erfolg seiner Partei oder seines Staates. Wenn er diese seine »Einseitigkeit« anders als im Sinne des Fairneßgebotes überwinden will, muß er zum Vorteil gegnerischer Politiker handeln mit der Folge, daß er von seinen Anhängern als »Moralapostel« oder als »Intellektueller« ins Abseits gestellt wird.

Anders als der Moralist und der Politiker ist der Wissenschaftler durch den Willen zur Abstandnahme gekennzeichnet, vor allem im Bereich der Grundlagen- und der Geisteswissenschaften. Dem Historiker werden seine Quellen erst allmählich zugänglich, und er wird zu um so besseren Ergebnissen gelangen, je mehr er auf bereits vorhandene Darstellungen und Interpretationen seines Gegenstandes Bezug nehmen kann. Eine Interpretation, die ihm bis dahin nicht bekannt war, erscheint ihm nicht als gegnerischer Akt, dem er mit raschem Handeln begegnen muß, sondern eher als ein Licht, das eine andere Seite des komplexen Gegenstandes erhellt. Insofern ist ein gewisses Maß von »Historisierung« – das Faktum zeitlichen Abstandes und das Sichtbarwerden von Komplexität – schon die *Voraussetzung* seines Tuns. Historisierung in einem umfassenderen Sinn muß aber auch sein *Ziel* sein, denn es gibt zwar außerordentlich viel Menschliches, das moralisch verurteilt werden muß oder politisch bekämpft werden sollte, aber es gibt nichts Menschliches, das außerhalb der Geschichte stände. Eben deshalb muß es grundsätzlich verstehbar sein. Was nicht verstehbar ist, befände sich als ein »absolutes Böses« oder ein »absolutes Gutes« außerhalb der Geschichte und wäre nicht Gegenstand des Historikers.

Da das moralische Urteil aber jeden Verstoß gegen die »goldene Regel« mit Recht als »böse« qualifiziert, ist von vornherein eine Spannung zwischen dem Ethos des Moralisten und demjenigen des Historikers gegeben. Da der politische Mensch eine Stärkung seines Gegners darin sehen mag, daß ein bestimmtes historisches Phänomen verstehbarer gemacht wird, hat der Historiker auch Einwände und Vorwürfe von seiten der Politik zu erwarten. Tatsächlich kann man am offenen Grabe eines Ermordeten keine Wissenschaft treiben. Aber kein Grab ist so groß und bleibt so offen, daß es nicht nach dem Verlauf von Jahren oder Jahrzehnten zum Thema der Wissenschaft werden könnte oder werden müßte. Zweifellos verändert die wissenschaftliche Erforschung einer politisch aktiven Kraft die Bedingungen der politischen Auseinandersetzung mit dieser. Aber eine politische Kraft, die keine Lebensfähigkeit mehr besitzt oder die sich wesentlich verändert hat, kann und darf ohne Bedenken zum Gegenstand wissenschaftlicher Einordnung gemacht werden.

Nicht alles Verstehbare ist für den Historiker verständlich, und nicht alles, was er verständlich findet, gilt ihm schon deshalb als gerechtfertigt. Wenn sich sein Ethos in Spannung zu demjenigen des Moralisten und zu demjenigen des Politikers befindet, so steht es doch nicht bloß im Gegensatz dazu, denn auch der Historiker verbietet sich das moralische Urteil nicht, und auch er weiß, daß er keine Position einnehmen kann, die allen politischen Bezügen enthoben wäre. Er muß jedoch seinerseits von dem Moralisten verlangen, daß dieser keinen Totalitätsanspruch erhebt, welcher am Ende zur vollständigen Verwerfung der Geschichte führen würde, und er darf den Politiker auffordern, sich dem Prinzip des historischen Verstehens so weit anzunähern, daß er in dem politischen Gegner keinen Todfeind sieht, den es zu vernichten gilt. Aber weder die Spannung zwischen den drei Formen des Ethos noch deren innere Nähe kann genügend klar werden, wenn Wissenschaft nur als Fachwissenschaft verstanden wird.

Fachwissenschaft muß sich immer weiter spezialisieren und immer engere Fragestellungen wählen. Wie es eine Stresemann-Forschung gibt, so mag es irgendwann eine Forschung über Ludwig Kaas, den Vorsitzenden der Zentrumspartei, geben, und eines Tages könnte die ganze Arbeitskraft eines Menschen erforderlich sein, um alle Publikationen dieses Forschungszweiges und alle von ihm erschlossenen Quellen zu überblicken.

Als innerwissenschaftlichen Gegenzug zu dieser Spezialisierungstendenz der Fachwissenschaft versteht sich dasjenige, was man als Zusammenhangwissenschaft bezeichnen mag. Sie bleibt mit der Fachwissenschaft in möglichst engem Kontakt und ist mit ihr nicht selten in Personalunion verbunden, aber sie verbirgt sich nicht, daß sie auch dem Wagemut der Essayistik und der Entschiedenheit der Ideologien verwandt ist – jenen zwei außerwissenschaftlichen Vorgehensweisen, die ein der Fachwissenschaft mehr und mehr unzugängliches »Ganzes« in den Blick nehmen. In jedem Falle muß die Zusammenhangwissenschaft sich eingestehen, daß sie nicht im gleichen Sinne gesichertes Wissen hervorzubringen vermag wie die Fachwissenschaft, und manches Mal wird sie sich bloß den Willen zuschreiben dürfen, »in wissenschaftlichem Geiste« zu verfahren. Gleichwohl soll sie im folgenden abkürzend »die Wissenschaft« genannt werden, wenn einige ihrer Merkmale beschrieben und einige ihrer Postulate thesenhaft umrissen werden sollen.

Wissenschaft faßt ein »Ganzes« in den Blick, aber es handelt sich in der Regel nicht um das Ganze der Geschichte, wie es bei den großen Ideologien der Fall ist, und nicht um ein ohne methodische Erörterungen erfaßtes Ganzes, wie die Essayistik es im Auge hat. Dieses Ganze wird für sie vielmehr meist eine Epoche oder ein Zeitalter sein, das durch scharf ausgeprägte Kennzeichen von anderen Epochen oder Zeitaltern verschieden ist. Innerhalb einer solchen Epoche darf sie relevante Ereignisse oder Tatbestände nicht deshalb fortlassen, weil diese zu politischen Zwecken herausgenommen und dadurch mißinterpretiert werden könnten. Nichts liegt ihr ferner, als die Vergangenheit »auszulöschen«, wohl aber wendet sie sich gegen die Selektion und Instrumentalisierung einzelner Tatbestände und Aspekte der Vergangenheit.

So groß ihre Distanz von tagespolitischen Auseinandersetzungen ist, so nah bleibt sie gleichwohl dem Alltagsleben, indem sie die Forderung des einfachen Menschenverstandes übernimmt, auch der andere Teil solle gehört werden. In einem juristischen Bilde läßt sich das so ausdrücken, daß sie Schauprozesse ablehnt und die Durchführung regulärer Gerichtsverhandlungen verlangt, in denen auch Entlastungszeugen wirklich angehört werden und die Richter nicht bloß zum Schein von den Anklägern verschieden sind.

Wenn die Urteilssprüche gerade deshalb sehr verschieden sein werden, so ist das die metaphorische Entsprechung zu der Tatsache, daß Wissenschaft ständig Unterscheidungen trifft, gerade weil sie von einem Ganzen her zu sehen versucht. So differenziert sie die Motive der handelnden Personen und reduziert sie nicht von vornherein auf dasjenige Motiv, das die schlimmsten Auswirkungen gehabt hat. Sie bemüht sich, nicht ex eventu Notwendigkeiten zu konstruieren. Sie setzt moralisches Unrecht nicht mit historischem Unrecht gleich, so große Vorsicht sie gerade bei dieser Distinktion an den Tag legen muß. Sie weiß, daß sie nicht im Besitz eines allmächtigen Schlüssels ist und daß sie nur aus dem Blickpunkt des gesellschaftlichen Zustandes urteilen kann, in dem sie selbst steht und durch den sie möglich gemacht wird.

Ein zufälliges Element kommt insofern in die Wissenschaft hinein, als es von der Gesamtsituation einer Zeit, aber auch von den persönlichen Prämissen eines Wissenschaftlers abhängt, ob er die Eigenart eines Ereignisses stärker betonen muß oder aber den Zusammenhang, aus dem noch das Eigenartigste nicht herausfallen kann. Wer in früherer Zeit, vielleicht als erster, die Eigenart eines Ereignisses besonders klar herausgearbeitet hat, wird sich Jahrzehnte später vermutlich veranlaßt sehen, den Zusammenhang hervorzuheben.

So ist die Forderung, alles Historische müsse »historisiert«, also in möglichst weitem Umfang verstehbar und mindestens zum Teil verständlich gemacht werden, in der Tat der Kern des Ethos aller Wissenschaften, die sich zu den historischen zählen. Aber diese Historisierung ist ihrerseits von historischen Bedingungen nicht unabhängig. Mitten in einem Kriege kann die

Frage der Kriegsschuld nicht allseitig erörtert, das heißt, sie kann nicht historisiert werden. Nach dem Ersten Weltkrieg dauerte es indessen nicht einmal zehn Jahre, bis amerikanische Gelehrte die Auffassungen kritisierten, welche zu den wichtigsten Ursachen des Kriegseintritts der Vereinigten Staaten gehört hatten. Selbst scharfe Gegner machen sich Bismarck gegenüber heute die Maxime zu eigen, auf die der damalige Bundespräsident Gustav Heinemann sogar die Politik hatte verpflichten wollen: »an der Angst und der Trauer, an dem Stolz und der Empfindlichkeit des Gegners Anteil zu nehmen«.

Aber zwei weltgeschichtliche Phänomene scheinen sich auch heute noch einer solchen Historisierung zu entziehen: der Bolschewismus und der Nationalsozialismus. Die Gründe dafür sind verschieden, ja einander entgegengesetzt: Der Bolschewismus, in der Gestalt der Stalinschen Sowjetunion siegreich aus dem Zweiten Weltkrieg hervorgegangen, hat von seinen Anfängen an behauptet, er gehöre im Kern nicht der »Vorgeschichte« der Menschheit an, wie Marx die gesamte bisherige Geschichte genannt hatte, sondern er bedeute den entscheidenden Durchbruch zur »eigentlichen Geschichte« der klassen- und staatenlosen Menschheit der Zukunft. Ein solches Phänomen kann nicht im gleichen Sinne historisiert werden wie andere Phänomene. Der Nationalsozialismus wiederum, der zusammen mit dem Bismarckreich in einer Katastrophe sondergleichen untergegangen war, hatte sich Massenvernichtungen von solchem Umfang und solchem Charakter zuschulden kommen lassen, daß er als das Unbegreifliche, das Unverstehbare erschien, dem gegenüber nur das moralische Urteil der unbedingten Verwerfung und der politische Entschluß des »Nie wieder!« angemessen war.

Dennoch gab und gibt es beiden Phänomenen gegenüber Versuche der Historisierung, und es wäre in der Tat sonderbar, wenn das wissenschaftliche Ethos sich als völlig ohnmächtig erwiesen hätte. Hinsichtlich des Bolschewismus war der Übergang von politischer Polemik zu historischer Einordnung nicht allzu schwierig: Der Staat, der aus dem Willen zur Staatlosigkeit entstand, war weitaus stärker als irgendeiner der liberalen Staaten Europas. Lenin selbst verglich sehr unbefangen und in positiver Absicht seine Herrschaft mit der Herrschaft des Zaren und seiner Adligen. Der Bolschewismus schien also verstanden und mithin historisiert zu sein, wenn man ihn als eine neuartige Gestalt des russischen Sonderweges betrachtete. Diese Interpretationstendenz liegt dem weitaus größeren Teil der nichtkommunistischen Literatur über die Sowjetunion zugrunde. Nur eine kleine Gruppe von Autoren erklärte und erklärt den Bolschewismus für unrussisch oder antirussisch.

Auf ähnliche Weise ist der Nationalsozialismus schon früh als ein Ausfluß spezifisch deutscher Realitäten und Traditionen betrachtet worden, und nicht ganz selten galt Hitler als »ein deutscher Staatsmann« wie andere Staatsmänner. Dadurch sollte jedoch das negative Urteil nicht etwa zugunsten eines umfassenderen historischen Verstehens eingeschränkt, sondern im Gegenteil ausgeweitet werden. Erst in jüngster Zeit ist eine »Historisierung des Nationalsozialismus« mit dem Argument gefordert worden, das Dritte Reich dürfe nicht ausschließlich von seinem Ende und von den Massenverbrechen her gesehen werden; vielmehr seien Differenzierungen erforderlich. Man solle nicht länger übersehen, daß der Nationalsozialismus auch progressive Züge gehabt habe und eine wichtige Etappe auf dem Wege zur Ausbildung des Sozialstaats gewesen sei.

In dem einen wie in dem anderen Falle steht die Bezugnahme auf die russische und die deutsche Geschichte ganz im Vordergrund. Hinsichtlich Rußlands lassen sich die großen Vernichtungsmaßnahmen, wie es scheint, relativ leicht in den traditionellen Rahmen der nationalen und staatlichen Geschichte einordnen, im deutschen Falle dagegen bleiben Konzentrationslager und Zwangsarbeit, Tötung von Geisteskranken und »Endlösung der Judenfrage« als ein riesiger Block des Unverstehbaren im Zentrum der Betrachtung, auch wenn man vielen Anhängern des Regimes Idealismus und verständliche Intentionen zuschreibt. Aber ist diese nationalgeschichtliche Betrachtungsweise wirklich die angemessene? Können in ihrem Rahmen die eigentlichen Absichten und Hoffnungen, die »Angst und die Trauer« der Protagonisten zum Vorschein kommen? Kann überhaupt deutlich werden, daß in dem einen wie in dem anderen Falle ideologische Überzeugungen das Handeln leiteten, und sind Ideologien nicht als solche übernational?

Wer Lenin ernst nimmt, sollte dessen Grundüberzeugung nicht als bloße Rhetorik abtun, daß die Zeit gekommen sei, »die Weltbourgeoisie« zu vernichten. Wer seine Studien nicht auf deutsche sozialdarwinistische Schriften und auf deutsche antisemitische Pamphlete beschränkt, der sollte nicht in Abrede stellen, daß zwar bei weitem nicht das ganze europäische Bürgertum, aber doch große und wichtige Teile davon seit dem Ende des Ersten Weltkriegs tief erschrocken und beängstigt waren und daß es dafür gute Gründe gab. Wer Hitler ernst nimmt, der sollte nicht leugnen, daß er sich ganz so verhielt und ganz so dachte, wie das gesamte Bürgertum hätte denken müssen, wenn Lenins Behauptung, die Bourgeoisie sei wie irrsinnig vor Angst, richtig war, und wie bedeutende Repräsentanten, unter ihnen Winston Churchill und Thomas Mann, zeitweise tatsächlich dachten. Und wenn andererseits beträchtliche Teile dieses Bürgertums sogar in den gefährlichsten Zeiten nicht so dachten und handelten, wie sie nach Lenins und nach Hitlers Meinung hätten denken müssen, dann beruhte das auf einer Überzeugung, mit der sie sowohl Lenin wie später Hitler gegenüber im Recht waren: daß sie keineswegs eine abgelebte, sondern eine sehr zukunftsvolle Klasse repräsentierten.

Aber daß in dieser auch nach Lenins Meinung erstaunlich breiten Schicht ein einzelner auftrat, der sich nicht als Nachfolger Stresemanns oder Wilhelms II. verstand, sondern als Anti-Lenin, daß dieser Mann damit eine gesamteuropäische Tendenz verkörperte und in ganz Europa und sogar in den Vereinigten Staaten viele Sympathien gewann, das sollte endlich nicht mehr zugunsten einer Betrachtungsweise übersehen werden, die noch in der Umkehrung durch und durch nationalistisch ist. Der Bolschewismus und der Nationalsozialismus müssen miteinander historisiert werden, und nur dadurch können sie auch in ihren jweiligen Zentralpunkten so weit wie möglich verstehbar gemacht werden. Erst hier wird jenes »Ganze« greifbar, nach dem die Zusammenhangwissenschaft Ausschau halten muß.

Zwar redet man nicht selten, ohne Anstoß zu erregen, von dem »dreißigjährigen europäischen Bürgerkrieg« oder von dem »Weltbürgerkrieg«. Sobald jedoch der Versuch gemacht wird, diesen Bürgerkrieg in der einzig angemessenen Weise zu schildern und zu analysieren, nämlich als Kampf und Wechselwirkung der beiden Hauptantagonisten, sind schon im Vorfeld die Bedenken groß und die Anklagen erbittert. Politiker und Moralisten entdecken »Verharmlosung« – Verharmlosung der einen Macht, wenn sie der anderen näherstehen, Verharmlosung beider, wenn sie gleichmäßigen Abstand gewonnen haben. Aber wer über das Verhältnis von wissenschaftlichem Ethos und Historisierung und damit über die Notwendigkeit von Perspektiven und Unterscheidungen nachdenkt, der sollte sich für berechtigt, ja für verpflichtet halten, andeutende Vorwegnahmen als dasjenige aufzufassen, was sie sind, und der Ausführung mit Spannung statt mit Befürchtungen oder Zorn entgegenzusehen.

Anhang: Die »umstrittenen« Artikel

Zwischen Geschichtslegende und Revisionismus? (Auszug)

(...)
Ein völlig andersartiges Motiv liegt dem Revisionsversuch eines anderen Engländers zugrunde: *David Irvings* Buch »Hitler und seine Feldherren« von 1975, das erst zwei Jahre später in der englischen Originalfassung unter dem Titel »Hitler's War« erschien. Irvings Ziel ist ganz unverhüllt die Rechtfertigung Hitlers, der seiner These zufolge nach 1945 »allein keine Stimme mehr hatte« (S. 445), während seine Mitarbeiter und seine Gegner durch einseitige Darstellungen und teilweise durch regelrechte Fälschungen ein unrichtiges Bild des Krieges zeichneten. Es war charakteristisch, daß der deutsche Verlag es ablehnte, die zugespitzteste Behauptung des Autors in dic deutsche Fassung aufzunehmen, nämlich die Behauptung, Hitler habe von der »Endlösung« nichts gewußt, wie aus einem von Irving entdeckten Telegramm hervorgehe, das die Liquidierung von Juden verbiete. Aber in Wahrheit handelte es sich hier um die schwächste Stelle des ganzen Buches, denn das betreffende Telegramm besagte, bei Licht besehen, das genaue Gegenteil, weil es den Tatbestand verbreiteter Liquidierungen gerade voraussetzte. Nicht alle Thesen und Hinweise Irvings können indessen mit so leichter Mühe abgetan werden. Was Irving als Gesamteindruck suggeriert, ist gewiß mehr als fragwürdig, nämlich daß Hitler den Krieg hätte gewinnen können, wenn seine Umgebung seine strategischen Gedanken besser begriffen und ohne Widerstreben oder Sabotageversuche in die Wirklichkeit umgesetzt hätte, aber es wird sich kaum leugnen lassen, daß Hitler gute Gründe hatte, von dem Vernichtungswillen seiner Gegner sehr viel früher überzeugt zu sein als zu dem Zeitpunkt, wo die ersten Nachrichten über die Vorgänge in Auschwitz zur Kenntnis der Welt gelangt waren. Die Broschüre »Germany must perish« von Theodore N. Kaufman aus dem Jahre 1940 ist in der Literatur nicht ganz selten erwähnt worden, aber ich erinnere mich nicht, in einer der größeren deutschen Darstellungen von der offiziellen Äußerung Chaim

Weizmanns aus den ersten Septembertagen 1939 gelesen zu haben, nach der die Juden in aller Welt in diesem Krieg auf der Seite Englands kämpfen würden. Jedenfalls muß ich mir selbst den Vorwurf machen, diese Äußerung 1963 nicht gekannt und verwendet zu haben, obwohl man sie im »Archiv der Gegenwart« von 1939 finden kann und obwohl sie die folgenreiche These zu begründen vermag, daß Hitler die deutschen Juden als Kriegsgefangene behandeln und d. h. internieren durfte. Ebensowenig ist Irvings Behauptung von vornherein abzuweisen, daß der Luftangriff auf Hamburg im Juli 1943 von einem Vernichtungswillen der Alliierten gegenüber der deutschen Zivilbevölkerung Zeugnis gab, der nicht in der Kenntnis der »Endlösung« seine Ursache haben konnte. Und Irvings Tendenz, auch Auschwitz in eine umfassendere Perspektive zu stellen, würde selbst dann beachtenswert bleiben, wenn die Gegenthesen als durchschlagend anerkannt werden müßten, nämlich daß auch der Präsident der Jewish Agency nicht das Recht hatte, so etwas wie eine Kriegserklärung auszusprechen, und daß der Angriff auf Coventry dem Angriff auf Hamburg um drei Jahre vorhergegangen war.

(...)

Quelle: *»Historikerstreit«* S. 23–25

Vergangenheit, die nicht vergehen will

Eine Rede, die geschrieben, aber nicht gehalten werden konnte

Mit der »Vergangenheit, die nicht vergehen will«, kann nur die nationalsozialistische Vergangenheit der Deutschen oder Deutschlands gemeint sein. Das Thema impliziert die These, daß normalerweise jede Vergangenheit vergeht und daß es sich bei diesem Nicht-Vergehen um etwas ganz Exzeptionelles handelt. Andererseits kann das normale Vergehen der Vergangenheit nicht als ein Verschwinden gefaßt werden. Das Zeitalter des Ersten Napoleon etwa wird in historischen Arbeiten immer wieder vergegenwärtigt und ebenso die Augusteische Klassik. Aber diese Vergangenheiten haben offenbar das Bedrängende verloren, das sie für die Zeitgenossen hatten.

Eben deshalb können sie den Historikern überlassen werden. Die nationalsozialistische Vergangenheit dagegen unterliegt – wie kürzlich noch Hermann Lübbe hervorgehoben hat – anscheinend diesem Hinschwinden, diesem Entkräftigungsvorgang nicht, sondern sie scheint immer noch lebendiger und kraftvoller zu werden, aber nicht als Vorbild, sondern als Schreckbild, als eine Vergangenheit, die sich geradezu als Gegenwart etabliert oder die wie ein Richtschwert über der Gegenwart aufgehängt ist.

Schwarz-Weiß-Bilder

Dafür gibt es gute Gründe. Je eindeutiger sich die Bundesrepublik Deutschland und die westliche Gesellschaft überhaupt zur »Wohlstandsgesellschaft« entwickeln, um so befremdender wird das Bild des Dritten Reiches mit seiner Ideologie der kriegerischen Opferbereitschaft, der Maxime »Kanonen statt Butter«, der bei Schulfesten im Chor herausgeschmetterten Edda-Zitate wie »Unser Tod wird ein Fest«. Alle Menschen sind heute Gesinnungspazifisten, aber sie können gleichwohl nicht aus sicherer Distanz auf den Bellizismus der Nationalsozialisten blicken, denn sie wissen, daß die beiden Supermächte Jahr für Jahr weitaus mehr für ihre Rüstung ausgeben, als Hitler von 1933 bis 1939 ausgegeben hatte, und so bleibt eine tiefe Unsicherheit, die den Feind lieber im Eindeutigen anklagt als in der Verwirrung der Gegenwart.

Ähnliches gilt für den Feminismus: Im Nationalsozialismus war der »Männlichkeitswahn« noch voll von provozierendem Selbstbewußtsein, und in der Gegenwart neigt er dazu, sich zu verleugnen und zu verstecken – der Nationalsozialismus ist also der gegenwärtige Feind in seiner letzten noch ganz unverkennbaren Erscheinungsform. Der Anspruch Hitlers auf »Weltherrschaft« muß sich um so ungeheuerlicher ausnehmen, je unzweideutiger sich herausstellt, daß die Bundesrepublik in der Weltpolitik allenfalls die Rolle eines Staates von mittlerer Größenordnung spielen kann – »Harmlosigkeit« jedoch wird ihr gleichwohl nicht attestiert, und an vielen Stellen ist die Befürchtung noch lebendig, sie könne zwar nicht zur Ursache, aber doch zum Ausgangspunkt eines dritten Weltkriegs werden. Mehr als alles andere trug indessen die Erinnerung an die

»Endlösung« zum Nichtvergehen der Vergangenheit bei, denn die Ungeheuerlichkeit der fabrikmäßigen Vernichtung von mehreren Millionen Menschen mußte um so unfaßbarer werden, je mehr die Bundesrepublik Deutschland durch ihre Gesetzgebung sich der Vorhut unter den humanitären Staaten hinzugesellte. Aber Zweifel blieben eben auch hier, und zahlreiche Ausländer glaubten und glauben ebensowenig wie viele Deutsche an die Identität von »pays légal« und »pays réel«.

Aber war es wirklich nur die Verstocktheit des »pays réel« der Stammtische, die diesem Nichtvergehen der Vergangenheit widerstrebte und einen »Schlußstrich« gezogen wissen wollte, damit die deutsche Vergangenheit sich nicht mehr grundsätzlich von anderen Vergangenheiten unterscheide?

Steckt nicht in vielen der Argumente und Fragen ein Kern des Richtigen, die gleichsam eine Mauer gegen das Verlangen nach immer fortgehender »Auseinandersetzung« mit dem Nationalsozialismus aufrichten? Ich führe einige dieser Argumente oder Fragen an, um dann einen Begriff desjenigen »Verfehlens« zu entwickeln, das nach meiner Auffassung das entscheidende ist, und diejenige »Auseinandersetzung« zu umreißen, die von einem »Schlußstrich« ebenso weit entfernt ist wie von der immer wieder beschworenen »Bewältigung«.

Gerade diejenigen, die am meisten und mit dem negativsten Akzent von »Interessen« sprechen, lassen die Frage nicht zu, ob bei jenem Nichtvergehen der Vergangenheit auch Interessen im Spiel waren oder sind, etwa die Interessen einer neuen Generation im uralten Kampf gegen »die Väter« oder auch die Interessen der Verfolgten und ihrer Nachfahren an einem permanenten Status des Herausgehoben- und Privilegiertseins.

Die Rede von der »Schuld der Deutschen« übersieht allzu geflissentlich die Ähnlichkeit mit der Rede von der »Schuld der Juden«, die ein Hauptargument der Nationalsozialisten war. Alle Schuldvorwürfe gegen »die Deutschen«, die von Deutschen kommen, sind unaufrichtig, da die Ankläger sich selbst oder die Gruppe, die sie vertreten, nicht einbeziehen und im Grunde bloß den alten Gegnern einen entscheidenden Schlag versetzen wollen.

Die der »Endlösung« gewidmete Aufmerksamkeit lenkt von wichtigen Tatbeständen der nationalsozialistischen Zeit ab wie etwa der Tötung »lebensunwerten Lebens« und der Behandlung der russischen Kriegsgefangenen, vor allem aber von entscheidenden Fragen der Gegenwart – etwa denjenigen des Seinscharakters von »ungeborenem Leben« oder des Vorliegens von »Völkermord« gestern in Vietnam und heute in Afghanistan.

Das Nebeneinander dieser zwei Argumentationsreihen, von denen die eine im Vordergrund steht, aber sich doch nicht vollständig durchsetzen konnte, hat zu einer Situation geführt, die man als paradox oder auch als grotesk bezeichnen kann.

Eine voreilige Äußerung eines Bundestagsabgeordneten zu gewissen Forderungen der Sprecher jüdischer Organisationen oder das Ausgleiten eines Kommunalpolitikers in eine Geschmacklosigkeit werden zu Symptomen von »Antisemitismus« aufgebauscht, als wäre jede Erinnerung an den genuinen und keineswegs schon nationalsozialistischen Antisemitismus der Weimarer Zeit verschwunden, und um die gleiche Zeit läuft im Fernsehen der bewegende Dokumentarfilm »Shoah« eines jüdischen Regisseurs, der es in einigen Passagen wahrscheinlich macht, daß auch die SS-Mannschaften der Todeslager auf ihre Art Opfer sein mochten und daß es andererseits unter den polnischen Opfern des Nationalsozialismus virulenten Antisemitismus gab.

Zwar rief der Besuch des amerikanischen Präsidenten auf dem Soldatenfriedhof Bitburg eine sehr emotionale Diskussion hervor, aber die Furcht vor der Anklage der »Aufrechnung« und vor Vergleichen überhaupt ließ die einfache Frage nicht zu, was es bedeutet haben würde, wenn der damalige Bundeskanzler sich 1953 geweigert hätte, den Soldatenfriedhof von Arlington zu besuchen, und zwar mit der Begründung, dort seien auch Männer begraben, die an den Terrorangriffen gegen die deutsche Zivilbevölkerung teilgenommen hätten.

Für den Historiker ist eben dies die beklagenswerteste Folge des »Nichtvergehens« der Vergangenheit: daß die einfachsten Regeln, die für jede Vergangenheit gelten, außer Kraft gesetzt zu sein scheinen, nämlich daß jede Vergangenheit mehr und mehr in ihrer Komplexität erkennbar werden muß, daß der Zusammenhang immer besser sichtbar wird, in den sie verspannt war, daß die Schwarz-Weiß-Bilder der kämpfenden Zeitgenossen korrigiert werden, daß frühere Darstellungen einer Revision unterzogen werden.

Genau diese Regel aber erscheint in ihrer Anwendung auf das Dritte Reich »volkspädagogisch gefährlich«: Könnte sie nicht zu einer Rechtfertigung Hitlers oder mindestens zu einer »Exkulpation der Deutschen« führen? Zieht dadurch nicht die Möglichkeit herauf, daß die Deutschen sich wieder mit dem Dritten Reich identifizieren, wie sie es ja in ihrer großen Mehrheit mindestens während der Jahre 1935 bis 1939 getan haben, und daß sie die Lektion nicht lernen, die ihnen von der Geschichte aufgetragen worden ist?

Darauf läßt sich in aller Kürze und apodiktisch antworten: Kein Deutscher kann Hitler rechtfertigen wollen, und wäre es nur wegen der Vernichtungsbefehle gegen das deutsche Volk vom März 1945. Daß die Deutschen aus der Geschichte Lehren ziehen, wird nicht durch die Historiker und Publizisten garantiert, sondern durch die vollständige Veränderung der Machtverhältnisse und durch die anschaulichen Konsequenzen von zwei großen Niederlagen. Falsche Lehren können sie freilich immer noch ziehen, aber dann nur auf einem Wege, der neuartig und jedenfalls »antifaschistisch« sein dürfte.

Es ist richtig, daß es an Bemühungen nicht gefehlt hat, über die Ebene der Polemik hinauszukommen und ein objektiveres Bild des Dritten Reiches und seines Führers zu zeichnen; es genügt, die Namen von Joachim Fest und Sebastian Haffner zu nennen. Beide haben aber in erster Linie den »innerdeutschen Aspekt« im Blick. Ich will im folgenden versuchen, anhand einiger Fragen und Schlüsselworte die Perspektive anzudeuten, in der diese Vergangenheit gesehen werden sollte, wenn ihr jene »Gleichbehandlung« widerfahren soll, die ein prinzipielles Postulat der Philosophie und der Geschichtswissenschaft ist, die aber nicht zu Gleichsetzungen führt, sondern gerade zur Herausstellung von Unterschieden.

Erhellende Schlüsselworte

Max Erwin von Scheubner-Richter, der später einer der engsten Mitarbeiter Hitlers war und dann im November 1923 bei dem Marsch zur Feldherrnhalle von einer tödlichen Kugel getroffen wurde, war 1915 als deutscher Konsul in Erzerum tätig. Dort wurde er zum Augenzeugen jener Deportationen der armenischen Bevölkerung, die den Anfang des ersten großen Völkermordes des 20. Jahrhunderts darstellten. Er scheute keine Mühe, den türkischen Behörden entgegenzutreten, und sein Biograph schließt im Jahre 1938 die Schilderung der Vorgänge mit folgenden Sätzen: »Aber was waren diese wenigen Menschen gegen den Vernichtungswillen der türkischen Pforte, die sich sogar den direktesten Mahnungen aus Berlin verschloß, gegen die wölfische Wildheit der losgelassenen Kurden, gegen die mit ungeheurer Schnelligkeit sich vollziehende Katastrophe, in der ein Volk Asiens mit dem anderen nach asiatischer Art, fern von europäischer Zivilisation, sich auseinandersetzte?«

Niemand weiß, was Scheubner-Richter getan oder unterlassen haben würde, wenn er anstelle von Alfred Rosenberg zum Minister für die besetzten Ostgebiete gemacht worden wäre. Aber es spricht sehr wenig dafür, daß zwischen ihm und Rosenberg und Himmler, ja sogar zwischen ihm und Hitler selbst ein grundlegender Unterschied bestand. Dann aber muß man fragen: Was konnte Männer, die einen Völkermord, mit dem sie in nahe Berührung kamen, als »asiatisch« empfanden, dazu veranlassen, selbst einen Völkermord von noch grauenvollerer Natur zu initiieren? Es gibt erhellende Schlüsselworte. Eins davon ist das folgende:

Als Hitler am 1. Februar 1943 die Nachricht von der Kapitulation der 6. Armee in Stalingrad erhielt, sagte er in der Lagebesprechung gleich voraus, daß einige der gefangenen Offiziere in der sowjetischen Propaganda tätig werden würden: »Sie müssen sich vorstellen, er (ein solcher Offizier) kommt nach Moskau hinein, und stellen Sie sich den ›Rattenkäfig‹ vor. Da unterschreibt er alles. Er wird Geständnisse machen, Aufrufe machen ...«

Die Kommentatoren geben die Erläuterung, mit »Rattenkäfig« sei die Lubjanka gemeint. Ich halte das für falsch.

In George Orwells »1984« wird beschrieben, wie der Held Winston Smith durch die Geheimpolizei des »Großen Bruders« nach langen Folterungen endlich gezwungen wird, seine Verlobte zu verleugnen und damit auf seine Menschenwürde Verzicht zu tun. Man bringt einen Käfig vor seinen Kopf, in dem eine vor Hunger halb irrsinnig gewordene Ratte sitzt. Der

Vernehmungsbeamte droht, den Verschluß zu öffnen, und da bricht Winston Smith zusammen. Diese Geschichte hat Orwell nicht erdichtet, sie findet sich an zahlreichen Stellen der antibolschewistischen Literatur über den russischen Bürgerkrieg, unter anderem bei dem als verläßlich geltenden Sozialisten Melgunow. Sie wir ' der »chinesischen Tscheka« zugeschrieben.

Archipel GULag und Auschwitz

Es ist ein auffallender Mangel der Literatur über den Nationalsozialismus, daß sie nicht weiß oder nicht wahrhaben will, in welchem Ausmaß all dasjenige, was die Nationalsozialisten später taten, mit alleiniger Ausnahme des technischen Vorgangs der Vergasung, in einer umfangreichen Literatur der frühen zwanziger Jahre bereits beschrieben war: Massendeportationen und -erschießungen, Folterungen, Todeslager, Ausrottungen ganzer Gruppen nach bloß objektiven Kriterien, öffentliche Forderungen nach Vernichtung von Millionen schuldloser, aber als »feindlich« erachteter Menschen.

Es ist wahrscheinlich, daß viele dieser Berichte übertrieben waren. Es ist sicher, daß auch der »weiße Terror« fürchterliche Taten vollbrachte, obwohl es in seinem Rahmen keine Analogie zu der postulierten »Ausrottung der Bourgeoisie« geben konnte. Aber gleichwohl muß die folgende Frage als zulässig, ja unvermeidbar erscheinen: Vollbrachten die Nationalsozialisten, vollbrachte Hitler eine »asiatische« Tat vielleicht nur deshalb, weil sie sich und ihresgleichen als potentielle oder wirkliche Opfer einer »asiatischen« Tat betrachteten? War nicht der »Archipel GULag« ursprünglicher als Auschwitz? War nicht der »Klassenmord« der Bolschewiki das logische und faktische Prius des »Rassenmords« der Nationalsozialisten? Sind Hitlers geheimste Handlungen nicht gerade auch dadurch zu erklären, daß er den »Rattenkäfig« *nicht* vergessen hatte? Rührte Auschwitz vielleicht in seinen Ursprüngen aus einer Vergangenheit her, die nicht vergehen wollte?

Man braucht das verschollene Büchlein von Melgunow nicht gelesen zu haben, um solche Fragen zu stellen. Aber man scheut sich, sie aufzuwerfen, und auch ich habe mich lange Zeit gescheut, sie zu stellen. Sie gelten als antikommunistische

Kampfthesen oder als Produkte des kalten Krieges. Sie passen auch nicht recht zur Fachwissenschaft, die immer engere Fragestellungen wählen muß. Aber sie beruhen auf schlichten Wahrheiten. Wahrheiten willentlich auszusparen, mag moralische Gründe haben, aber es verstößt gegen das Ethos der Wissenschaft.

Die Bedenken wären nur dann berechtigt, wenn man bei diesen Tatbeständen und Fragen stehenbliebe und sie nicht ihrerseits in einen größeren Zusammenhang stellte, nämlich in den Zusammenhang jener qualitativen Brüche in der europäischen Geschichte, die mit der industriellen Revolution beginnen und jeweils eine erregte Suche nach den »Schuldigen« oder doch nach den »Urhebern« einer als verhängnisvoll betrachteten Entwicklung auslösten. Erst in diesem Rahmen würde ganz deutlich werden, daß sich trotz aller Vergleichbarkeit die biologischen Vernichtungsaktionen des Nationalsozialismus qualitativ von der sozialen Vernichtung unterschieden, die der Bolschewismus vornahm. Aber so wenig wie ein Mord, und gar ein Massenmord, durch einen anderen Mord »gerechtfertigt« werden kann, so gründlich führt doch eine Einstellung in die Irre, die nur auf den *einen* Mord und den *einen* Massenmord hinblickt und den anderen nicht zur Kenntnis nehmen will, obwohl ein kausaler Nexus wahrscheinlich ist.

Wer sich diese Geschichte nicht als Mythologem, sondern in ihren wesentlichen Zusammenhängen vor Augen stellt, der wird zu einer zentralen Folgerung getrieben: Wenn sie in all ihrer Dunkelheit und in all ihren Schrecknissen, aber auch in der verwirrenden Neuartigkeit, die man den Handelnden zugute halten muß, einen Sinn für die Nachfahren gehabt hat, dann muß er im Freiwerden von der Tyrannei des kollektivistischen Denkens bestehen. Das sollte zugleich die entschiedene Hinwendung zu *allen* Regeln einer freiheitlichen Ordnung bedeuten, einer Ordnung, welche die Kritik zuläßt und ermutigt, soweit sie sich auf Handlungen, Denkweisen und Traditionen bezieht, also auch auf Regierungen und Organisationen aller Art, die aber die Kritik an Gegebenheiten mit dem Stigma des Unzulässigen versehen muß, von denen die Individuen sich nicht oder nur unter größten Anstrengungen lösen können, also die Kritik an »den« Juden, »den« Russen, »den« Deutschen oder »den« Kleinbürgern. Sofern die Auseinandersetzung mit dem Nationalsozialismus gerade von diesem kollektivistischen Denken geprägt ist, sollte endlich ein Schlußstrich gezogen werden. Es ist nicht zu leugnen, daß dann Gedankenlosigkeit und Selbstzufriedenheit um sich greifen könnten. Aber das *muß* nicht so sein, und Wahrheit darf jedenfalls nicht von Nützlichkeit abhängig gemacht werden. Eine umfassendere Auseinandersetzung, die vor allem im Nachdenken über die Geschichte der letzten zwei Jahrhunderte bestehen müßte, würde die Vergangenheit, von der im Thema die Rede ist, zwar ebenso zum »Vergehen« bringen, wie es jeder Vergangenheit zukommt, aber sie würde sie sich gerade dadurch zu eigen machen.

Quelle: FAZ, 6. Juni 1986

Die Sache auf den Kopf gestellt

Gegen den negativen Nationalismus in der Geschichtsbetrachtung

Wer ein Buch kritisiert, muß in der Regel einige Hauptpunkte herausgreifen und andere vernachlässigen; wer sich mit einem Artikel auseinandersetzt, sollte gewillt und imstande sein, die Fragestellung zu charakterisieren, den ganzen Gedankengang zu umreißen und die Ergebnisse richtig wiederzugeben, bevor er sein Urteil fällt. Unter Umständen mag auch ein Blick auf den Autor angebracht sein. Ich meine, daß Jürgen Habermas und Eberhard Jäckel in ihren polemischen Artikeln diesen Postulaten nicht gerecht geworden sind.

Ich habe mir das Thema »Die Vergangenheit, die nicht vergehen will« nicht selbst gewählt. Aber als ich aufgefordert wurde, mich bei den Römerberggesprächen darüber zu äußern, hat es mich so sehr fasziniert wie kaum je ein Thema zuvor. Die scheinbar geringfügige Abänderung eines bekannten Buchtitels suggeriert eine ganz ungewöhnliche Situation: Eine Vergangenheit, die sich gegen ihr eigenes Wesen sperrt, Vergangenheit und eben nicht Gegenwart zu sein, eine Vergangenheit, die sich nicht damit begnügt, daß die Menschen sich ihrer erinnern, sie erforschen, sie rühmen oder beklagen, sondern die »wie ein Richtschwert über der Gegenwart aufgehängt« ist.

Natürlich kann es derartiges im genauen Wortsinn nicht geben, sondern es handelt sich um eine Art Metapher, aber um eine erhellende Metapher, durch die das Verhältnis der bundesdeutschen Gegenwart zur nationalsozialistischen Vergangenheit gekennzeichnet werden kann. Ich habe diese Gegenwart dann dadurch beschrieben, daß ich zwei gegensätzliche Argumentationsreihen nebeneinandergestellt habe, von denen die eine heute überall noch nationalsozialistische Merkmale wahrnimmt, während die andere eben diese Denktendenz aus bestimmten Interessen ableitet oder als Ablenkung von wirklich aktuellen Fragen betrachtet.

Die Vorherrschaft der ersten Argumentationsreihe hat zu einer paradoxen Situation geführt, in der alle Versuche, die nationalsozialistische Vergangenheit, wie jede andere Vergangenheit, in ihrer Komplexität erkennbar zu machen und »Objektivität« anzustreben, mit dem Stigma der »Apologie« versehen werden. Als selbstverständlich habe ich dabei vorausgesetzt, daß die Erfahrung, die die Deutschen 1945 in einer Katastrophe sondergleichen und vor allem durch die Enthüllung der nationalsozialistischen Vernichtungsmaßnahmen gegen Juden, Slawen, Geisteskranke und andere Gruppen machten, eine genuine Erfahrung war, die sich in jeden der Mitlebenden tief eingegraben hat. Aber ich habe auch angedeutet, daß die Paradoxie der Situation eines Tages zu Konsequenzen führen könnte, die gegenwärtig noch nicht erwartet werden.

Was mich am stärksten frappierte, war indessen die Vermutung, daß man den Beweggründen von Hitlers verwerflichsten Handlungen durch die Formel von der Vergangenheit, die nicht vergehen will, auf die Spur kommen könnte. Deshalb wurde mir jener Satz so wichtig, den Hitler in der Lagebesprechung vom 1. Februar 1943 gesagt hatte, um seine Befürchtung zu begründen, daß die in Stalingrad gefangenen Generäle demnächst im Moskauer Rundfunk sprechen würden, nämlich: »Stellen Sie sich den Rattenkäfig vor.« Wenn ich behaupte, Hitler habe damit nicht, wie der Herausgeber kommentierte, »die Lubjanka« gemeint, so wollte ich gewiß nicht sagen, Hitler habe in Wahrheit die Butyrka oder das NKWD-Gefängnis von Tscheljabinsk im Auge gehabt. Er meinte ein *Verfahren* in der Lubjanka, ein Verfahren von namenloser Grauenhaftigkeit, das dadurch weltbekannt wurde, daß

George Orwell es zur letzten Szene seines Zukunftsromans »1984« machte.

Dieses Verfahren war aber nicht die Fiktion eines Dichters, um eine schreckliche Zukunft zu beschreiben; sondern eine Reihe von Zeitungen und Publikationen hatten in der unmittelbaren Nachkriegszeit berichtet, daß es in Gefängnissen der Tscheka eine Realität sei. Die entscheidende Frage ist nicht, ob diese Berichte zutrafen. Der springende Punkt ist vielmehr, daß Hitler offensichtlich von der Richtigkeit überzeugt war, denn er sprach zu seinen engsten Mitarbeitern und nicht zu einer Massenversammlung. Ich brauche auch nicht eigens zu unterstreichen, was jedermann weiß, nämlich daß keiner der gefangenen Generäle oder Soldaten einer solchen Folter unterworfen wurde. Die Gegenwart war längst eine andere geworden, aber eine Vergangenheit, die für fast alle Mitlebenden bereits bloße Vergangenheit war, wollte in Adolf Hitler nicht vergehen und war für ihn tatsächlich »wie ein Richtschwert über der Gegenwart aufgehängt«.

Doch selbst dann, wenn der »Rattenkäfig« auf eine bloße Greuelmeldung zurückging, war die Empfindung, welche so vielen Zeitgenossen um 1920 im Hinblick auf die Russische Revolution gemeinsam war, in der Sache gut begründet, nämlich die Empfindung, daß sich hier etwas Neues, noch nie Dagewesenes vollzog. Für die Anhänger handelte es sich um die größte aller Hoffnungen, für die Gegner um ein Schrecknis ohne Vorgang. Die einen sprachen von der »Hinrichtung« des Zaren und sahen darin einen Vorgang von leuchtender Symbolkraft; die anderen konstatierten mit Entsetzen, daß die Bolschewiki gleichzeitig die Zarin, die Kinder, den Leibarzt und die Kammerfrauen getötet hatten und daß schon deshalb ein Vergleich mit den Hinrichtungen Karls I. oder Ludwigs XVI. unzulässig sein mußte. Und dieses Gefühl des ganz Neuen und völlig Fremdartigen wurde abermals hervorgerufen, als die Nachricht um die Welt ging, mehrere hundert »Bourgeois« und Offiziere seien allein in Petersburg und Moskau »zur Vergeltung« erschossen worden, als eine Sozialrevolutionärin ein Attentat gegen Lenin verübt hatte.

Wenige Tage danach schrieb der *Vorwärts* in einem Leitartikel: »Eine Klasse für Taten von Einzelpersonen mit dieser Schärfe haftbar zu machen, ist ein strafrechtliches Novum und könnte wohl einmal als Rechtfertigung dafür dienen, die Arbeiterklasse bei einer anderen gesellschaftlichen Schichtung für die Taten eines Fanatikers haftbar zu machen.« Der Verfasser gab sich keine Rechenschaft darüber, daß »die Arbeiterklasse« nie haftbar gemacht werden kann, aber er sah ganz richtig, was das qualitativ Neue war, das hier in die Weltgeschichte eintrat, nämlich die kollektivistische Schuldzuschreibung und daraus resultierende Vernichtungsmaßnahmen, und er hätte hinzufügen können, daß dieses Prinzip, mit Energie angewandt und aus der Gegenwehr der Betroffenen neue Kraft ziehend, immer neue Opfer fordern würde, zuerst Tausende und dann Hunderttausende und schließlich Millionen.

Ebenso richtig wäre die Aussage gewesen, daß eine solche Sequenz aus den marxistischen Voraussetzungen nicht abgeleitet werden könne, nach denen »Vernichtung der Bourgeoisie« nur das Hinwegschieben einer winzigen Minderheit und keineswegs physische »Liquidierung« bedeutet. Es lag daher nur allzu nahe, daß der Terminus »asiatisch« zur Kennzeichnung dieses Klassenmordes auf der Linken ebensosehr zum Gemeinplatz wurde wie auf der Rechten. Das Entsetzen vor dem »Rattenkäfig« war also nur eine hervorstechende Ausdrucksform einer allgemeinen und genuinen Erfahrung der ersten Nachkriegszeit. Ich glaube, daß hier die tiefste Wurzel des extremsten von Hitlers Handlungsimpulsen zu suchen ist. Es verstand sich für mich aber andererseits von selbst, daß die Schuldzuschreibung, die Hitler vornahm, nämlich die Anklage gegen »die Juden«, zwar diese Erfahrung voraussetzt, daß sie aber gleichwohl ihrerseits einen Überschritt in eine neue Dimension bedeutet: den Überschritt von der sozialen zur biologischen Schuldzuschreibung.

Der Archipel Gulag ist schon deshalb »ursprünglicher« als Auschwitz, weil er dem Urheber von Auschwitz vor Augen stand und nicht Auschwitz den Urhebern des Archipel Gulag. Aber es gibt gleichwohl einen qualitativen Unterschied zwischen ihnen. Es ist unzulässig, den Unterschied zu übersehen, aber es ist noch unzulässiger, den Zusammenhang nicht wahrhaben zu wollen. Daher ist Auschwitz nicht eine direkte Antwort auf den Archipel Gulag, sondern eine durch eine Interpretation vermittelte Antwort. Daß diese Interpretation falsch war, habe ich nicht eigens gesagt, weil ich es für überflüssig hielt. Nur ein Narr könnte heute die Rede vom »jüdischen Bolschewismus« wieder aufgreifen, denn die tiefe Feindschaft zwischen den beiden Phänomenen sticht seit langem ins Auge; und keine große Denkrichtung oder Sozialbewegung war jemals bloß national, so nachdrücklich viele Ukrainer vom »russischen Bolschewismus« und viele Franzosen vom »deutschen Marxismus« sprachen.

Man mag diese Unterscheidung von Erfahrung und Interpretation in Zweifel ziehen und darauf hinweisen, daß schon der junge Hitler ein Antisemit gewesen sei. Aber gerade bei dem jungen Hitler sind die Erfahrung, nämlich das Erschrecken vor den riesigen Massenumzügen der Sozialdemokraten, und der »Schlüssel«, mit dem er diese Erfahrung verarbeitete, die angebliche Einsicht in die Urheberschaft der Juden, sehr deutlich zu unterscheiden, und dieses Verhältnis hat sich, wie ich meine, nach dem Kriege in ihm auf einer viel intensiveren Erfahrungsgrundlage wiederholt.

Die beiden Hälften des Artikels schließen sich nun auf einfache Weise zusammen: Die durch das Nichtvergehen der Vergangenheit gekennzeichnete Situation der Bundesrepublik kann zu einem qualitativ neuen, bisher noch nicht realisierten Zustand führen, in dem die nationalsozialistische Vergangenheit zum negativen Mythos vom absoluten Bösen wird, der relevante Revisionen verhindert und damit wissenschaftsfeindlich wird, während er zugleich die politische Konsequenz in sich schließt, daß diejenigen am meisten recht hatten, die am entschiedensten gegen das »absolute Böse« kämpften. Gleichzeitig vermittelt der Rückblick auf die Vergangenheit, die in Hitler nicht vergehen wollte, entscheidende Einsichten.

Der Überschritt in die neue Dimension, die für die Gegenwart bloß eine Möglichkeit ist, liegt bei Hitler klar am Tage, und die extremste Konsequenz hieß Auschwitz, aber die zugrunde liegende Erfahrung war eine genuine, von zahlreichen Menschen geteilte Erfahrung, und sie bezog sich auf die frühesten Erscheinungsformen des Archipel Gulag. Wenn wir beides in den Blick fassen, wird der Unterschied nicht übersehen, aber es tritt auch der Zusammenhang wieder hervor, und damit wird die Möglichkeit geschaffen, eine Befreiung von der »Tyrannei des kollektivistischen Denkens« zu erreichen, die einen so beträchtlichen Teil der Auseinandersetzung mit dem Nationalsozialismus immer noch prägt.

Vermutlich hätte dieser Gedankengang, der gewiß einiges bloß andeutet und anderes voraussetzen zu können glaubt, nicht so viele Mißverständnisse und so viel Erregung hervorgerufen, wenn nicht um die gleiche Zeit die englische Übersetzung eines Aufsatzes von mir erschienen wäre, der in gekürzter Fassung bereits vor sechs Jahren in der FAZ publiziert worden war und der sich, wie der Titel »Zwischen Legende und Revisionismus?« erkennen läßt, mit der gleichen Thematik befaßt, wenngleich aus anderer Perspektive. In diesem Aufsatz wird eine Äußerung Chaim Weizmanns erwähnt und die These David Irvings wiedergegeben, diese der englischen Regierung von dem Chef der »Jewish Agency« gegebene Versicherung, die Juden in aller Welt würden an der Seite Englands kämpfen, sei als eine Art Kriegserklärung anzusehen. Die einfachste Fairneß sollte denjenigen, die daran Anstoß nehmen, jedoch gebieten, mindestens darauf hinzuweisen, daß die Erwähnung auf distanzierende Weise im Rahmen selbstkritischer Bemerkungen erfolgt, die auf das Postulat hinauslaufen, unbestreitbare Tatsachen in der »etablierten« Literatur nicht schon deshalb unerwähnt und unerörtert zu lassen, weil sie in der rechtsradikalen Literatur eine übertreibende oder verkürzende Interpretation erfahren.

So ist es zum Beispiel eine Schwäche und nicht eine Stärke der etablierten Literatur, daß zwar die schändlichen Kommentare der völkischen Presse zur Ermordung Walter Rathenaus häufig zitiert werden, nicht aber die im Grunde weit schlimmeren Äußerungen Kurt Tucholskys aus dem Jahre 1927, mit denen er den Frauen und Kindern der deutschen Bildungsschicht in plastischen Wendungen den Gastod wünscht. Sie sind mir indessen nur in der rechtsradikalen Literatur begegnet, deren auszugsweise Lektüre ja doch wohl zu den Berufspflichten des Zeithistorikers gehört. Allerdings sollten sie nicht in solcher Isolierung zitiert werden, wie es dort durchweg geschieht, und darin würde eben der angemessene Unterschied zwischen den beiden Arten der Literatur evident werden.

Im übrigen aber liegt der Hinweis auf die Weizmann-Äußerung, obwohl eine bloße Nebenbemerkung, ebenfalls im Rahmen meiner Hauptfrage, der Frage nach dem Überschritt in eine neue, nicht aus Vorhandenem ableitbare Dimension. Wenn man zugibt, daß die Erklärung zwar nicht im völkerrechtlich-exakten Sinne, wohl aber als Vorwegnahme einer künftigen Realität einer Kriegserklärung gleichkam, dann läßt sich Internierung als eine Gegenmaßnahme begreifen, dann müßten aber auch die Regeln der Haager Landkriegsordnung in Geltung treten. Die Frage ist der Erörterung wert, ob Weizmann sich vielleicht von der entsprechenden Intention leiten ließ, und die Folgerungen liegen auf der Hand, die hinsichtlich der Einstellung der deutschen Bevölkerung und der Judenräte zu ziehen wären. Es ist zweifellos richtig, daß die faktisch vorgenommenen Deportierungen sich von Anfang an sehr deutlich von den vorstellbaren »Internierungen« unterschieden, aber es ist schlechterdings infam, in Erwägungen, die 1939 und 1940 auch in jüdischen Organen angestellt wurden, eine auch nur tendenzielle Rechtfertigung der »Endlösung« zu erblicken.

Was soll ich nun zu der polemischen Kritik von Jürgen Habermas und Eberhard Jäckel sagen? Ich äußere mich nicht zu dem häßlichen Neologismus »Untersteller« oder zu dem Terminus »Nato-Philosophie«, der mir aus früheren Jahrgängen der Ostberliner *Zeitschrift für Geschichtswissenschaft* nur allzu gut erinnerlich ist. Wenn Jäckel seine eigene Definition der Singularität der »Endlösung« gibt, so meine ich, daß sie bloß auseinanderlegt, was mit dem Begriff des »Rassenmordes« kürzer zum Ausdruck gebracht ist. Wenn er allerdings etwa sagen will, daß der deutsche Staat durch den Mund seines verantwortlichen Führers mit unzweideutigen Worten öffentlich den Entschluß verkündet habe, auch die jüdischen Frauen, Kinder und Säuglinge umzubringen, so hat er mit einem kurzen Satz all dasjenige anschaulich gemacht, was als verbreitetes intellektuelles Klima nicht »belegt« zu werden braucht, sondern »unterstellt« werden darf.

Hitler war sicherlich der mächtigste Mann, den es in Deutschland zu irgendeiner Zeit gegeben hat, aber er war nicht mächtig genug, um jemals in öffentlicher Rede die Gleichsetzung von Bolschewismus und Christentum vorzunehmen, die in seinen Tischgesprächen ein Gemeinplatz war; und er war auch nicht mächtig genug, um vor der Öffentlichkeit, wie Himmler es in kleinem Kreise tat, die Ermordung von Frauen und Kindern zu verlangen oder zu rechtfertigen. Das ist freilich nicht auf Hitlers »Humanität« zurückzuführen, sondern auf die fortexistierenden Restbestände des Liberalen Systems. Die »Ausrottung der Bourgeoisie« und die »Liquidierung der Kulaken« wurden dagegen mit der größten Offenheit propagiert, und ich bin über die Kaltherzigkeit verwundert, mit der Eberhard Jäckel feststellt, nicht jeder einzelne Bourgeois sei getötet worden. Über Habermas' »Vertreibung der Kulaken« braucht nichts mehr gesagt zu werden.

Die Kritik, welche die beiden Herren an meinem Artikel üben, wird nur dann immerhin psychologisch verständlich, wenn sie angenommen haben, ich hätte Auschwitz für eine unvermittelte und gerechtfertigte Antwort auf den Archipel Gulag erklärt, also für eine Antwort auf der gleichen Ebene. Das hätte aber die Wiederaufnahme des Begriffs »jüdischer Bolschewismus« vorausgesetzt, und ich hielt es nicht für erforderlich, eine solche Vermutung ausdrücklich zurückzuweisen. Immerhin hätte für den uninformierten Leser der Hinweis auf die »chinesische Tscheka« genügen sollen. Bei Jürgen Habermas und bei Eberhard Jäckel sollte aber doch die Kenntnis des »Faschismus in seiner Epoche« vorausgesetzt werden dürfen, und es wäre ein Ausdruck des Erstaunens darüber zu erwarten gewesen, daß ich neuerdings bestrebt zu sein schiene, mich selbst zu widerlegen.

Ich bin in der Tat der Meinung, daß nicht nur die Deutschen eine »schwierige Vergangenheit« haben und daß die schwierige Vergangenheit nicht bloß eine deutsche ist. Die bloße Umkehrung des Nationalismus ist der geschichtlichen Realität des 20. Jahrhunderts nicht angemessen. Neue Wege des Nachdenkens wären auf vielen Seiten, aber besonders auf seiten der Deutschen und der Russen erforderlich, wenn die Koexistenz mehr als eine bloß ökonomische darstellen und im intellektuellen Bereich von dem Partikularismus wegkommen soll, der vor allem die Schuld gegnerischer Völker, Klassen oder Rassen nachzuweisen sucht und daher gerade die fundamentale Schuld der kollektivistischen Schuldzuschreibung nicht in den Blick bekommt. Es gibt hoffnungsvolle Ansätze dazu bei sowjetischen Dissidenten und hier und da sogar in der offiziellen Literatur. Jürgen Habermas würde in einem solchen Gespräch ein gewichtiges Wort mitzureden haben, aber er müßte zu-

nächst noch lernen, auch dann hinzuhören, wenn er seine Vor-Urteile herausgefordert fühlt.
Quelle: DIE ZEIT, 31. Oktober 1986

Personenregister

Ernst Nolte

Der europäische Bürgerkrieg 1917 – 1945

Nationalsozialismus und Bolschewismus

616 Seiten, gebunden

»Der europäische Bürgerkrieg 1917 – 1945« ist die erste umfassende Darstellung der Weltkriegsepoche unter einem lange vernachlässigten Aspekt: als Kampf zweier Bürgerkriegsparteien – der Bolschewisten und der Nationalsozialisten. Ihre Ideen und Taten, ihre Gegensätze und Gemeinsamkeiten werden erstmals in eine historische Beziehung gesetzt. Ernst Noltes ebenso neue wie provozierende Thesen haben den sogenannten Historikerstreit mit ausgelöst.

Propyläen